国際紛争と協調のゲーム

鈴木基史・岡田章[編]

Games
in
International
Conflict
and
Cooperation

Yuhikaku
有斐閣

はしがき

　学術書や教科書に記載されている多くの知識は，研究者が知的活動を通じて獲得した成果である。知識は，一般に命題や言明のかたちをとるものであり，そのなかでも，一定の方法を通じて構築されたものは科学的知識（scientific knowledge）として知られる。科学的知識が天才的なひらめきによって導き出される場合もあるが，ひらめきを論理的に構成して，正当性のある科学的知識を形成することも方法の役割である。本書で課題としている国際的な紛争と協調に関しても，それらの態様や原因という事柄について，一定の方法に基づいて獲得された成果であるならば，それは科学的知識にあたるといえよう。

　ただし，どのような方法であっても，それによって得られた科学的知識がいかなる状況でも正しいというわけではない。たいていの場合，科学的知識は，潜在的背景や文脈的要因によって支えられた，条件付きの知識（contingent knowledge）である。そのため，科学的知識の正当性や適用範囲などをめぐってきびしい論争が生じ，それが学問をなす。論争は，必然的に，科学的知識を得た方法の妥当性にも及ぶ。

　本来，研究と，その成果の一部を学習する教育は連関したものである。ただし，実際の教育の場において，とりわけ社会科学の領域で，研究の方法に触れることは，大学学部初級・中級レベルまでは比較的稀ではないだろうか。学部上級レベルになれば，徐々に方法を教材に組み込み，さらに，研究の実践とその成果が求められる大学院レベルでは，方法がむしろ多くの部分を占めるようになる。既存の科学的知識をただ学習・記憶するのではなく，その由来を知ったり，その正当性を検証したり，さらに，自分自身で新たな科学的知識を開発したりするには，方法を理解・習得しておくことが不可欠になる。

　国際関係学という学問分野において頻繁に用いられる研究方法として，歴史分析法，定性的事例分析法，計量分析法，ゲーム理論などがある。職人が年月をかけて道具の扱い方に熟達していくように，研究者にとっても分析法を習得するための研鑽が必要になる。以下の著名な国際関係学研究者も，それぞれ特

有の方法を用いて重要な科学的知識を開発した。

　カーは，歴史分析法の研鑽を積み，解釈を通じて歴史から一般性を導き出した成果として，名著『危機の二十年』（カー 2011）を書き上げた。また，モーゲンソー（1998）は，法実証主義と称される法学の方法を修習したが，「法の現実」が国家パワーによって支えられるという，法学の一般論と一線を画した政治的リアリズムの命題を構築した。ジャービス（Jervis 1976）は，認知心理学を学び，認知一貫性や認知的不協和などという心理学概念を適用して国際危機に直面した政策決定者の認識を分析し，高いレベルの不確実性とストレスのなかで下された決断が誤認による非合理なものであった多数の事例を示した。ブエノ・デ・メスキータ（2010）は，ニューヨーク大学の教授であるかたわら，米国の諜報機関中央情報局（CIA）の依頼により，計量分析，ゲーム理論，シミュレーションを駆使して，対外政策に関わる1200余件に及ぶ予測を行って米国政府の政策立案に貢献している。

　最後に，フィアロンは，本書が焦点を当てるゲーム理論の研鑽を積み，民族紛争，内戦，国際連合の平和維持活動（PKO）の基底にある本質的問題の解明を試みている（Fearon 1995）。フィアロンに言わせると，「ゲーム理論という方法は，社会・政治・経済の理解を図るうえで有用であり，それらの領域にはびこる調整問題，コミットメント問題，ジレンマ問題などを体系的に論じる方途を与えてくれる。しかし，どのような知識であれ，特定の経験的文脈に限って開発・適用されたものであり，それによって事柄の一部を解明できるにとどまる。ゲーム理論を習得したからといって，それで国際関係を包括的に理解できるわけではない」[1]。

◆ 本書の使い方

　本書は，研究と教育を架橋することを目的として作成された，国際関係学の方法に関わるものである。本書の各章は，フィアロンの教訓にならって，分析

---

[1] フィアロン教授へのインタビューは「Theory Talks」のホーム・ページ（以下のURL）を参照。
http://www.theory-talks.org/2008/09/theory-talk-18.html（2012年11月5日アクセス）

モデルの文脈性を重視し，特定の経験的事象や謎の解明をねらいとしている。たいていのゲーム理論の教科書は，ナッシュ均衡，部分ゲーム完全均衡，完全ベイジアン均衡などという一般的な解概念に即して解説が進んでいくが，本書は，「国際公共財と集合行為」「法の遵守と政治」「民主主義と合意形成」「外交と情報」という，現代国際関係研究の核心に関わる具体的問題をベースに構成されている。ただし，これらは国際関係研究の一部であり，本書だけで国際関係研究の全体を俯瞰できないことはあらかじめ念頭においてもらいたい。なお，ゲーム理論の解概念をベースに読み進みたい読者には，序章，3，7，1，2，5，6，4，8，9章という順を勧める。

　各章の執筆者には，学部上級生・大学院生を主たる読者として執筆していただいた。本書の序章で国際関係理論とゲーム理論の基本を概観しているが，理解を一層深めるために，以下の文献を参考にするとよい（なお参考文献リストは，巻末に一括して掲載している）。国際関係学を専門としている読者にとって，ゲーム理論とその応用は新鮮なものとして感じられるかもしれない。とりわけゲーム理論の初学者には，本書を手掛ける前に，岡田（2008），中山（2005），松原・飯田（2012）などを参考にすることをお勧めする。中級レベルでは，岡田（2011），ギボンズ（1995），グレーヴァ（2011）などもある。ただし，これらの中級レベルのものは経済学の事例を扱っている。ゲーム理論の国際関係研究への適用を解説した邦語の著書として，石黒（2007），鈴木（2000），邦語論文として石田（1998），英語の教科書として，Ordeshook（1986），Morrow（1994），McCarty and Meirowitz（2007）などがある。また，社会科学の他の領域にゲーム理論を適用した著書として，ミクロ経済学：梶井・松井（2000），経営学：伊藤（2003），心理学：山岸（1998），社会学：佐藤（2008），政治学：永久（1995），行政学：曽我（2005）なども参考になるだろう（なおギンタス〔2011〕は，社会科学諸分野をゲーム理論によって統合するという野心的な試みを提起している）。一方で，経済学やゲーム理論を専門としている読者にとっては，むしろ国際関係学が目新しく感じられるかもしれない。その導入として，山田・大矢根（2011），進藤（2001），国際関係研究の個別領域については，篠田（2007），鈴木（2007），飯田（2007），須藤（2007），猪口（2007）などが有用であろう。

◆ 謝　辞

　最後に，本書は，日本学術振興会科学研究費補助金基盤研究（B）「国際ガバナンスにおける提携形成と制度設計の政治経済分析」（代表：鈴木基史，平成23～25年度）の成果の一部でもある。同研究で開催する年2回の研究会には，本書の執筆者に加え，わが国における国際関係数理研究の大先輩である山本吉宣先生（東京大学名誉教授）にお出でいただき，多数の有益な助言をいただいた。また，福元健太郎氏（学習院大学），鈴木一敏氏（広島大学），芝井清久氏（統計数理研究所），大村啓喬氏（滋賀大学）には，科研研究に関連した貴重な研究報告を行っていただいた。研究補助は，一橋大学大学院経済学研究科の白田康洋氏（現・小樽商科大学），西村健氏，津川修一氏にお願いした。有斐閣の尾崎大輔氏と岩田拓也氏は，本書の立ち上げから関わり，編集を通じて本書を読みやすいものにして下さった。科研研究の遂行および本書の作成に貢献してくださった山本先生および諸氏に改めて感謝を申し上げる。

2012年11月

編者代表
鈴　木　基　史

執筆者紹介
(執筆順，＊印は編者)

鈴木 基史＊（すずき・もとし）　　【序章（共著），第 8 章】
　1990 年，サウス・カロライナ大学大学院博士課程修了
　現職：京都大学大学院法学研究科教授，Ph. D.（国際関係学）
　主著：『国際関係』東京大学出版会，2000 年；『平和と安全保障』東京大学出版会，2007 年。

岡田　章＊（おかだ・あきら）　　【序章（共著），第 1 章】
　1982 年，東京工業大学大学院総合理工学研究科博士課程修了
　現職：一橋大学大学院経済学研究科教授，理学博士
　主著：『ゲーム理論・入門――人間社会の理解のために』有斐閣アルマ，2008 年；『ゲーム理論（新版）』有斐閣，2011 年。

岩波 由香里（いわなみ・ゆかり）　　【第 2 章】
　2012 年，ロチェスター大学大学院博士課程修了
　現職：関西外国語大学短期大学部講師，Ph. D.（政治学）
　主著：「知的財産権をめぐる文化的対立と国際制度への影響」吉村耕治編著『現代の東西文化交流の行方Ⅲ――異文化と異言語の壁を破る資源説』大阪教育図書，2013 年近刊；「国連安保理における日本の役割――代表性の視点から見た日本のこれまでの活動」『関西外国語大学研究論集』第 97 号，2013 年近刊。

多湖　淳（たご・あつし）　　【第 3 章】
　2004 年，東京大学大学院総合文化研究科博士課程単位取得退学
　現職：神戸大学大学院法学研究科准教授，博士（学術）
　主著："When Are Democratic Friends Unreliable?" *Journal of Peace Research*, 46 (2): 219-234, 2009；『武力行使の政治学――単独と多角をめぐる国際政治とアメリカ国内政治』千倉書房，2010 年。

飯田　敬輔（いいだ・けいすけ）　　【第 4 章】

1990 年，ハーバード大学大学院博士課程修了
現職：東京大学大学院法学政治学研究科教授，Ph. D.（政治学）
主著：*International Monetary Cooperation among the United States, Japan and Germany*, Kluwer Academic Publishers, 1999; *Legalization and Japan: The Politics of WTO Dispute Settlement*, Cameron May, 2006.

石黒　馨（いしぐろ・かおる）　　【第 5 章】

1985 年，神戸大学大学院経済学研究科博士課程修了
現職：神戸大学大学院経済学研究科教授，博士（経済学）
主著：『国際政治経済の理論――覇権協調論の構想』勁草書房，1998 年；『インセンティブな国際政治学――戦争は合理的に選択される』日本評論社，2010 年。

林　光（はやし・ひかる）　　【第 6 章】

2001 年，東京大学大学院総合文化研究科博士課程単位取得退学
現職：同志社大学東アジア総合研究センター嘱託研究員，修士（学術）
主著：「内戦におけるセレクション・バイアスの推定と秩序回復の予測」『社会科学研究』（東京大学社会科学研究所）第 55 巻 5・6 号，239-272 頁，2004 年；「対人地雷禁止条約形成のゲーム論モデル」『国際政治』第 155 号，41-60 頁，2009 年。

石田　淳（いしだ・あつし）　　【第 7 章】

1995 年，シカゴ大学大学院博士課程修了
現職：東京大学大学院総合文化研究科教授，Ph. D.（政治学）
主著：『国際政治講座 4　国際秩序の変動』（藤原帰一・李鍾元・古城佳子と共編）東京大学出版会，2004 年；『国際政治学』（中西寛・田所昌幸と共著），有斐閣 New Liberal Arts Selection，2013 年。

栗崎　周平（くりざき・しゅうへい）　　【第 9 章】

2007 年，カリフォルニア大学ロサンゼルス校大学院博士課程修了
現職：テキサス A&M 大学政治学部アシスタント・プロフェッサー（2013 年 4 月より，早稲田大学政治経済学術院准教授），Ph. D.（政治学）
主著："Dyadic Effects of Democratization on International Disputes," *International Relations of the Asia-Pacific*, 4 (1): 1-33, 2004; "Efficient Secrecy: Public versus Private Threats in Crisis Diplomacy," *American Political Science Review*, 101 (3): 543-558, 2007.

目　次

序章　国際紛争と協調のゲーム：国際関係論とゲーム理論の融合を目指して　1

鈴木基史・岡田章

1. はじめに　1
2. 国際関係理論の考え方　3
    リアリズム（4）　リベラル制度論（6）　共通の分析視座（7）
3. ゲーム理論の考え方　8
    選好と戦略（9）　合理性と均衡（10）
4. 国際関係理論とゲーム理論の融合：原理　11
    ナッシュ均衡（12）　部分ゲーム完全均衡（14）　完全ベイジアン均衡（15）
5. 国際関係理論とゲーム理論の融合：実践　18
    国際公共財と集合行為（18）　法の遵守と政治（21）　民主主義と合意形成（23）
    外交と情報（25）
6. 今後の課題　28

第Ⅰ部　国際公共財と集合行為

第1章　国際協力と制度構築のゲーム理論　32

岡田　章

1. はじめに　32
2. 利害の対立と協力のゲーム　35
    囚人のジレンマ（35）　多人数囚人のジレンマ（37）　タカ–ハト・ゲーム（39）
    タカ–ハト・ゲームのダイナミクスと進化ゲーム理論（40）
3. 協力の可能性：繰り返しゲームの理論　43
    囚人のジレンマでの協調は可能か？（43）　トリガー戦略による協力の実現（44）
    国際関係論における繰り返しゲーム（46）
4. 国際協力制度の自発的構築　46

　　　　自発的協力と制度主義アプローチ（46）　　制度構築ゲームの課題：複数均衡と非効率性（51）

　5　ゲーム理論の国際関係論への応用に向けて　52

第2章　単独軍事介入と多国間連携軍事介入のゲーム　56

岩波　由香里

　1　はじめに　56
　2　単独軍事介入と多国間連携軍事介入　60
　3　軍事介入をめぐる意思決定ゲーム　62
　　　　ゲームの基本的な構造（62）　　ゲームの進行（63）　　部分ゲーム完全均衡（65）
　4　比較静学を用いたさらなる分析　70
　5　湾岸戦争とパナマ侵攻のゲーム分析　72
　　　　1991年の湾岸戦争（72）　　1989年の米軍のパナマ侵攻（75）
　6　単独介入か多国間連携介入か：さらなる課題　76

第Ⅱ部　法の遵守と政治

第3章　自衛権発動通報をめぐる政治的誘因：援助条件と相互性　82

多湖　淳

　1　はじめに　82
　2　自衛権発動通報と政治的誘因　83
　　　　自衛権をめぐる国連憲章の規定内容（83）　　自衛権と援助条件（85）　　自衛権と相互性（86）　　事例選択の基準（86）
　3　第二次および第三次印パ戦争における自衛権発動通報　87
　　　　第二次印パ戦争の事態の推移（87）　　関係国の外交交渉（89）　　第三次印パ戦争（91）
　4　自衛権通報をめぐるゲーム：鹿狩りゲームと囚人のジレンマ・ゲーム　93
　　　　なぜゲーム理論か（93）　　米国とパキスタン：鹿狩りゲーム（94）　　インドとパキスタン：囚人のジレンマ・ゲーム（97）　　自衛権発動通報をめぐる回避の経緯と実施の誘因（99）
　5　自衛権発動通報をめぐるデータ分析　101

6　国際法をめぐる政治的誘因と戦略的相互作用　103

第4章　遵守のパラドクス：法化は紛争における遵守を促進するか　106
　　　　　　　　　　　　　　　　　　　　　　　　　　　　飯田　敬輔

　1　はじめに　106
　　　　法化理論（106）
　2　日本における酒税格差をめぐる事件　108
　　　　GATT 時代のシステム（108）　　WTO の紛争処理（109）
　3　酒税格差事件と遵守のパラドクス　110
　　　　GATT における酒税格差事件（110）　　WTO における紛争再発（111）　　酒税格差事件にみるパラドクス（111）
　4　遵守のパラドクスのゲーム分析　112
　　　　仮説（112）　　モデル：DS（dispute settlement）ゲーム（113）　　命題（115）
　5　データによる検証　116
　6　遵守のパラドクスから見た国際司法の現実　119
　　　　先行研究との関係（119）　　結論（120）

第4章補論　122

第Ⅲ部　民主主義と合意形成

第5章　FTA/EPA 交渉と国内改革の2レベル・ゲーム　126
　　　　　　　　　　　　　　　　　　　　　　　　　　　　石黒　馨

　1　はじめに　126
　2　国際通商交渉と農政改革　129
　　　　国際通商交渉（129）　　価格支持から直接支払いへの農政転換（132）
　3　FTA/EPA 交渉と国内改革のモデル　135
　　　　FTA/EPA 交渉の枠組み（135）　　アクターの目的関数（136）　　FTA/EPA の交渉可能領域（141）
　4　国内改革の FTA/EPA 交渉への影響　143
　　　　FTA/EPA 交渉の均衡と国内改革（143）　　官僚部局の内向き志向と国内改革の効果（145）　　両国の国内改革と FTA/EPA 交渉（148）

5 国内改革が国際交渉に果たす役割　148

第6章　対人地雷禁止条約形成のゲーム　150

林　光

1 はじめに　150

対人地雷禁止条約形成をめぐるパズル（150）　コンストラクティビズムに基づく説明（151）　合理主義に基づく説明（152）　本章の構成（154）

2 多国間交渉としてのオタワプロセス　155

対人地雷全面禁止までの流れ（155）　オタワプロセスの特徴（158）

3 オタワプロセスの空間理論モデル　160

国内版空間理論の概要（160）　国内版空間理論の限界（164）　国際版空間理論の概要（165）　国際版空間理論の仮定（167）　国際版空間理論の均衡（170）

4 国際版アジェンダ設定者モデルの応用可能性　177

第Ⅳ部　外交と情報

第7章　コミットメントの罠：現状維持の覚悟と錯誤　180

石田　淳

1 はじめに：問題の所在　180

2 現状維持勢力と現状変更勢力の対立　183

戦争の不合理と外交の課題（183）　強制外交の破綻（184）　安心供与外交の破綻（188）

3 コミットメントの罠：ゲーム理論による分析　191

シェリングの洞察（191）　威嚇の信頼性と約束の信頼性：コミットメントの相互依存（192）　コミットメントの肥大化：抑止力の過信（195）

4 おわりに：戦争原因論を越えて　196

第8章　グローバリズムとリージョナリズムの交差：東アジア通貨危機と会議外交　201

鈴木　基史

1 はじめに：複合化する国際関係　201

2 東アジア通貨外交と国際関係理論　203

東アジア通貨危機からチェンマイ・イニシアティブへ（203）　　国際関係理論による考察（208）

3　地域制度設計に関わる外交ゲーム　211

完備情報下の調整ゲーム（211）　　不完備情報下の調整ゲーム（214）　　グローバル機関の関与（218）

4　外交と国際関係　221

第8章補論　224

1. バブリング均衡（224）　　2. 区分の条件（224）　　3. チープトーク均衡（225）
4. グローバル機関への委任に関わる閾値 $\bar{g}$（226）

第9章　合理的な秘密：危機外交のシグナリング・ゲーム　227

栗崎　周平

1　はじめに　227

2　国際紛争・シグナリング・秘密外交　228

国際紛争についての通説：観衆費用モデル（229）　　国際危機における秘密外交：パズル（230）

3　危機外交ゲーム　233

手番（233）　　ゲームの結果と利得（235）　　情報と信念（235）

4　均　衡　236

公的均衡（237）　　私的均衡（239）

5　合理的な秘密　244

6　「合理的な秘密」のメカニズム　247

強制外交と情報効率性（248）　　第2の政治観衆とシグナルのカスタマイズ（251）

7　アラスカ国境紛争　252

8　「合理的な秘密」の意義と外交戦略　255

第9章補論　258

参考文献一覧　263
索　引　275

本書のコピー，スキャン，デジタル化等の無断複製は著作権法上での例外を除き禁じられています。本書を代行業者等の第三者に依頼してスキャンやデジタル化することは，たとえ個人や家庭内での利用でも著作権法違反です。

序章

国際紛争と協調のゲーム
国際関係論とゲーム理論の融合を目指して

鈴木基史・岡田章

1 はじめに

　本書は国際関係学の分析方法に関するものである。方法に関心を払う理由は，学問は方法の発達によって進歩するところにある。新しい方法は，従来の方法では観察できなかった事象を析出したり，導出できなかった命題を演繹したり，確認できなかった仮説を検証・反証したりしてくれる。こうした新たな方法を開発・利用することによって，研究者は学問的知見の豊饒化や理論の精緻化を図ることができる。

　本書は，国際関係学に適用されている方法のなかでも，その分析能力の向上に重要な貢献を果たしてきたゲーム理論（game theory）に焦点を当てる。ゲーム理論とは，人間社会の根源的営為の帰結である対立，協調，秩序などの社会現象を，**ゲーム的状況**と呼ばれる戦略的相互作用を分析の中心に置きながら，個人の目的追求行動という観点から予測・説明しようとする社会科学の方法論である。ゲーム的状況とは，複数の行為者（アクター），または，プレイヤーが自身の個別目的の達成を目指して行動するなかで，あるプレイヤーの行動選択がその他のプレイヤーの選択に重要な影響を与える状況である。ゲーム的状況には，複数のプレイヤー間で勝敗が二元的に決まるというきわめて競争的な**ゼロ和ゲーム**だけでなく，協力と非協力が混在する**非ゼロ和ゲーム**も含まれる。国際関係学を含めた社会科学の諸分野が考察の対象とする人間社会のさまざまな局面がゲーム的状況を有していると考えることができる。そのため，その分

析にゲーム理論の適用がふさわしいものとなっている。

たとえば，①ミクロ経済学は，経済利潤や市場の占有をめぐる企業間の競争と協調，②経営学は，企業の株主，経営者，従業員が職務，報酬，業績に関して営む対立と協調，③心理学は，人間間の信頼の樹立と崩壊，④社会学は，結婚や家族に関わる男女の関係，⑤政治学は，票と議席をめぐる政党間の競争や政権樹立や省庁間の政策調整を考察の対象とするなど，それぞれの学問分野でゲーム理論を適用した研究が行われている。このなかに，安全，繁栄，国際秩序形成をめぐって国々が対立・協調する国際関係のゲーム的状況も含まれ，それを分析する方途としてゲーム理論が国際関係研究に適用されている。

そもそもゲーム理論の発展と国際問題の間には密接な関係がある。ゲーム理論における功績でノーベル経済学賞を受賞した研究者たちは，国際関係の問題を念頭において研究に携わってきた内実を受賞講演で次のように述べている[1]。2005年に同賞を受けたロバート・オーマンは，繰り返しゲームというモデルを精緻化し，相関均衡という新たな解概念を開発したことで功績を上げたが，受賞講演の題目を「戦争と平和」として，戦禍の絶えない中東の安全保障問題が研究を動機づけてきたと述べた。同賞をオーマンと分かち合ったトーマス・シェリングは，紛争状態において自己の利益を守るために有用とされるコミットメント戦略の論証や，複数均衡を持つ調整モデルで唯一解を見出す焦点などの重要概念の開発を手掛けた。こうしたシェリングの独創的な研究の背後には，1950～60年代の米政権で核戦略の設計に携わった経験があった。また，1994年に受賞したジョン・ハルサーニは，不完備情報モデルの解概念として完全ベイジアン均衡を開発するにあたって，米ソの軍拡競争における新兵器に関わる情報が不確実で，米ソ関係が不安定化しやすい状況からヒントを得た。最後に，メカニズム・デザインと呼ばれる複数プレイヤー間の契約問題で画期的な成果を上げたことを認められ，2007年に受賞したロジャー・マイヤーソンは，集権的な政府が国民の税金を無駄遣いするというモラル・ハザード（倫理の欠如）に陥りやすいことを念頭に，経済自由化を，集権的な政治権力を無力化するメカニズム・デザインの1つとして考え，それを一般化した。

---

1 ノーベル経済学賞受賞者の弁は，ノーベル賞のホームページ参照：
http://www.nobelprize.org/nobel_prizes/economics/laureates/

本章は，国際関係理論とゲーム理論の統合的研究を目指す本書において，その概要を解説する役割を担う。まず第2節で，現代国際関係学の2つの主要理論の要点をまとめ，両理論に組み込まれている世界観や考察アプローチについて整理する。第3節で，ゲーム理論の基本的な分析概念である選好，戦略，合理性，均衡について整理し，第4節で，国際関係理論との近似点・相違点を洗い出し，国際関係研究に対してゲーム理論がどのような貢献を果たすことができるのかを考える。第5節で，既存研究でどのような課題に対してゲーム理論がどのように適用されてきたのかについて解説しつつ，具体的に国際問題を分析している本書の各章での扱いを紹介する。とりわけ，演繹的分析法であるゲーム理論は，特定の領域に見られる人工的な構造や制度をあらかじめ包含していないため，実証的な学問を目指す国際関係研究においてはそうした構造や制度を新たに考察の対象に収めなければならず，各章でそれらがどのように扱われているかを中心に概観する。第6節で，今後の課題を指摘し，本章を締めくくる。

2 国際関係理論の考え方

国際関係学は，戦争，平和，国家間の協調と対立，国際秩序・ガバナンスなどという国際現象を考察の対象として掲げ，戦争はなぜ発生するのか，どのように防ぐことができるか，平和はどのように確保できるのか，国々の間で協調は可能か，国際秩序や国際ガバナンスはどのように構築できるか，などという疑問に答えることを目的としている。たいてい，主権国家を国際関係の基本単位として考察を始め，国家の目的や行動，国々の行動の相互作用，国際的帰結を関連づけて説明しようとする。その説明の道具が理論である。国際関係学の理論は，実際の国際現象を客観的に観察し，それを論理的に理解・説明するための**実証理論**（positive theory）である。その多くは，歴史から帰納的に導き出された経験的な理論である。こうした国際関係理論は，異なる時空の国際関係を一般化しながら，複数の事柄の間に関係性，または一定のパターンを見出す。たとえば，パワーをめぐる国々の競争からバランス・オブ・パワー（勢力均衡）が発生するだとか，経済的相互依存が進展した国際関係で，互いの政策

が衝突しないように管理する国際制度が構築されるという言説がそれにあたる。

上記の言説を含み，現代国際関係学の主要理論となっているものが，それぞれ**リアリズム**（現実主義，realism）と**リベラル制度論**（liberal institutionalism）である。両理論とも，国際関係の初期状態は無秩序（アナーキー）であること，言い換えると，国々の意思や行動を統括する集権的な統治制度は存在せず，国々が個別に意思決定を行う分権的な状況を考察の出発点とする。アナーキーは国際関係を不安定化させ，国々の主権，安全，繁栄を脅かす恐れがあるため，国々は自国の主権，安全，繁栄を独力で確保することを迫られる。両理論は，国家の対外行動は特定の目的を達成しようとする合理的行為であるという点において一致するが，選好の内容やその達成手段については異なる立場をとる。そのため，国際関係の権力性，国家間協調の方策や可能性などについて競合する見解を掲げ，現代国際関係学における重要な論争の1つを喚起している。2つの理論は本書の各章の概念的基盤をなし，以下のように概観できる[2]。

◆ リアリズム

リアリズムは，トゥキディデス，マキャベリ，ホッブズ，ニーバーらの政治思想に立脚した国際関係学の理論である。この理論的観点からすれば，国際的アナーキーのなかで国家の生存に関わる安全保障が国家にとって最も重要な関心事，すなわち国益であり，経済，社会，文化など他の争点は，安全保障問題に従属するものである。国内社会と違い，法や制度が実効性を得にくいアナーキーの国際体系で，国々は自国の安全を確保する手段として権力（パワー）を蓄え，ときには行使することを余儀なくされる。国家がパワーを追求する具体的方策として，軍備増強，同盟構築，工業化，資源確保，政治指導者の権限強化，国民の士気高揚などが挙げられるが，国家がどの程度までパワーを追求するのかは論者によって意見が分かれる。モーゲンソー（1998）やミアシャイマー（2007），レイン（2011）らによって論じられている伝統的リアリズムは，潜在的敵対国の思惑や行動に不確実性がある状況で，最悪の場合を想定して自

---

[2] リアリズムとリベラル制度論など国際関係学の諸理論については日本国際政治学会（2009）を参照。

国のパワーの最大化をねらうことによって安全を確保しようとする国家を想定する。その一方，ウォルツ（2010）やウォルト（2008）らが提唱するネオ（新）リアリズムは，パワーはあくまで手段であり，国家は自国の安全を確保するうえで合理的なレベルのパワーを追求すると考える[3]。どちらの仮説も広範なコンセンサスを得ていないが，両仮説とも，アナーキーな国際体系のなかで，パワー配分をめぐる大国の対立と協調が国際関係の主要な特徴であるとみなす点に相違はない[4]。

　パワー闘争が常態化するなかでの協調などというと奇異に思われるかもしれないが，闘争が激化して戦争に発展しないように管理することが各国共通の関心事となり，その伝統的方法が**バランス・オブ・パワー**であることは，ほとんどのリアリストに受け入れられてきた。バランス・オブ・パワーの実例として，18世紀の国家間カドリーユ（同盟の組み換え），19世紀の欧州協調，冷戦期の米ソ核競争などがあるが，それぞれが特定の時代の国際秩序を特徴づけ，バランス・オブ・パワーを維持することが大国の外交政策にとっての重要課題であった。一方で，限られた期間であるが，各バランス・オブ・パワー体系において大国間で戦争は生じておらず，それ自体が安定的な国際秩序となっていた。ただし，時間が経てば，国々の経済力や軍事力は変化するため，安定的秩序の維持には，外交を中心とした，国々の巧妙なバランス・オブ・パワー戦略が不可欠になる（キッシンジャー 1996）。

　また，たとえグローバルなレベルで安定的なバランス・オブ・パワーが大国間で展開されていようとも，局所的には，特定の国々の間で高い緊張状態が生じる場合がある。たとえば，冷戦期のベルリン危機（1961年）やキューバ・ミサイル危機（1962年），冷戦後の台湾海峡危機（1996年）などがそれにあたる。こうした戦争と平和の分岐点となる**国際危機**の状況において，潜在的敵対国の武力行使を思いとどまらせ，戦争の勃発を防ぐという**抑止**もリアリズムの重要な関心事である。後で詳述するが，リアリズムは，抑止の重要要素となるパ

---

[3] それを越えてパワーを増大させようとする行動をとれば，敵対国に同様の行動をとる誘因を与え，かえって自国の安全を損なうという安全保障のジレンマを引き起こすため，合理的な国家は適切なレベルのパワーを追求するという防衛的行動に出る。

[4] 前者のリアリズムを攻撃的リアリズム，後者のリアリズムを防衛的リアリズムと呼ぶこともある。

ワーと決意を敵対国に効果的に伝達する方策としてのコミットメント政策や相手国の安全を脅かす意図のないことを示す安心供与政策を検証することを重要な課題の1つとしている。

以上，リアリズムは，パワー闘争の排除が困難な国際関係において，パワーをめぐって国々が対峙する抑止やバランス・オブ・パワーというゲーム的状況を想定しつつ，それらの適切な作用を通じて安全を確保することを構想し，この観点から実際の国際関係を読み解く。

◆ リベラル制度論

これに対してリベラル制度論は，ロック，アダム・スミス，ベンサム，ミル，リカードらによる古典的リベラリズムの政治経済思想を発展させながら，国家の選好は個人や団体の選好に起因し，それらが統治制度を通じて集約されたものであると捉える。そして，国際関係や国内の状況の変容によって個人や団体の選好が変化すれば，集約された国家の選好も変わりうると考える。たとえば，現代の日米関係や欧米関係のように戦争の蓋然性が限りなくゼロに近くなれば，経済などの非軍事的争点に対する国々の関心は必然的に高まる。同時に，国境を越えた経済取引が増大し，国々の相互依存が高まると，リアリズムが想定するパワー中心の国際秩序と異なる秩序が生じる（コヘイン＝ナイ 2012；ローゼクランス 1987）。

相互依存の深化自体は，国家間協調と決して同値ではない。なぜならば，高い相互依存の状態にある国々は，単独主義的な政策行動をとって自国の利益を増大させることで，他の国々の利益を脅かす機会を有するからである。言い換えれば，相互依存状態では，自国の利益を増大させる政策が他国の不利益をもたらすという**負の外部効果**（negative externality）の発生が際立ってくる。この負の外部効果が関係国にとって甚大ならば，合理的な国々は互いの行動を規律することに共通の利益を見出し，こうした行動規範を含んだ国際制度を構築することに同意するようになる（コヘイン 1998）。具体的な国際制度として，各国の貿易政策を規律する世界貿易機関（WTO），通貨政策を対象とした国際通貨基金（IMF）体制，オゾン層を破壊するフロンガスの製造・使用を禁止したモントリオール議定書などがある。これらの制度において，たとえパワーで

優位に立つ大国であっても,パワー闘争は非効率的かつ無意味であるため,継続的に他国との協調を促す制度・戦略のほうが自国の利益にとってもふさわしいと判断し,互恵的な同制度の構築・維持に賛同してきた（アイケンベリー2004）。ゆえに,リアリズムの推論に反して,国際制度や国際秩序はパワーから独立して存在する可能性があるといえる。

ただし,制度の構築や履行は必ずしも容易でない。制度が国々の共通利益に適うはずであるにもかかわらず,裏切り行為,情報非対称性,取引費用などの問題によって制度の構築・履行は阻まれることが考えられ,制度を通じた国際協調が恒久化するとは断言できない。したがって,リベラル制度論が見る国際関係の核心は,国々がそれらの問題を克服しながら,国際制度を構築・遵守・改変していくというゲーム的状況を含む政治過程にある。

◆ 共通の分析視座

上記のように,国際関係学の2つの主要理論は,アナーキーあるいは分権的な国際体系において,国々が対立・協調しながら,秩序や制度を構築・変革・破壊するところを分析の射程に入れている。両理論は,パワーの支配性,国際制度の独立性,協調の可能性,秩序やガバナンスの態様などについて異なる見解を包含している一方,両理論とも,国々の利益,利益達成のための行動,行動の相互作用に着眼しつつ,その帰結としての対立と協調を説明しようとするところにおいて大きな違いはない。この意味で,両理論の基盤には,国家は自国の個別目的の達成を念頭に合理的に行動しようとする**合理主義**,事象は客観的に観察でき,論理的に理解・説明することができるという実証主義という信念があると考えられる。

また,両理論は,国際対立,国際協調,バランス・オブ・パワー,秩序,ガバナンスなどというマクロレベルの帰結は,国際体系を構成する国々の選好や行動に還元させて説明できる,と考えている点でも一致している。このように,マクロ現象が最小単位の選好や行動というミクロ要素に還元して説明できるという考え方は,**方法論的個人主義**（methodological individualism）のものである。これは,マクロ現象がミクロ要素から離れて自律的に存在すると考える**方法論的全体主義**（methodological holism）と一線を画す。本書では

考察の射程に入れていないが，方法論的全体主義の立場をとる国際関係理論として，**コンストラクティビズム**（社会的構成主義，social constructivism）がある（ラギー 2009；Wendt 1999）。また，方法論的全体主義を共有するが，歴史や法学を重視する考えとして英国学派（English school）というものもある（ブル 2000；スガナミ 1994）。コンストラクティビズムは，主体の認識を国際関係の重要要素と考え，とくに人権，環境，文化などの政策領域を考察対象とする研究に大きな影響を与えている。コンストラクティビズムは，主観の共有の可能性を論じる間主観主義，行動の主観的意味を重視する解釈学，規範や慣習などで規定された人間社会を想定する方法論的全体主義の立場をとりつつ，リアリズムとリベラル制度論を支える実証主義，合理主義，方法論的個人主義に対して懐疑的な立場をとる。そのため，コンストラクティビズムは，経験的レベルにおいてリアリズムとリベラル制度論と対話できるが，方法論・理論的レベルでは対話が困難である（鈴木 2009）[5]。本書は方法論を重視し，実証主義，合理主義，方法論的個人主義の立場をとるため，コンストラクティビズムに言及することはあっても，それを直接考察の中心に置くことはない。

3 ゲーム理論の考え方

対立と協調という人間社会の根本的問題を解明することを目的とするゲーム理論は，個人を究極の実在として分析をはじめ，社会，国家，国際体系という集合体に固有の性質や現象を演繹しようとする。そのなかに戦争と平和，アナーキーとガバナンスという国際関係学の考察対象も含まれうる。ただし，国際関係理論が現実や歴史を分析・理解・説明することを目的としているのに対して，ゲーム理論は，個人は目的達成にあたっての手段の適合性に関わる目的合理性を持つと想定しながら，演繹法に基づいた抽象モデル，解概念などの分析方法を開発することを目指す。したがって，ゲーム理論は，実証主義，合理主義，方法論的個人主義の考え方を取り入れている点でリアリズムとリベラル制度論という国際関係理論に共通するものの，通常，国際関係学の考察のなか

---

[5] これら国際関係諸理論のレビューとして，日本国際政治学会（2009）を参照。

に入れられる国家，国際制度，パワー分布などを直接分析することはない。しかしながら，ゲーム理論が提供する分析概念や装置を適用することによって，国際関係理論の経験的妥当性というより，むしろ同理論の論理的整合性を検証したり，理論的課題をより一層深めたりすることが可能となる。ゲーム理論をかたちづくる重要な概念は以下のように整理できる。

◆ 選好と戦略

　ゲーム理論は，ゲームのプレイヤーの目的，もっと正確には，**選好**（preferences）から考察を始める。選好とは，予測される複数の帰結に対してプレイヤーが打ち立てる優先順位，または順序立てられた諸目的のことである。その選好を達成する方策が**戦略**（strategies）である。プレイヤーの選好や戦略は，そのプレイヤーに内在する認識や経験，そのプレイヤーを取り巻く外在的な文化や制度などという多様な要因によって規定される。そもそもゲーム理論は個人に内在する認識や心理を記述・解釈するものではなく，プレイヤーの選好や戦略を定義する分析装置を持たない。したがって，選好や戦略の定義を分析者の実証的・理論的判断に委ね，それらを所与として分析を進め，ゲーム的状況における戦略の選択問題を解明することがゲーム理論の重要課題の1つとなる。

　原則的に，ゲーム理論は個人を分析単位とする。その一方，国際関係学は，必ずではないが，多くの場合，国家を基本的な行為者と考える。国家は多数の個人からなるが，たいてい，個々人の選好を集約する民主主義の統治制度，または特定の政治エリートの選好を優先する権威主義の統治制度を備えている。どちらかの装置が作用し，国家が固有の選好の実現を求めて行動するならば，その国家を分析上の基本単位とみなして考察することが適切となり，国際現象は方法論的個人主義に立脚したゲーム理論によって説明可能となる。また，国家内の選好集約過程または政策決定過程を詳細に考察する必要がある場合や，国家が内部分裂を起こしてまとまった単体としてもはや行動していない場合，国家内部の政治指導者や高級官僚という個人や，対立する民族，階級，利益団体などという集団を分析単位として考えることもある。いずれにせよ，国家の行動は，個人や集団の影響を受けつつ，競合する相手国の行動によっても制約

され，これらの諸力の相互作用の結果として国際現象が生じる。

　選好と戦略はゲーム理論の分析的基盤をなすが，これはゲーム理論に限ったことではない。既述した国際関係理論も国家の選好と戦略を特定して主要な国際現象を説明しようとする。たとえば，リアリズムは，国益の多様性を認識しながらも，国家安全保障を国家の枢要な国益または選好とする一方，国際的アナーキーでの国益追求戦略はパワー追求と同値になるとして，19世紀の欧州協調や冷戦期の米ソのバランス・オブ・パワーなどを説明する。一方，リベラル制度論は，その知的源泉の1つである功利主義の影響を受けて，国家は国民や政治指導者によって定義された効用を最大化しようとし，その国際的帰結として，貿易制度，通貨制度，武器管理制度，平和維持活動などを説明しようとする。

◆ 合理性と均衡

　ゲーム理論は，プレイヤーが合理的に行動することを想定し，プレイヤーが持つ選好と戦略を勘案して，それらの要因の相互作用からどのような帰結が発現するのかを予測・説明することを目的とする。ゲーム理論では，そのような帰結は**均衡**（equilibrium）として考えられ，信憑性のある均衡を特定し，その成立条件を解明することで予測・説明がなされる。均衡とは，プレイヤーが一方的に逸脱する合理的な誘因を持たない安定的な状態である。これは，ゲームに関わるすべてのプレイヤーにとっての（パレート）最適状態を必ずしも意味せず，協調や平和が均衡という場合もあれば，対立や戦争が均衡ということもある。

　ここで重要になるのが合理性の概念である。合理性は一枚岩の概念でなく，ある程度の幅を持ったものである。したがって，どの程度の合理性を想定するかによって予測される帰結は異なる。ゲーム理論は，プレイヤーが選好を実現するために必要なすべての戦略や情報を精査しながら意思決定し，その意思決定の結果が選好と同値となるという**実質的合理性**（substantive rationality）を想定しない一方，行動を目的意識が込められていない非合理的なものとみなすこともない。むしろ，**制約下の期待効用最大化**（constrained expected utility maximization）の原則に即して，情報の不確実性やプレイヤー間の相互依存な

どという制約のなかで，プレイヤーは選好を最大化すると期待できる戦略を選択する。そのため，実質的合理性に反し，自己の選好と合致しない結果が発生することもありうる。ゲーム理論では，こうした制約下で繰り広げられるゲームの帰結を予測・説明する目的で，ナッシュ均衡，部分ゲーム完全均衡，完全ベイジアン均衡などというゲームの解概念が開発されてきた。次節では，事例を示しながら，これらの概念を解説し，ゲーム理論と国際関係理論の融合を図る。

4 国際関係理論とゲーム理論の融合：原理

以上，ゲーム理論と国際関係理論を概観してきたが，両者の違いは以下の2点に集約できる。第1に，ゲーム理論も国際関係理論も複雑な現実を定式化したモデルを分析の道具として用いる点で共通するが，ゲーム理論はきわめて抽象的で普遍的なモデルを構築する一方，国際関係理論では，ゲーム理論には通常含まれない国家間のパワー分布や相互依存などという構造，あるいは同盟，軍備管理制度，平和維持制度，貿易制度，通貨管理制度などという制度を組み込んだ重厚なモデルを用いる。こうした国際関係のモデルは，必然的に文脈性が強く，ゲーム理論の特徴である普遍性・汎用性は低い。

第2に，リアリズムやリベラル制度論という国際関係理論は，それぞれ特有の合理性概念を包含している半面，ゲーム的状況を分析する装置およびその解を求める均衡概念を備えていない。なぜならば，現実を説明することを目的とする国際関係理論は，国々の行動の合理性の程度や相互作用の帰結を，考察対象となっている事象に帰納させるため，演繹や予測に用いられる精緻な均衡概念を必要としないからである。ところが，経験的分析のみから，首尾一環したかたちで因果関係を解明した包括的な研究成果は期待できない。この点は以下の研究事例で説明できる。

1970年代，国際危機における当時国間のパワーの格差という構造によって危機のエスカレーションが決まるというリアリズムの命題が多くの研究者によって経験的に検証された。ところが，経験的分析のみでは，構造と，情報不確実性の下での国家の行動選択の因果的関連性を解析することは難しく，パワー

で優位にある守勢国が劣位にあるはずの攻勢国の武力行使を抑止することに失敗した多数の事例（たとえば，フォークランド紛争〔1982年〕）に対して合理的な説明を確立できなかった。その代わりに，認知心理学の概念を用いて，不確実性の下での誤認やストレスによって非合理的な決定がなされたと指摘し，優位にあったはずの守勢国が適切な抑止政策を実施することに失敗した，というリアリズムの合理性概念からややはずれた説明を施すことにとどまっていた。

　この欠陥をふまえ，ゲーム理論の不完備情報モデル分析を適用することによって，パワー構造を考慮しながら，敵対する当事国の選好や信念をもとに，不確実性下での当事国の意思決定を分析し，パワー優位の下での抑止の失敗や成功などというさまざまな帰結に対して，リアリズムと整合した合理的説明を構築することができるようになった[6]。

　これとは別に，同様の分析法により，特定の制度が国々の行動やその帰結に与える効果を他の要因を制御しながら析出したり，望ましい国際協調やガバナンスを実現するための制度設計という政策的課題に呼応したり，制度やガバナンスの基底をなす関係主体の選好や行動という**微視的基盤**（micro foundation）を解明したりできる。また，興味深い題材として，これまで関係がないと考えられていた事柄の因果関係を検証したり，関係があると考えられていた事柄の関係を反証したりすることもできる。本来，因果関係を精査するには，関係する変数を適切に制御できる実験が必要になるのだが，国際関係研究では実験が不可能である。そのため，ゲーム的状況を定式化したモデルと均衡概念による演繹的分析が疑似実験の役割を果たしてくれる。

　以下では，ゲーム理論の国際関係研究への簡単な応用例を取り上げ，上述した均衡概念を解説しながら，ゲーム理論の効能を垣間見る。

◆ ナッシュ均衡

　相手の行動が自己の利得の最大化に重要な影響を及ぼすゲーム的状況では，合理的なプレイヤーは，相手プレイヤーの選好と戦略をもとに，予測される相手プレイヤーの選択に応じて自己の選択を決定しようとする。相手プレイヤー

---

[6] シグナリング・ゲームから見た抑止については本書の第9章を参照。リアリズムと認知心理学から見た抑止について鈴木（2000，第2章）も参考になる。

表 0.1　軍備管理協定の遵守ゲーム

		B	
		遵　守	違　反
A	遵　守	2 / 2	3 / 0
	違　反	0 / 3	1 / 1

も同様に戦略的な選択を行う。このようなゲームの帰結を予測・説明する原初的な解概念として，**ナッシュ均衡**（Nash equilibrium）がある。ナッシュ均衡は，各プレイヤーが，相手の選択を所与として自己の**利得**（payoffs）を最大化するという最適戦略を選択すると推論することによって求められる。

この種のゲーム的状況の一例として，国々の軍備を一定水準に維持して，安定的な安全保障関係を築くことを目的とした軍備管理協定をめぐるゲームを取り上げることにしよう。同協定を締結している2つの国家（A国とB国）には，協定を遵守するのか，それとも協定を踏みにじって軍事的優位を確保するのかという選択問題が生じる。表0.1には，プレイヤーの戦略と帰結から派生する利得をまとめた戦略型ゲームが描かれている[7]。こうした駆け引きによって生じるゲームの帰結は，各プレイヤーの選好の単純な和でなく，ナッシュ均衡によって予測・説明されなければならない。事例では，両国がともに違反を選択するという帰結がナッシュ均衡となり，両国にとってパレート最適な，両者による遵守という帰結が得られないことがわかる[8]。さらに，一方だけが違反の選択を変えても，自己の利得をナッシュ均衡のものよりも悪化させることになるため，ナッシュ均衡は安定していることもわかる。

7　表0.1の行（横向き）にはAの戦略，列（縦向き）にはBの戦略が記されている。両プレイヤーの戦略の組合せは計4つであり，それぞれがゲームの帰結を表す。また，各セルの左下にAの，右上にBの利得が示されている。

8　ナッシュ均衡は次のように求められる。まず，Bの遵守を所与すると，Aの利得を最大化してくれる違反が最適戦略となる。また，Bの違反を所与としても，Aの最適戦略は違反となる。ゲームが対称であるため，Aの戦略を所与にした場合も同様の結果がBに対して得られる。よって，（違反，違反）という両プレイヤーの最適戦略の組がこのゲームのナッシュ均衡となることが確認できる。この均衡から各プレイヤーが一方的に逸脱すれば，自分の利得を縮小させてしまうため，上記のナッシュ均衡は安定していると判断できる。

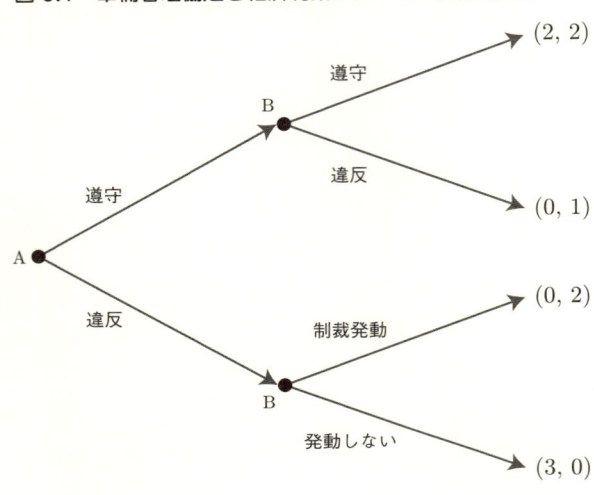

図 0.1　軍備管理協定と経済制裁レジーム：完備情報ゲーム

```
                              遵守
                         B ●──────→ (2, 2)
                    遵守 ↗ │
                        ╱   │ 違反
                       ╱    └──────→ (0, 1)
                    A ●
                       ╲        制裁発動
                    違反 ╲   ┌──────→ (0, 2)
                         ╲  │
                         B ●
                            │ 発動しない
                            └──────→ (3, 0)
```

◆ 部分ゲーム完全均衡

　ところが，プレイヤーは，適時こうした戦略的相互依存を逆手にとり，強硬な態度または**威嚇**（threat）によって相手プレイヤーの行動を変えようとする。ここでは，B国が現状の安全保障秩序に満足している一方，A国はやや不満に思っているとしよう。B国は，現状秩序を維持するねらいのある軍備管理協定に強い関心を抱いており，A国が協定に違反したら，軍備の維持・拡大を資金・技術的に困難にさせる経済制裁を発動するという脅しをかけて違反を食い止めようとする。しかし，A国はこの脅しが虚勢である事態を予測して，容易に譲歩（遵守）に応じない。そこで脅しが**信憑性**（credibility）のあるものかどうか確認することになるが，ナッシュ均衡には，信憑性を問う概念は備わっていない。

　そこで，ナッシュ均衡解を精緻化する目的で開発された解概念が**部分ゲーム完全均衡**（subgame perfect equilibrium）である。この解概念では，威嚇戦略がそのプレイヤーが持つ選好や他の戦略に鑑みて合理的なものであれば，信憑性があると判断し，相手は遵守（協力）を選択すると推測する。反対に，合理的でないことがわかれば，威嚇は虚勢と判断し，相手は遵守（協力）を拒むと推測する。

経済制裁を含んだ軍備管理協定のゲームは，図 0.1 のゲームツリー，または展開型ゲームというかたちで定式化できる。通常，部分ゲーム完全均衡は，各部分ゲームのナッシュ均衡から成り立っている[9]。したがって，ゲームの終節から第 1 節に向かって逆向きに，各決定節のナッシュ戦略を求めることによって部分ゲーム完全均衡を特定できる。この手法を後ろ向き帰納法という。協定違反を罰するための経済制裁は，制裁を受ける A 国だけでなく，制裁を発動する B 国にも経済的損失を与えるため，その損失を受けてまで制裁する決意と能力が B 国にあるかどうかを確認することが必要となる。図 0.1 の下段の B 国の決定節（終節）では，B 国にとって制裁を発動する利得が発動しない利得を上回っており，制裁発動に信憑性があることがわかる。一方，上段の B 国の決定節（終節）では，遵守の利得が違反の利得を上回っている。これらの B 国の利得が A 国に知られている完備情報の状況では，最初の決定節で遵守を選択することが A 国にとって合理的となる。結果，部分ゲーム完全均衡は，A 国の遵守，B 国の遵守，A 国の違反に対する B 国の制裁ということになる。B 国の制裁の手番は均衡経路上にないが，この制裁に信憑性があり，A 国は必ず違反を回避する結果，協定は維持されることが均衡となる[10]。

◆ 完全ベイジアン均衡

上述した部分ゲーム完全均衡は，互いの選好がわかっている完備情報の下でプレイヤーが交互に選択を行う逐次的なゲームの解である。しかしながら，ゲーム的状況では，相手プレイヤーの選好は，意図的な隠ぺいなどが原因で**不備情報**（incomplete information）となっている場合が多い。この事例では，経済制裁に関わる B 国の利得を不完備情報とするが，こうした不完備情報の下で行われるゲームには，部分ゲーム完全均衡は十分でなく，もっと精緻な解

---

[9] 図 0.1 では，各プレイヤーの決定節（ノード）が●で記され，戦略が→で記されている。右端には，ゲームの終節で各プレイヤーに与えられる利得（A の利得，B の利得）が記されている。

[10] 実際の経済制裁には多くの国々が参加することが求められるが，参加国の間で協調問題が発生し，その有効性を低下させることがある。本書の第 2 章は，同様の問題を平和強制に発見し，分析している。

概念を適用する必要がある。

　不完備情報のゲームでは，わかっていない相手の選好を参照して相手プレイヤーの行動の信憑性を確認することは困難である。そこで，当該プレイヤーは，相手の選好に関する自身の推測，ゲーム理論の言語では，**信念** (beliefs) をもとに自己選択を行おうとする。信念が重要となるゲームで，相手プレイヤーの行動が当該プレイヤーの選択を変えられるかどうかは，その行動自体が相手プレイヤーにとって個別合理的であることに加え，行動が発生する前の当該プレイヤーの**事前信念** (prior beliefs) にもよる。したがって，ゲームの帰結は，選好と戦略に加え，信念の影響も受けるので，これらを包括的に解析できる**完全ベイジアン均衡** (perfect Bayesian equilibrium) によって導き出さなければならない。軍備管理協定の事例では，以下が基本的な不完備情報モデルの定式化である。

　B国に2つのタイプがあるとする。Sタイプは協定の維持に強い決意を持っており，違反に対して制裁を必ず発動するタイプである一方，Wタイプはそうでないタイプとする。B国がどちらかのタイプであるかは確率で表され，Sタイプである確率を p，Wタイプである確率を $1-p$ とする。ただし，確率 p と $1-p$ は，両国で共有されている**共有知識** (common knowledge) とする。A国は，確率 p を知っているが，B国のタイプが判然としないなかで，期待効用最大化原則に従って協定の遵守・違反の選択をする。不完備情報を含んだ軍備管理協定ゲームは，図0.2のように書き換えられ，このゲームの完全ベイジアン均衡は次のように解ける。

(1)　p が 1/3 より大きい場合，A国は必ず遵守を選択し，A国の遵守を受けてB国は遵守を選択する。
(2)　p が 1/3 より小さい場合，A国は必ず違反を選択する。
(3)　p が 1/3 と等しい場合，A国は遵守（または違反）を 0 から 1 の間の確率で選択する混合戦略をとる。

　なお，3つの均衡に共通して，A国の違反に対してSタイプのB国は制裁を発動するが，Wタイプは発動しない[11]。

　先述のように，不完備情報ゲームの均衡は確率 p に左右される[12]。均衡 (1)

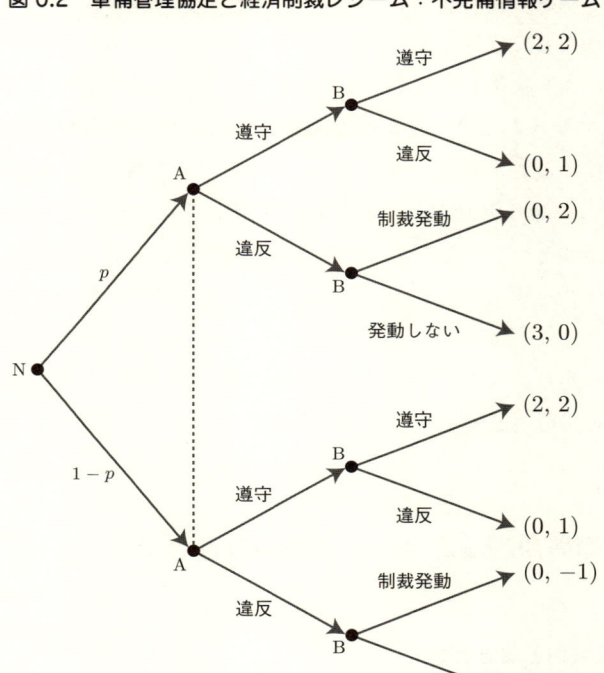

図 0.2　軍備管理協定と経済制裁レジーム：不完備情報ゲーム

```
                          遵守
                     B ●─────→ (2, 2)
              遵守  ╱
                  ╱   違反
              ╱   ●─────→ (0, 1)
          A ●
         ╱ ╎╲       制裁発動
        ╱  ╎ ╲  B ●─────→ (0, 2)
       ╱   ╎ 違反╱
    p ╱    ╎   ╱  発動しない
     ╱     ╎  ●─────→ (3, 0)
  N ●      ╎
     ╲     ╎            遵守
    1-p╲   ╎        B ●─────→ (2, 2)
       ╲   ╎  遵守 ╱
        ╲  ╎ ╱     違反
         ╲ ╎╱   ●─────→ (0, 1)
          A ●
              ╲       制裁発動
           違反 ╲  B ●─────→ (0, −1)
                ╲╱
                 ●  発動しない
                  ─────→ (3, 0)
```

は，信憑性のある経済制裁に支えられ，前述した部分ゲーム完全均衡のゲームと同じになる。均衡(2)では，A国が制裁の信憑性を疑うため，SタイプのB国でもA国の違反を事前に抑制できず，制裁を発動することを余儀なくされる。この結果から，国家間の安全保障関係を安定化させるには，軍備管理協定に加え，違反を罰する，信憑性のある経済制裁レジームが必要となることがわ

---

11 図 0.2 の完全ベイジアン均衡は次のようにして解ける。もし A 国が遵守すれば，どちらのタイプの B 国も同じく遵守することが最適である。一方，もし A 国が違反すれば，S タイプの B 国は制裁発動するが，W タイプの B 国は発動しない。このような B 国の最適行動の下では，A 国の期待利得は遵守すれば 2，違反すれば $0 \times p + 3(1-p)$ である。これより，A 国が遵守するための条件は $2 > 3(1-p)$，すなわち $p > 1/3$ である。

12 厳密にいうと，本文の不完備情報ゲームは，自然（N）という非戦略的プレイヤーを導入することによって，不完備情報を操作の対象とならない外生変数としているため，不完全情報ゲームとなっている。不完備情報が戦略的プレイヤーによって操作される内生変数となっているゲームは，本書の第 4，8，9 章を参照。

かる。実際に制裁を発動してしまえば，協定を動揺させてしまうことから，協定を健全なかたちで維持するうえで，制裁を発動せずともよい信憑性のある経済制裁レジームを構築しておくことが不可欠となる。そのような制裁レジームの存否がリアリズムとリベラル制度論という競合する国際関係理論の相対的妥当性をも決める。より発展的な課題として，経済制裁に関わる国家が複数の場合，ゲームが繰り返し行われる場合，B国が自身のタイプを何らかの行動によって顕示するシグナリングを含む場合などが考えられ，それぞれの場合に対応するモデルを構築することによって，一層実践的な分析を行うことができる。

次節では，本章に続く各章が具体的国際問題を取り上げ，その核心を，ゲーム理論を用いて分析しているところを概観する。

5 国際関係理論とゲーム理論の融合：実践

◆ 国際公共財と集合行為

人々が互いに協力すれば，人間社会にとって望ましい状態（**パレート最適状態**）を達成できる。こうしたパレート最適状態は，人間社会にとって必要不可欠な良好な治安や公共インフラストラクチャーという公共財が豊富に供給されている状態でもある。パレート最適状態の達成または公共財の供給は，個々人の貢献を必要とする。ところが，個別合理的な個人は，貢献の責任を他人に任せ，自分は貢献しないというただ乗りの態度をとりがちである。ただ乗りが横行すれば，社会全体にとって好ましくない帰結，または公共財の供給が過少な状態が生じてしまう。これがいわゆる**集合行為**（collective action）問題であり，個別合理性が集団合理性をもたらさないという合成の誤謬でもある。言い換えると，社会全体を益する公共財は，その便益に波及効果があるため，その財の消費から特定の個人を排除できず，ただ乗りを助長してしまう。よって，公共財の供給は難しくなる。こうした考え方は，アナーキーな国際関係において諸国家を統治する世界政府や世界法の樹立を懐疑的に見るリアリズムに通底している。

人間社会を悩ます集合行為問題に対して，女性で初めてノーベル経済学賞を受賞したオストロム（Ostrom 1990）は，適切な社会制度によって克服できることを理論的・経験的に示した。こうした制度は，貢献を拒む者に対する社会的排斥および貢献を促す社会的褒賞の供与を含むものである。たとえば，伝統的共同社会では，同様の内容を持つ制度を活用して治安，衛生，共同農場・漁場などというさまざまな公共財を供給してきた。対照的に，国際社会が強力な社会制度をあらかじめ包含していると事前に想定できず，この意味で国際社会は「アナーキカル・ソサイエティ」（ブル 2000）である。そのため，国際社会にとっての**国際公共財**（効率的な通貨交換，豊富な流動性，豊かな環境など）を供給するには，適切な国際制度を新たに構築しなければならない。しかし，その制度自体も集合行為問題の罠にかかり構築が困難となってしまう。これは解決がきわめて難しい循環問題であるため，国際関係論の範囲で国際公共財の供給を肯定的に論じることは一筋縄ではいかない。

　こうした難問にもかかわらず，実世界で国際公共財がまったく供給されなかったわけではない。ならば国際公共財の供給を促す装置があるはずである。その可能性の1つが，国際公共財の供給を自ら牽引したり，他国の貢献を強制・説得したりできる強力なパワーを持った覇権国の存在である。キンドルバーガー（2009）は，19世紀から20世紀初頭にかけての通貨間の交換制度の盛衰が覇権国のそれと連動していた知見を示して，覇権論の経験的妥当性を論じた。覇権論は，リアリズムが国際関係の重要要素として注視する主権やパワーと親和的であり，その一理論としてもみなされることもある[13]。

　パワーには必然的な盛衰があるため，覇権論は，覇権国凋落後の国際公共財の供給に関して悲観的である。この予測に反して，第二次世界大戦以降の国際関係に覇権的リーダーシップを発揮してきた米国が1970年代中盤以降凋落したにもかかわらず，その後，国際公共財の供給を目指した数々の国際制度が創設・維持されている。たとえば，オゾン層の保護を目的としたモントリオール議定書，内戦や国際紛争を防止するための国際連合平和維持活動（PKO）などの新制度や，関税及び貿易に関する一般協定（GATT），その後継の世界貿易機関（WTO），国際通貨基金（IMF）など覇権期に創設されたが覇国凋落権後

　13　合理的選択論を用いた覇権論の理論化についてはギルピン（1990）を参照。

も引き続き堅持されている制度もあり，覇権論でうまく説明できない。それでは覇権不在の国際関係で，国際的公共財はどのように供給されるのか。

　本書の第Ⅰ部・第1章（岡田論文）は，こうした疑問に答えようとする。同章は，関係国を益する，国際公共財たる国際制度の構築の問題を，多人数囚人のジレンマの枠組みで考察し，制度の自発的構築のための多段階ゲームモデルを定式化している。詳述すると，国際制度のモデルとして，条約の違反国を罰する集権的または分権的制裁メカニズムを有する国際機構を想定し，そのような国際制度に関係国が自発的に参加するかどうかを検証し，次の結果を得ている。多人数囚人のジレンマでは，協調的国家が少なからず存在し協調国家同士の間で貢献が生じるならば，協調的国家の利得は増加する。このため，協調的国家の数がある一定数（シェリング数）以上になれば，協調的国家の利得は制度構築が失敗する場合の利得を上回る。国際制度への参加ゲームは多人数タカ－ハト・ゲームの性格を持ち，国際制度に参加する協調的国家（ハト）と，そうでない非協調的国家（タカ）が共存する可能性が決まる。

　続く第2章（岩波論文）は，国際公共財を，国際社会が行う国際秩序の維持や再建と考える。国家間戦争や内戦など，何らかの国際的・国内的原因によって発生した紛争に対して，国際社会が国連憲章で謳われている平和強制という手段で対処し，その紛争を解決することは当事国や近隣諸国の安全保障利益に適うだけでなく，広く国際秩序の安定を回復するという意味で遠くの多くの国々の利益にも資するはずである。そうであるがゆえに，平和強制の実施は，集合行為問題によって困難になる。第2章は，この点を展開型ゲームによって次のように解明している。紛争の解決は，平和強制の参加国に対して，地域平和の回復や派遣国に対する国際的名誉などという便益を与える一方，部隊派遣の財政的負担や派遣兵士の身体的危険という費用をかける。潜在的派遣国は，これらの便益と費用を考慮して派遣の可否を決定するが，たいがい平和強制は複数の国による派遣を必要とすることから，潜在的派遣国は他国の決定も考慮しながら，自らの決定を下すことになる。このように国々の決定は相互依存関係にあるため，完備情報の状況であっても平和強制が見送られる可能性がある。この点において第2章は連携された介入の存否の条件を析出している。

一方で，単独での介入の便益がその費用を上回ると見積もる強力な国家が現れた場合，単独介入の可能性があることも見出して，覇権論にも論証を与えている。実際に，この知見に即するように，覇権国や旧宗主国などの大国が，内戦や地域紛争に対して単独介入を行ってきた事例がいくつかある。ところが，こうした単独行動は，国連が標榜する多国間主義・連帯主義に反するため，帝国主義の再来と批判される場合もある。第2章は，単独行動が合理的計算の帰結であるところを論証しながら，こうした批判はむしろ多国間主義の失敗に向けられるべきであることも示唆している。

◆ 法の遵守と政治

現代の国際関係の多くの領域は，高度に法制度化（法化）されている。国連憲章をはじめ，安全保障，人権，貿易，通貨金融，環境，衛生などという政策領域に幾多の法的拘束力のある国際法が存在し，国々はそれらの法に従って行動することを義務づけられている。これらの法は，締約国が法に関係する規範や利益に鑑みて自発的な判断で受け入れたものであり，遵守の義務も締約国の了承のうえである。ゆえに，拘束力のある国際法といえども主権の理念と合致しているはずである。しかし，時間が経過し，状況が変化すれば，当初の規範や利益は薄れ，遵守を放棄する締約国が出てくる。これは，いわゆる遵守の**時間整合性問題**（time-consistency problem）である。

継続的に法が意味を持つには，関係主体の行動を特定の範型に収める拘束力や管理レジームが法に備わっていなければならない。ただし，法自体は文言であるため，誰かが自身の利益に基づいて法を拘束的なものにさせてはじめて法に実質的な拘束力が備わる。国内法に関しては，そのような主体は，法の妥当範囲内で法の執行権という公権力を持つ政府にほかならない。同時に，法に対する個人や団体の遵守は，違反者が受ける刑罰の確実性と厳格性によって担保される。ところが，国内法と違い，国際法には世界的な公権力を持つ世界政府が存在しない。そのため，国際法の実施と遵守は本質的に不確かであり，その確保には適切な制度の創設が必要であると指摘されてきた[14]。

---

14 国際法のなかでも国際慣習法の遵守などの問題に関する分析として森（2010）がある。

第Ⅱ部・第3章（多湖論文）は，パワーによる国際秩序の確保の一環として，国際的義務は大国のリーダーシップによって確保されるというリアリズムの仮説を，ゲーム理論とインド・パキスタン紛争という事例によって検証している。同章は，加盟国に対して，自衛権という主権国家の権利を行使する際，自衛権の発動を国連安全保障理事会（安保理）に通告することを義務づけている国連憲章第51条という法に着目する。冷戦期，米国は，友好国のパキスタンに多大な軍事援助を行っていたが，国際秩序の維持を重視するという観点から，米国の援助には，パキスタンの無謀な武力行使を抑制するため，自衛目的の武力行使のみを認め，自衛目的以外の武力行使に対しては援助を停止するという条件（コンディショナリティ）が備わっていた。この制度の下で，パキスタンによる自衛権通報と米国の援助継続は，2国間の調整ゲームの帰結（ナッシュ均衡）になることが予定されていた。ところが，米議会内には，米国が紛争に巻き込まれることを恐れて，たとえパキスタンが自衛権発動を通報しても武力を行使したという事実だけで援助を停止するという内容の議案を提出する議員の動きがあった。この米議会の圧力によって，パキスタンは自衛権発動の通報を行う合理的誘因を失い，第三次インド・パキスタン戦争は安保理への通報がないまま発生した。この分析を通じて第3章は，国際的義務は大国のリーダーシップによって確保されるとするリアリズムの考えに対して，大国内の政治によって不履行が発生してしまうという危うさを指摘している。

　国際法の番人として，国際紛争の解決や法遵守の確保を任務とする国際司法裁判所（ICJ）が存在する。ところが，上述した理由でICJが期待通りの成果を上げることは困難であるとしばしば論じられてきた。もう少し詳しく言うと，主権国家にICJの審判を受けるかどうかの決定権が与えられているため，こうした主権の壁がICJの管轄権を空洞化させ，ICJの紛争解決能力を無効化しているのである。

　このICJの教訓に反するかのように，世界貿易機関（WTO）には，準司法的な紛争解決手続き（DSM）が創設され，WTO法に関わる加盟国間の紛争を解決する任務を与えられている。WTOの前身であるガット（GATT，関税及び貿易に関する一般協定）にも紛争解決手続きが備わっていたが，ICJと同様，紛争当事国に紛争解決小委員会（パネル）による審議やパネル報告書の採択に

関する事実上の拒否権が与えられていたため，十分な実効性を得るに至らなかった。WTOのDSMは，個々の締約国の拒否権をなくし，GATT時代のものを大幅に強化したものであることから，DSMの紛争解決能力に大きな期待が寄せられた。ところが，こうした法化にもかかわらず，DSMによる紛争解決の状況は思わしくない。

　第4章（飯田論文）は，これをパラドクスとし，不完備情報のゲーム・モデルを適用して，その解明を次のように試みている。潜在的申立国は，たとえパネルで勝利しても，パネル報告書に対する違反国の遵守が期待できないのであれば，費用と時間のかかるパネル提訴をそもそもしないはずである。この論理によれば，調査・弁護などDSMにかかるさまざまな費用（総合して**取引費用**）が高い場合，潜在的申立国は違反国の比較的小さな譲歩案でも受け入れ，提訴を思い止まるはずである。しかし，法化によってDSMにかかる取引費用が削減されたとすると，潜在的申立国を納得させる譲歩案は大きなものにならざるをえない。ところが，被申立国の選好が申立国にわからない不完備情報の状況においては，申立国を納得させる譲歩案の規模を決めることは容易でない。そのため，取引費用が安くなった状況で紛争解決に対する期待利得が増加しているなかで，不完備情報による譲歩案の失敗がパネル提訴とその後の非遵守の事案を多発させている。

◆ 民主主義と合意形成

　既述したように，現代国際関係の多くの部分は，国際法によって規律されている。そのうえ，冷戦終結以降，民主主義が旧東欧諸国や発展途上国にも拡大すると，国際交渉が民主化された国々の間で繰り広げられることもしだいに多くなっている。その結果，法の支配と民主主義という統治の原則は，国際関係にも浸透するようになってきた。民主主義は，民意を反映した統治を可能にする反面，政策協調を目指した条約などの交渉や締結を困難にする複雑な国内決定過程を含んでいることも経験則として否定しがたい。そのため，民主主義の国々の間には，リアリズムが想定するパワー闘争以外の問題も生じ，現代国際関係が民主化以前のものと比べて協調的になっているとは言いがたい。この民

主主義の問題は次のように要約できる。

　条約を批准する議会の議決には，通常，多数決ルールが用いられるが，（一次元の政策争点に限り）議会で中庸の選好を持つ中位投票者と呼ばれる議員が議決のカギを握る。そこで，条約の交渉者がその議員の選好にあわせて条約を策定すれば，議会の同意を確保できるはずである。しかしながら，複数の民主国家の間で条約を締結する場合，一方の国家の議会における中位投票者の選好が相手国家の議会における中位投票者の選好と一致することは稀であろう。一致しない場合（交渉に合意集合が存在しない場合），一方の国家政府が国際交渉を主導し，自国の議会中位投票者の選好にあわせて条約案とし，相手国の同意を得ようとしても，相手国議会の反対に遭遇してしまう。こうした政府間交渉と国内交渉の狭間で国際条約の締結が困難になることはかなり以前から知られていたが，パットナム（Putnam 1988）が**2レベル・ゲーム**（two-level games）として定式化して以来，体系的に考察が行われるようになった[15]。

　この2レベル・ゲームという観点から，第Ⅲ部・第5章（石黒論文）は，自由貿易協定（FTA）の締結に関わる国内の民主的手続きと政府間交渉の交差に焦点をあてている。限られた国々の間で柔軟に合意形成できるとされるFTAといえども，民主主義を採用している国々の間では，FTAによって損失を被ると感じる国内集団がFTA協定に影響を与えようと議会に圧力をかける。そのため，こうした国内政治交渉が政府間協定交渉に悪影響を与えるようになる。第5章は，両交渉の合意範囲がFTA成立を決定すると想定しつつ，2国2財をベースとした一般的な関税ゲームに，損失を被るとされる国内集団を補填する補償制度がFTA締結に与える効果について分析している。

　次に，第6章（林論文）は，多数国間条約の議決問題を取り上げる。多数国間条約の採択には2国間条約に増してより多くの障害があるが，その1つに，条約採択の合意ルールとして一般的に採用されている全会一致方式がある。この方式は，主権平等原則および，すべての参加国の意見を重視するという国際的民主主義の精神に合致したものであるが，欠点として，すべての参加国に拒

---

[15]　2レベル・ゲームの解説は，本書第5章および鈴木（2000，第4章）を参照。

否権を一様に与えることになるため，一国の反対によって条約の採択は困難になってしまう。第6章が着目する対人地雷禁止条約（オタワ条約）も，こうした合意問題に悩まされるという事前の予測があったが，悲観的予測に反して，条約を発効させる十分な国々の同意が確保され，同条約は発効を見た。第6章は，この謎を解明するうえで，交渉ゲームの分析に適した空間モデルを適用しつつ，条約の推進国による議題設定と，複数の合意ルールの効果を検証する。その結果，特定多数決方式を採用し，巧みな議題操作によって反対を潜り抜けて合意形成を図った条約の推進国の交渉戦略を析出している。

◆ 外交と情報

国際関係のもう1つの重要な側面は，外交という「諸国民間の関係の秩序だった営為」（Nicolson 1963, p. 17），「国益の増進を図る平和的な手段」（Morgenthau 1985, p. 563）である。外交には少なくとも次の2つの役割がある。1つは，自国民の生命，領土，繁栄を確保する意思を対外的に表明するという主権の明示である。もう1つは，外国政府と交渉し，互いの利益を調整しながら，条約，協定，共同宣言などの国際的約束事をまとめることである[16]。

前者の役割では，外国が主権の意思表示に懐疑的になれば，主権を侵害する行動をとるかもしれないので，国家を代表する外交官は自国の主権擁護の決意を対外的に明確に伝達することを要請される。対照的に，後者の役割で外交官は，約束事の締結が自国の利益にかなうと考えつつも，少しでも自国に有利になるように約束事の内容を定めるという任務を果たすため，交渉を取り巻く国際状況や自国の立場に関する情報を巧みに操作することを要請される。情報伝達に関わるこれらの2つの役割をうまく使い分けるところに外交の難しさがあり，それを克服する外交の芸術的技巧がある。関係の悪化や戦争の勃発を許せば，それはクラウゼヴィッツ（1968）のいうように「政治の延長」であろうが，外交にしてみれば，失敗を意味する。

第Ⅳ部・第7章（石田論文）は，主権の明示と約束の締結という2つの外交

---

[16] ブル（2000）は，本文に記した情報伝達と合意に向けた交渉に加え，情報収集，摩擦の最小化，象徴的役割を外交の役割としている。

の問題を同時に考える。第7章によれば，緊張した国家間関係の場合，外交の失敗が戦争を導くことさえある。戦争は，国境線，天然資源の採掘権，政治的権限の妥当範囲の変更などという当事国の間で現状の価値の配分を変えようとする行為である。もし同様の価値配分の変更を，武力行使を伴わない外交によって代替できるならば，たとえ戦勝国であろうとも人的犠牲と財政的費用を伴う戦争は非合理的な行為となると論じ，こうした戦争の非合理性を象徴する事例の1つとして，冷戦期，反共封じ込め政策の一環として，米国が自国の安全保障利益と直接関係のない地域における傀儡政権を維持しようと軍事的関与を拡大したヴェトナム戦争を挙げる。

現状の変更を平和的な外交で行うには，渋る相手国から現状変更の受諾を引き出すための威嚇が必要である一方，いったん，受諾を勝ち取ったら，その新たな現状を維持するという約束を交わさなければならない。第7章は，前者を強制外交，後者を安心供与外交と定義し，チキン・ゲームと囚人のジレンマ・ゲームを組み合わせた2段階のゲームによって，2つの外交戦略の間に相互依存関係があることを析出している。そして，完備情報の状況においても威嚇と約束の間にトレードオフがあることを示しつつ，現状変更を平和的に行う外交の難しさをも指摘している。

第8章（鈴木論文）は，国際的約束事の締結の手段としての外交について考える。通常，国際交渉では多数の情報が交錯するが，そのなかには一方の国家の外交官に知られているが，他方の国家の外交官に知られていない情報，いわゆる**私的情報**（private information）が含まれる。私的情報は，それを知っている前者の外交官が自国の利益のために操作する恐れがあるため，その情報を発信しても，それを受け取った後者の外交官に容易に信用されない。その結果，私的情報が飛び交う外交交渉での約束事の調整は想像以上に難しくなる。これを乗り越えて意義のある約束事を締結するには，正確な情報を効率的に伝達しなければならないが，その条件とはどのようなものか。

第8章は，東アジアにおける通貨に関わる地域制度の構築を題材に，地域の主要国である日本が他の東アジア諸国に対して，適切な制度内容に関わる情報を提供しながら調整を進める過程を分析している。調整手段として，関係国との会議外交と，第三者機関の関与（委任）を指摘し，それぞれが合理的とな

る条件を析出する。この観点からすると，国際通貨基金（IMF）というグローバル機関は，通常，地域の特殊事情に対応することを目的として創設される地域制度によって補完されるものと考えられているが，同時に，地域制度の創設に際する関係国間の調整を支援するという役割も担うことが浮き彫りとなる。こうした複合的構造および関係国の選好と情報による制約のなかで行われる国々の調整の帰結として，グローバリズムあるいはリージョナリズムの相対的深度が決まる。

　本書の最終章である第9章（栗崎論文）は，主権の明示に関わる外交の問題を取り上げる。主権の明示をどのように行うかという問題は，やや違った角度からいうと，主権の確保に関わる十分な意思を持っていない国が，あたかも持っているように振る舞っていると外国に認識されてしまうという**不実告知**（misrepresentation）の問題である。この問題は，プレイヤーの意思または能力が相手プレイヤーと共有されていない私的情報であるため生じるものである。したがって，この私的情報問題を解決するには，強い意思を持っている国家が自身を差別化することが必要となる。ゲーム理論では，差別化を図るという行為は**シグナリング**（signaling）として知られ，強い意思を持つプレイヤーがそうでないプレイヤーに到底まねのできないほど大きな費用のかかる行動をとることによって実現される。

　国家にとってのシグナリング費用とは何だろうか。既存研究では，本来主権国家に自由裁量権のあるはずの対外政策の幅を自ら制約する**自己拘束メカニズム**の導入が有効なシグナリング行為の1つとなる，と考えられることが多い。国際危機という戦争と背中あわせの状況において，自己拘束メカニズムを用いる政府は，対立する外国に対して決して屈しないという不退転の覚悟を自国民に表明することによって，相手にも防衛の決意と能力を明示しようとする。自己拘束メカニズムは，外国の圧力に屈して譲歩してしまえば，自国民の不信を呼んで政権からの失墜を招いてしまうという費用，いわゆる**観衆費用**（audience cost）を発生させる。こうした観衆費用のリスクを負うことによって，主権を確保しようとする政府の信憑性を高めようとする試みが自己拘束メカニズムの核心である。

　自己拘束メカニズムが効率的な情報伝達に不可欠ならば，すべての国際的対

話は国内政治過程を巻き込んだかたちで行われるはずである。それに反して，国民や議会に知らせず，政府首脳の間だけで行われる秘密外交が古くから行われている。第9章によれば，第一次世界大戦の講和条約で同大戦の原因の1つとなった秘密外交は否定されたにもかかわらず，世界的に民主主義が普及するようになった20世紀中葉以降でも秘密外交は消え去っていない。第9章では，公開外交と秘密外交の2つの情報伝達装置を備えた不完備情報モデルを構築し，次の分析結果を得ている。公開外交は自己拘束メカニズムと同等の意味を持つため，当該政府の退路をふさぎ，危機の抑止に一定の効果を発揮するものの，危機を戦争にエスカレートさせる蓋然性を払しょくできない（公的均衡）。対照的に，秘密外交は明確な情報を発信できないが，関係政府の裁量を拡大し，譲歩によって被る観衆費用を縮小できる。それゆえ，相手政府が融和型であれば，うまく譲歩を引き出せる（私的均衡）。もし強硬型であれば，秘密外交は功を奏さないが，それがわかった時点で自己拘束メカニズムに切り替えればよい。したがって，秘密外交は，柔軟な情報伝達装置として現代外交でも重要な位置を占めているのである。

6 今後の課題

　概観したように本書の各章は，具体的な国際問題を取り上げ，ゲーム理論を適用しながら分析を進め，その核心を解明しようとしている。その多くは，現代国際関係学で相克するリアリズムとリベラル制度論の対立軸のなかで，平和維持制度，紛争解決制度，同盟，会議外交，秘密外交，条約採択方式などという国際制度について考察している。制度が国々の期待や意思決定に影響を与えることに鑑み，制度を巧みに設計することによって対立を管理し，協調を促進できることを確認している一方，不確実性，取引費用，選好非対称性が閾値を超えて拡大すれば，制度は期待された効果を発揮できず，協調の失敗，対立の激化，紛争の放置を招くことも析出している。アナーキーが台頭し，権力闘争が国際関係の主要な特徴となれば，こうした国際関係を読み解く理論としてリアリズムの妥当性が増す。リアリズムに対するリベラル制度論の相対的妥当性は，国々の選好の適度な非対称性に対する制度設計や外交における情報管理の

技巧に依るが，それにも限界があることを各章は示唆している。制度は主権，利益，自助の理念からなる伝統的国際秩序と矛盾せず，それゆえ同秩序において実効性を発揮しうる一方，矛盾しないからこそアナーキーと背中あわせになる蓋然性を含んでいる。

　本書に収められているすべての論稿は数理モデルを扱っているが，比較的簡単な分析課題であるならば，たとえ数理モデルを用いなくても，ゲーム理論の諸概念をうまく質的に適用することによってほぼ同様の効果を得ることができる。ウォルツ（2010）のバランス・オブ・パワー研究やコヘイン（1998）の国際制度研究などの質的研究はこの部類に入る。ただし，分析課題が複雑になれば，本書の各章のように数理モデルの適用が不可避となる。本章は，方法論的個人主義，合理主義，実証主義を標榜するリアリズムとリベラル制度論について言及してきたが，全体として現代国際関係研究は，本書が手がけるものに比べて方法論的・理論的にもっと多様である。本書が本格的に扱わない他の国際関係理論としてコンストラクティビズムがあることは前述した。コンストラクティビズムは，選好や行動は，行為者を取り巻く規範，文化，慣習などの影響を強く受けつつ，行動の準則は，合理性というよりも，規範，慣習，文化などに照らしあわせた適切性にあると考えて，行動の主観的意味を重視する解釈学を展開する。経済学においても，アカロフとクラントン（2011）が，帰属や規範意識が効用や選択に与える影響を勘案して経済行動を分析しようとする，解釈学に合致した研究を提案している。

　このように，複数の方法論が台頭している現代国際関係学では，特定の方法論の妥当性に関して幅広いコンセンサスがあるわけではない。したがって，ゲーム理論を適用して得られた分析結果が広く受け入れられるには，競合する概念を基盤とした他の理論や経験的証拠による厳しい検証にさらし，その信憑性を高めることが不可欠である。そのため，近年の研究では，ゲーム理論を適用して得られた仮説を，歴史的事例分析や計量分析などによって検証することが一般化している[17]。また，ゲーム理論自体でも，その抽象モデルを，生

---

17 計量分析を応用した国際関係研究に関しては，多湖（2010）やラセット（1998），質的な事例分析法に関しては，キング＝コヘイン＝ヴァーバ（2004）やジョージ＝ベネット（2013）を参照。

物学，経営学，政治学などの特定学問領域に合致した具体的なモデルに発展させて，現実との適合性を向上させている。国際関係学においても，その特性を包含したモデルを開発し，重要な国際問題の核心を解明することが急がれている。本書は，この観点から行われた国際関係研究を平易なかたちで所収している。

◆ さらに読み進む人のために ──────────────

　　石黒馨（2007）『入門・国際政治経済の分析──ゲーム理論で解くグローバル世界』勁草書房。
　国際政治経済問題を題材にしつつ，その分析にゲーム理論を適用した教科書。

　　岡田章（2008）『ゲーム理論・入門──人間社会の理解のために』有斐閣。
　書名の通り，ゲーム理論の入門書。

　　岡田章（2011）『ゲーム理論（新版）』有斐閣。
　ゲーム理論の中級レベルの教科書であり，本書全般を読解するうえで有用。

　　鈴木基史（2000）『国際関係』（社会科学の理論とモデル 2）東京大学出版会。
　国際関係研究の理論と分析を架橋することを目的とした中級レベルの教科書。

　　松原望・飯田敬輔編（2012）『国際政治の数理・計量分析入門』東京大学出版会。
　国際関係研究にゲーム理論だけでなく，計量分析も取り入れた入門書。

その他の有用な文献については本書の「はしがき」を参照。

第I部
国際公共財と集合行為

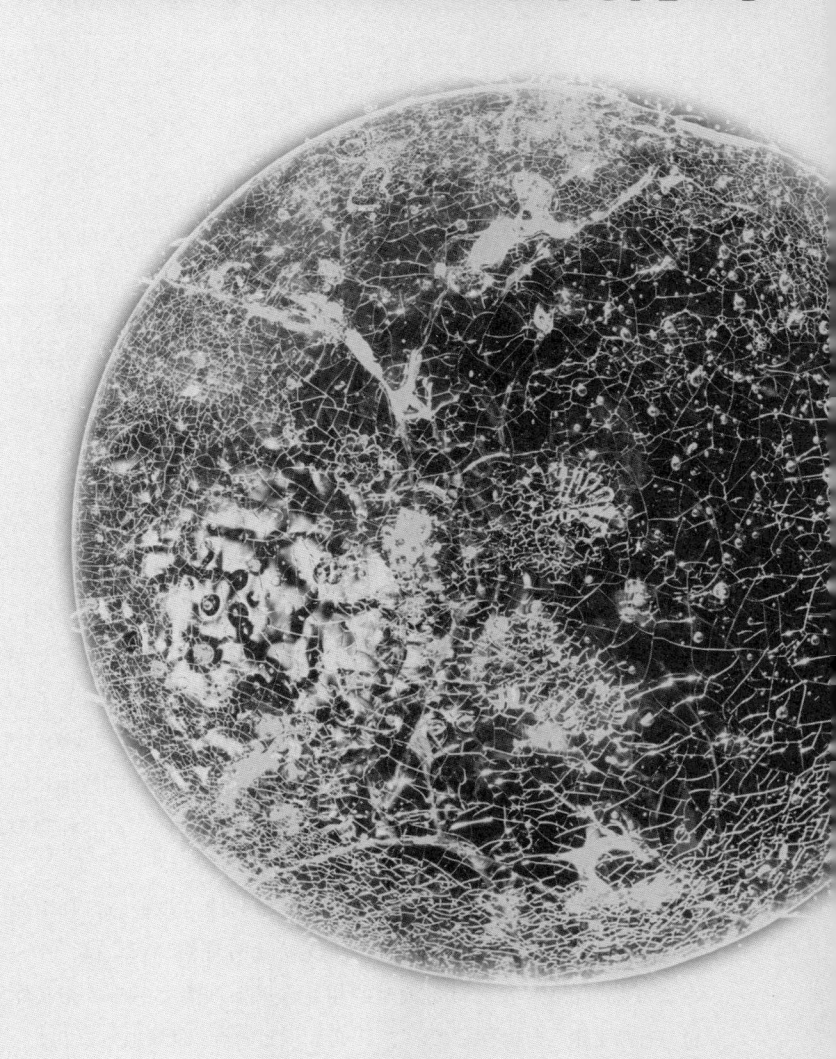

第1章

国際協力と制度構築のゲーム理論

岡田　章

1　はじめに

　グローバル化した国際社会では，人間，企業，組織，地域，国家の相互依存関係は複雑に多様化している。有限の資源や領土，経済利益の獲得を求めて利害の対立や競争が激しくなる結果，地球環境問題，財政危機や金融・通貨危機，国際政治システムの不安定性などさまざまな問題が生じている。これらのグローバルな問題の解決には，多くの国々が参加する国際協力とそれを支える国際制度の構築が必要である。

　本章では，国際協力と制度構築の問題を分析するためのゲーム理論の基礎について解説する。ゲーム理論についてさらに詳しくは，岡田（2008, 2011）を参照されたい。国際協力と安全保障についての基礎的なテキストとして，鈴木（2007）と高木（2004）が有益である。McCarty and Meirowitz（2007）は，政治学の事例を豊富に用いたゲーム理論の中級レベルのテキストである。Avenhaus and Zartman（2007）は，ゲーム理論を国際政治に応用した最近の研究成果をまとめている。今井・岡田（2002）は，ゲーム理論の最新の発展を解説した論文集である。

　ゲーム理論（game theory）は，「社会における複数の行動主体の相互に依存する意思決定を研究する理論」である。より簡潔に言えば，ゲームというさまざまな場（状況）における戦略的相互作用の理論である。相互作用する最小単位（行動主体）を総称して，プレイヤーという（文脈に応じては，アクター，エー

ジェント，個体などと呼ぶこともある）。プレイヤーは，ある一定の目標を達成するような動機を持ち，目標指向的 (goal-oriented) である。国際社会におけるプレイヤーには，国家だけではなく個人（消費者，生産者，政治家，官僚などを含む），民間企業，公企業，さらに労働組合や農業団体などの利益者団体，自治体，NPO や NGO の組織などさまざまなタイプがある[1]。

実証科学としてのゲーム理論の研究課題は，「ゲームにおいてプレイヤーはどのように行動するだろうか？」ということである。この研究課題でのゲーム理論の主要な研究対象は，ナッシュ均衡に代表されるゲームの均衡概念と均衡にいたる均衡化プロセスである。均衡化プロセスの主なものとして，進化や学習の動学プロセスがある。さらに，行動や意思決定だけでなく，社会の法律や規範，文化など，ゲームのルールの起源や生成過程もゲーム理論の重要な研究課題である。

一方，規範科学としてのゲーム理論の研究課題は，「ゲームのプレイはどうあるべきか？」ということである。このため，正義，効率性，公平性（フェアプレイ）などの政治，経済，社会的規範の意味と内容を明らかにすることもゲーム理論の主要な研究対象である。

また，この2つの異なる視点からのゲーム理論の研究は独立したものではなく，それらは相互に補完関係にある。とくに，ゲーム理論を国際関係論に応用する場合，国際社会では一定の規範に基づく「望ましい」国際社会の実現を国家に強制する中央政府機構は存在しない点が分析の前提である。そのために，「望ましい」国際社会は自律的な国家の自由な意思決定の均衡状態として実現する必要があり，規範科学としてのゲーム理論の基盤は実証科学としてのゲーム理論であると言える。さらに，「望ましい」国際社会の制度設計のためには，一定のルールの下でプレイヤーがどのように行動するかに関して明確な知見が必要である。

以上のことを背景にして，現代のゲーム理論では，「競争的な政治経済社会環境において異なる私的価値を追求する人間，企業組織および国家は，いかにして効率的で公平な社会状態を実現し協力社会を創造することができるか」と

---

[1] ゲームのモデルにおいて誰をプレイヤーとすべきかは，問題の内容や研究目的によって異なる。本章では，説明の便宜上，主に国家をプレイヤーと想定する。

いう基本問題の考察が主要な研究テーマとなっている。

　国際社会において国家が利害対立を克服して国際協力を実現するにあたっては，解決すべき問題が重層的に存在している。このことを，地球温暖化問題での気候変動枠組条約（FCCC）を例にとって考えてみよう。地球温暖化問題は，人間のあらゆる経済活動から排出される二酸化炭素などの温室効果ガスが主因とされている。しかし，気候変動枠組条約をめぐる国際交渉の初期段階では，問題の存在自体に関して自然科学者の間ですら共通認識がなく，そのことが交渉をより困難なものとした。地球温暖化を阻止するためには，問題の存在およびその帰結に関して各国が共通に認識，理解する必要がある。また，京都議定書による温室効果ガスの排出規制の利益とコストについて各国の認識が異なれば，国際協力の合意は困難である。各国の政策当局者の間で地球環境の現状に関する情報が正しく共有され，気候変動の理論モデルと観測データが共通に理解されることが必要不可欠である。気候変動枠組条約締約国会議（COP）などの国際的な協議の場は，各国の共通認識を深めるためにも重要である[2]。

　このような**共通認識問題**に加えて，国際協力の実現には，「合意形成問題」「合意遵守問題」および「自由参加問題」が重層的かつ複雑に関わっている。

　まず**合意形成問題**とは，利害を異にする各国の間でどのような合意がどのような交渉過程を経て形成されるかという問題である。一般に，実現可能な協力の内容やレベルはただ1つではなく複数存在する。また，協力を実現する政策手段もただ1つではなく，どのような協力をどのような政策で実現するかについて各国が合意しなければならない。

　次に**合意遵守問題**とは，合意の約束は実際に遵守されるのか，また，合意の遵守が保証されるためにはどのような国際的な枠組みや制度を構築する必要があるのかという問題である。一般に，各国は自国だけ協力の合意から離脱して「ただ乗り」の利益を得ようとする。ただ乗りを阻止して合意遵守問題が適切に解決される見込みがないと，実効性のある合意形成は困難である。

　また，合意のための国際的な枠組みが構築されても，枠組みへの参加は自発的でなければならない。この国際協力制度に各国が自発的に参加するかどうか

---

[2] 岡田（2005a）は，京都議定書における温室効果ガスの排出割り当て量をめぐる国際交渉の帰結をゲーム理論を用いて考察している。

という問題が**自由参加問題**である。ゲーム理論は，数理的なモデルによって国際協力と制度構築の問題の戦略的な意思決定構造を明らかにし，国際協力のための論理と政策研究の基礎を提供する。

本章の構成は，次のようである。第2節では，国際社会における利害の対立と協力を分析するための基本的なゲームモデルとして，（多人数）囚人のジレンマとタカ-ハト・ゲームについて述べる。代表的な均衡概念として，ナッシュ均衡と進化的に安定な戦略（ESS）について解説する。第3節では，繰り返しゲームの理論を用いて，囚人のジレンマにおける協力の可能性について述べる。第4節では，国際協力制度の自発的構築の多段階ゲームモデルを紹介し，自国の利益を追求する国家の間でも国際協力制度の自発的構築は可能であることを示す。第5節では，今後の課題について触れる。

2 利害の対立と協力のゲーム

国際社会では，一般に複数の国家の間でさまざまな利害の対立と協力の可能性が存在する。このような国際社会における国家間の相互依存状況は，ゲームのモデルを用いて記述することができる。ここでは，利害の対立と協力に関する代表的なゲームとして，囚人のジレンマとタカ-ハト・ゲームについて解説する。

◆ 囚人のジレンマ

A国とB国が互いに相手より軍事的に優位な状況を目指して軍拡競争をしている状況を考える。各国の行動は，軍拡（非協力的な行動）か現状維持（協力的な行動）の2通りとする。2カ国は互いに相手国の行動を知らずに自国の行動を選択するものとする。2カ国の行動と利得の関係は，表1.1で表される。

表1.1では，A国が行に対応する行動を選択し，B国が列に対応する行動を選択する。表の各成分の数字は，左下の数字がA国の利得を表し，右上の数字がB国の利得を表す。この利得表の見方は，以下の説明でも同様である。

表 1.1　囚人のジレンマ

		B	
		現状維持	軍拡
A	現状維持	5, 5	-4, 6
A	軍拡	6, -4	-3, -3

表 1.1 から，次のことがわかる。1 国だけが軍拡をし他国が現状維持を選択するとき，軍拡を選択した国が軍事的に優位となり，最大利得 6 を得る。逆に，現状維持を選択した国は軍事的に劣位となり，最悪の利得 −4 を得る。もし 2 国がともに現状維持を選択するならば，両国の間で軍事的な緊張関係は高まらず，平和状態が実現するので，ともに利得 5 を得る。これに対して，もし 2 カ国がともに軍拡を選択するならば，両国の間で軍事的な緊張関係が高まり，ともに利得 −3 を得る。

表 1.1 は，共犯の容疑者（囚人）2 人が犯罪を自白するか，黙秘するかの選択を迫られている状況を想定してつくられたゲームのモデルであり，**囚人のジレンマ**（Prisoners' dilemma）と呼ばれている。

囚人のジレンマのゲームの特徴として，各国にとって軍拡（非協力）行動を選択するときの利得は，相手国の行動のいかんに関わらず，現状維持（協力）行動を選択するときの利得より大きいことがわかる。このとき，軍拡（非協力）行動は現状維持（協力）行動を**支配**するという。ここで，国益の最大化を目的とする国家の合理的な意思決定は，軍拡行動を選択することである。囚人のジレンマのゲームでは，2 カ国がともに軍拡を選択することが自然な結果であるといえる。行動の組合せ（軍拡，軍拡）[3]では，どの国も一方的に軍拡から現状維持に行動を変更しても利得は −3 から −4 に減少するので，行動を変更するインセンティブ（誘因）を持たない。このような行動の組合せを，ゲームの**ナッシュ均衡**（Nash equilibrium; Nash 1951）という。囚人のジレンマのゲームは，ただ 1 つのナッシュ均衡を持つ。

囚人のジレンマのナッシュ均衡（軍拡，軍拡）では，2 カ国が軍拡競争をす

---

[3] 本章では，行動の組合せ (a, b) の第 1 成分の行動 a は A 国の行動を表し，第 2 成分の行動 b は B 国の行動を表すものとする。

る結果，軍事的な緊張関係が高まり，利得はともに -3 である。これに対して，もし2カ国が現状維持を選択するならば，平和的な関係が維持され，利得はともに5である。2つの行動の組合せ（軍拡，軍拡）と（現状維持，現状維持）を比較すると，2カ国とも後者の利得は前者の利得より大きい。このとき，（現状維持，現状維持）の行動の組は（軍拡，軍拡）の行動の組より**パレート優位**であるという。（現状維持，現状維持）の行動の組よりパレート優位な行動の組，すなわち，2カ国がともにより大きな利得を得る行動の組は存在しない。このような（現状維持，現状維持）の行動の組は，**パレート最適**であるという[4]。

囚人のジレンマのゲームでは，2カ国が協力してナッシュ均衡よりパレート優位な（現状維持，現状維持）の行動の組を実現することがそれぞれの国にとって望ましいが，協力を実現することは非常に困難である。なぜならば，（現状維持，現状維持）の協力状態から1国だけが裏切って軍拡を選択すれば，最大利得6を得られるため，裏切るインセンティブが存在するからである。このような囚人のジレンマの状況でいかにして協力が可能であるかを理論的かつ実証的に解明することが国際関係論（さらに社会科学全般）の大きな研究テーマの1つである。

◆ **多人数囚人のジレンマ**

国際社会では2カ国間の関係だけでなく，3カ国以上の多国間の利害の対立と協力が大きな問題である。多国間の利害の対立と協力を分析するためには，**多人数囚人のジレンマ**のモデルが適している。

いま，n カ国 $(1, \cdots, n)$ が協力（C, cooperation の略）か裏切り（D, defection の略）の2つの行動のうち1つを，他国とは相談せずに選択するとする。各国 $i (= 1, \cdots, n)$ の利得は，自国の行動 $a_i = C, D$ と他の $n-1$ カ国のうちで行動 C を選択した国の数 $k = 0, 1, \cdots, n-1$ で定まり，関数

$$f_i(a_i, k) \tag{1.1}$$

---

[4] （軍拡，現状維持）と（現状維持，軍拡）の行動の組もパレート最適であることに注意する。

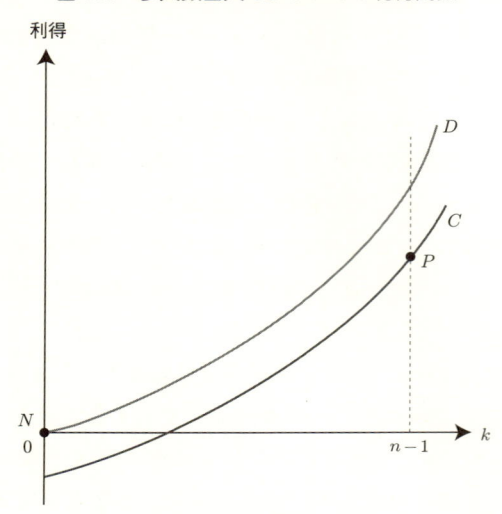

図 1.1　多人数囚人のジレンマの利得関数

で与えられる。これを，第 i 国の**利得関数**という。多人数（n 人）囚人のジレンマのモデルでは，次の 3 つの条件が仮定される。

(1)　すべての $k = 0, 1, \cdots, n-1$ に対して $f_i(D, k) > f_i(C, k)$ である。
(2)　$f_i(C, n-1) > f_i(D, 0)$
(3)　各 $a_i = C, D$ に対して $f_i(a_i, k)$ は k の単調増加関数である。

条件(1)は，すべての第 i 国に対して裏切り行動 D の利得は他国の行動が何であれ協力行動 C の利得より大きいことを意味する。すなわち，裏切り行動 D は協力行動 C を支配する。したがって，各国の合理的な行動は裏切り行動 D であり，すべての国が裏切り行動 D を選択する状況（$(D, 0)$ で表される）がゲームのただ 1 つのナッシュ均衡である。

一方，条件(2)は，すべての国が協力行動 C を選択する状況 $(C, n-1)$ はナッシュ均衡 $(D, 0)$ よりパレート優位であることを示す。さらに，条件(3)は，各国の利得はその行動が何であろうとも，協力する他国の数が増えるほど大きくなることを示す。これによって，すべての国が協力する状況 $(C, n-1)$ はパレート最適であることがわかる[5]。

多人数囚人のジレンマにおける各国の利得関数は，図 1.1 で表すことができ

る。図の横軸は協力行動を選択する他国の数 k を表し，縦軸は行動 C と行動 D を選択するときの利得を示す。ナッシュ均衡 $(D, 0)$ は図の点 N に対応し，すべての国が協力するパレート最適な状況 $(C, n-1)$ は点 P に対応する。図1.1 は，**シェリングの図** (Schelling 1978) と呼ばれている。

囚人のジレンマは，国際社会ばかりでなく人間社会一般における利害の対立と協力の可能性を簡潔なモデルで明確に記述する。とくに，個々のプレイヤーの合理的な行動（支配戦略）が社会にとっては望ましくない状態（パレート最適でない状態）を実現することを示す。この結果は，人文・社会科学の分野ばかりでなく生物学などの自然科学の分野の研究者にも大きな驚きを与え，現在もさまざまな視点から囚人のジレンマの研究が行われている。

◆ **タカ–ハト・ゲーム**

囚人のジレンマでは，表 1.1 が示すように，A 国が軍事を拡大し B 国が現状維持を選択する状態は，平和的な B 国にとって両国が軍拡競争する状態より悪い。しかし，2 カ国が互いに軍拡競争する状況は，軍事的緊張関係によって戦争の可能性が高まるとともに軍事費の増大を招く。このことを考慮すると，2 カ国が互いに軍拡競争する行動の組（軍拡，軍拡）は，各国にとって最悪の結果である可能性があり，囚人のジレンマの状況ではなくなる。このような状況のモデルが**タカ–ハト・ゲーム** (hawk-dove game) である。

タカ–ハト・ゲームは，生物学の分野でナワバリや餌をめぐって闘争する生物行動の進化を研究するために考案されたモデルである。国際社会における領土や資源をめぐる国家の勢力闘争は，生物の生存闘争と似ていて，タカ–ハト・ゲームは国際社会の分析にも有効である。

いま，A 国と B 国が領土や資源をめぐって勢力闘争をしている状況を考える。各国の行動は，攻撃的（タカ）か防御的（ハト）の 2 通りとする。囚人のジレンマと同様に，2 国は互いに相手国の行動を知らずに自国の行動を選択す

---

5 もし $(C, n-1)$ がパレート最適でないならば，ある k カ国，ただし $0 < k < n$，が行動 C をとり，残りの $n-k$ カ国が行動 D をとる行動の組が $(C, n-1)$ よりパレート優位となる。この戦略の組では，行動 C をとる国 i に対して $f_i(C, k-1) > f_i(C, n-1)$ となり，条件 (3) に矛盾する。

表 1.2 タカ–ハト・ゲーム

		B	
		防御	攻撃
A	防御	2, 2	3, 1
	攻撃	1, 3	0, 0

るものとする。2 国の行動と利得の関係は，表 1.2 で表される。

表 1.2 は，2 カ国間の次のような利害の対立状況を示している。両国がともに防御を選択すれば平和的な状況が実現し，共存共栄の利得 2 を得る。一方，1 国だけが攻撃を選択すれば，攻撃を選択した国の勢力が拡大し最大利得 3 を得る。逆に，防御を選択した国の勢力は縮小し，利得 1 を得る。しかし，もし 2 カ国がともに攻撃を選択するならば，両国の間で軍事的な緊張関係が高まり，国内政治が不安定となり最悪の利得 0 を得る。

防御を選択する国家は「弱虫」（チキン）と見ることもできるので，タカ–ハト・ゲームは**チキン・ゲーム**（chicken game）とも呼ばれている。

表 1.2 から，タカ–ハト・ゲームは 2 つのナッシュ均衡（攻撃，防御）と（防御，攻撃）を持つことがわかる。これらのナッシュ均衡は，2 カ国が異なる行動を選択するので**非対称均衡**である。

◆ タカ–ハト・ゲームのダイナミクスと進化ゲーム理論

タカ–ハト・ゲーム（や囚人のジレンマ）は 2 カ国間の国際関係を記述するモデルだけでなく，次のような多数のプレイヤーが相互作用するゲーム的な状況のモデルとして考えることもできる。

国際社会におけるプレイヤーは，国家だけではなく個人や企業，農業団体などの利益者団体，自治体，NPO などさまざまである。また，地球全体でのその数は非常に大きい。国際社会では，これらのさまざまなプレイヤーが国際協力や開発援助をめぐって交渉を行う。一般に，国際交渉においてそれぞれは異なる目的や思惑を持ち，交渉を有利に導くように強気な態度で交渉したり，交渉の決裂を避けるために相手に譲歩したりする。タカ–ハト・ゲームのモデ

ルを広く国際交渉の問題に応用するために，行動の用語を「要求」（タカ）と「譲歩」（ハト）とする。

国際社会には多数のプレイヤーが存在して，交渉に際してタカ行動をとるタイプ（タカ派）とハト行動をとるタイプ（ハト派）が混在しているとする。ハト派の比率を x $(0 \leqq x \leqq 1)$ とし，タカ派の比率を $1-x$ とする。各プレイヤーはどんなタイプの相手と交渉するかを事前にはわからず，ランダムにハト派またはタカ派の相手と出会うとする。たとえば，国際社会ではハト派の比率が低く $x=1/3$ とする。このとき，ハト派のプレイヤーは確率 1/3 でハト派と出合い，確率 2/3 でタカ派と出合う。利得の期待値は，表 1.2 より，

$$2 \times \frac{1}{3} + 1 \times \frac{2}{3} = \frac{4}{3}$$

となる。同じような計算で，タカ派の利得の期待値は，

$$3 \times \frac{1}{3} + 0 \times \frac{2}{3} = 1$$

となる。

ハト派の比率が低い国際社会では，タカ派同士で交渉する頻度が高く交渉が決裂しがちなため，タカ派の期待利得はハト派の期待利得より低い。すなわち，ハト派のほうが有利である。言い換えれば，ハト派のほうが国際社会の環境により**適応的**である。このような状況では，次回の交渉でタカ派のプレイヤーがハト派の交渉のやり方を模倣したり学習したりする結果，ハト派の比率が増加すると考えられる。このように，環境により適応する行動の比率が時間とともに増加するような**行動のダイナミクス**を研究する分野を，**進化ゲーム理論**（evolutionary game theory; メイナード-スミス 1985）という。

表 1.2 のタカ-ハト・ゲームの行動のダイナミクスは，図 1.2 を用いて調べることができる。図の横軸は集団内のハト派の比率を表している。縦軸はそれぞれの利得を示しており 2 本のグラフは，ハト派とタカ派の期待利得を示している。表 1.2 から，ハト派の比率が 1/2 のとき，ハト派とタカ派の期待利得は等しいことがわかる。ハト派の比率が 1/2 より小さいとき，ハト派の期待利得はタカ派の期待利得より大きく，ハト派の比率が増加する。一方，ハト派の比率が 1/2 より大きいとき，ハト派の期待利得はタカ派の期待利得より小さく，ハト派の比率は減少する。これより，集団の初期状態がどこでもハト派

図 1.2 タカ-ハト・ゲームのダイナミクス

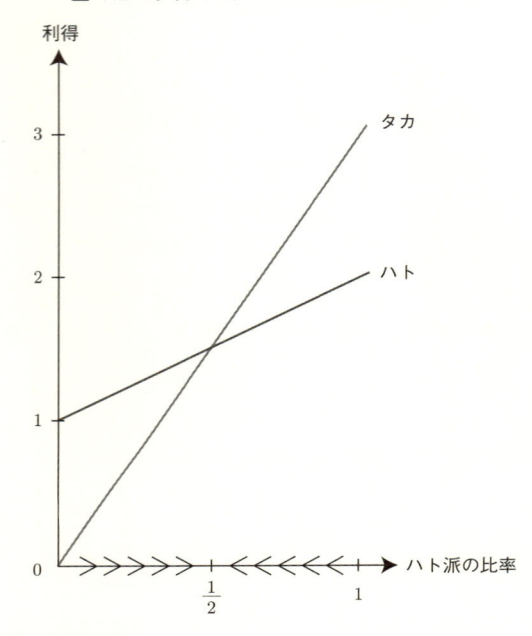

の比率は時間が経過するにつれて $x = 1/2$ に収束することがわかる。さらに，収束点の $x = 1/2$ ではハト派とタカ派の期待利得は等しくハト派の比率は変化しない。このような点を，行動のダイナミクスにおける**進化的に安定な状態**（evolutionarily stable）という。集団の行動分布が変化しない状態を**集団均衡**という。進化的に安定な状態は，環境に適応する行動の比率が徐々に増えていくダイナミクスの安定な集団均衡を表している。

タカ-ハト・ゲームの進化的に安定な状態では，集団内でハト派とタカ派の比率はともに 1/2 である。この状態は，あたかも 2 人のプレイヤーがハト行動とタカ行動をそれぞれ確率 1/2 で選択している状況に対応する。このように確率的に行動を選択する戦略を**混合戦略**（mixed strategy）という。相手がハト行動とタカ行動をそれぞれ確率 1/2 で選択するとき，他のプレイヤーはハト行動をとってもタカ行動をとっても期待利得は 1 のままであり利得は増加しない。タカ-ハト・ゲームで 2 人のプレイヤーがハト行動とタカ行動をそれぞれ確率 1/2 で選択している状況は，混合戦略によるナッシュ均衡となっている。また，2 人のプレイヤーが同じ（混合）戦略を用いているので，**対称**

均衡である。

3 │ 協力の可能性：繰り返しゲームの理論

◆ 囚人のジレンマでの協調は可能か？

囚人のジレンマでは，各国の合理的な行動は「裏切り」を選択することであり，国家間で協力関係を実現させることは不可能である。国際協力を実現するためには，協力のインセンティブを高めるために，この利得構造を変えなければならない。

現実の国際社会では，開発途上国が国際協力のインセンティブを持つように先進国がODA（政府開発援助）などによる開発援助や技術援助を通じて協力のための**報酬**を与えている。また，国際条約の違反国に対する他国による経済的な制裁など，裏切りに対する**処罰**の行為も国際条約の遵守問題の解決方法として有効である。たとえば，世界貿易機関（WTO）では，自由貿易協定に違反した加盟国に対して紛争解決小委員会の手続きを経て対抗措置がとられる。欧州連合（EU）の安定成長協定は，単一通貨ユーロの信任を維持するため，加盟国に単年度財政赤字をGDP比3%以内に抑える財政規律を課していて，違反国には制裁金などの措置がとられる。

囚人のジレンマでは，各国が「協力には協力，裏切りには裏切り」という報酬と処罰を組み合わせることで互いに協力のインセンティブを高め，裏切りのインセンティブを下げることが考えられる。ただし，このように行動ルールによって利得構造を変えるためには，囚人のジレンマのゲームを同じ相手と繰り返しプレイする必要がある。同じゲームが長期間繰り返しプレイされる戦略的状況を分析するゲーム理論の分野を，**繰り返しゲームの理論**（repeated game theory）という。この節では，表1.1の囚人のジレンマの例を用いて，繰り返しゲームの理論のエッセンスを解説する。

A国とB国が囚人のジレンマ（表1.1）を繰り返しプレイする状況を考える。ただし，毎回のゲームでは過去の互いの行動をすべて完全に知ったうえで行動を選択するとする。このようなゲームを，**完全観測を持つ繰り返しゲーム**とい

う。完全観測を持つ繰り返しゲームでは，各国は過去のゲームの行動履歴に応じて毎回の行動を選択できる。

◆ トリガー戦略による協力の実現

たとえば，次のような各国の行動ルールを考える。

(1) 初回は，「協力」を選択する。
(2) 2回目以後は，過去にどちらかが一度でも「裏切り」を選択すれば，以後ずっと「裏切り」を選択する。

この戦略では，相手国が一度でも「裏切り」を選択すれば，一方の国はそれ以後ずっと「裏切り」を選択する。相手国の「裏切り」が「引き金（トリガー）」となって各国はそれ以後，「裏切り」を選択し続けるので，**トリガー戦略** (trigger strategy) と呼ばれている。

いま，A国とB国はともにトリガー戦略に従って囚人のジレンマのゲームをプレイするとする。このとき，毎回，両国は「協力」を選択し，利得の列

$$5, 5, 5, \cdots$$

が実現する。各国は将来の利得を比率 δ $(0 \leq \delta < 1)$ で割り引いて評価すると仮定すると，等比級数の和の公式を用いて，割引利得の総和

$$5 + 5\delta + 5\delta^2 + \cdots = \frac{5}{1-\delta} \tag{1.2}$$

が計算できる。δ を**将来利得に対する割引因子** (discount factor) という。

次に，A国だけがトリガー戦略から離脱してある回に「裏切り」を選択するとする。このとき，A国の利得は一時的に5から6に増加する。しかし，次回以降，B国はトリガー戦略によって「裏切り」を選択し続けるので，A国は多くても利得 -3 しか得られない。したがって，割引利得の総和は多くても，

$$6 - 3\delta - 3\delta^2 - \cdots = 6 - \frac{3\delta}{1-\delta} \tag{1.3}$$

となる。

(1.2) 式と (1.3) 式を比べて，A 国が「協力」から離脱して「裏切り」を選択しないためには，

$$\frac{5}{1-\delta} \geqq 6 - \frac{3\delta}{1-\delta}$$

が成り立たなければならない。これを解くと，$\delta \geqq 1/9$ となることがわかる。

以上の分析から，将来利得に対する割引因子が十分に大きく，各国の指導者が長期的な視野に立って囚人のジレンマのゲームをプレイするとき，国際協力はトリガー戦略によって実現可能となる。トリガー戦略の組合せは，$\delta \geqq 1/9$ のとき繰り返し囚人のジレンマ・ゲームのナッシュ均衡である。

トリガー戦略は，相手の一度の「裏切り」に対して際限なく「裏切り」で対抗するという容赦のない処罰を含む。もっと弱い処罰を採用する戦略の例として，**しっぺ返し戦略**（tit-for-tat strategy）がある。しっぺ返し戦略は，「初回は協力し，2回目以後は前回の相手の行動と同じものを選択する」という行動ルールである。しっぺ返し戦略では，相手の「裏切り」に対して次回は「裏切り」を選択するが，相手が「協力」すれば，次々回は「協力」し処罰は1回だけである。トリガー戦略と同様に，しっぺ返し戦略の組合せも将来利得に対する割引因子が十分に大きいならば，繰り返し囚人のジレンマ・ゲームのナッシュ均衡となることが知られている（岡田〔2008〕を参照）。各国がしっぺ返し戦略を採用するとき，毎回協力が実現する。将来利得に対する割引因子が大きいとき，どの国も「裏切り」を選択するインセンティブを持たない。

以上みたように，囚人のジレンマが繰り返しプレイされるならば，各国の将来利得に対する割引因子が十分に大きいとき，毎回，国家間で協力関係が実現する状態が繰り返しゲームのナッシュ均衡になる。

次に，囚人のジレンマの繰り返しゲームには他のナッシュ均衡も存在することに注意する。たとえば，毎回「裏切り」を選択するという行動ルール（All-D 戦略）は将来利得に対する割引因子の値に関わらず，繰り返しゲームのナッシュ均衡であることがわかる。なぜならば，相手が常に「裏切り」を選択するならば，各国は自国だけが「協力」を選択しても決して割引利得の総和を上げることはできないからである。

◆ 国際関係論における繰り返しゲーム

　繰り返しゲームのナッシュ均衡を特徴づける定理は，繰り返しゲームの**フォーク定理**と呼ばれている。囚人のジレンマの例でみたように，一般に，繰り返しゲームのナッシュ均衡は複数存在し，協力が実現する均衡もあるが，実現しない均衡もある。

　国際関係論に対する繰り返しゲームの理論の重要な意義は，中央政府のような強力な拘束力を持つ国際機関が存在しないアナーキーな国際社会においても国家間の自発的な協力関係が実現可能であることが理論的に証明されたことである。ただし，フォーク定理は協力の可能性を示すだけであり，必ず協力が実現するという強い命題を主張するものではない。国際社会で協力が成立するためには，国際協力を実現するさまざまな国際制度の構築が必要である。次節では，このような制度の自発的構築について最近の研究を紹介する。

4 │ 国際協力制度の自発的構築

◆ 自発的協力と制度主義アプローチ

　国際社会では，政治，軍事，経済，環境問題におけるさまざまなレベルでの国際協力を促進するために多様な国際制度が構築されている。国際制度の主な例として，国際原子力機関 (IAEA) の核不拡散条約 (NPT)[6]，国連の平和維持活動 (PKO)，国際通貨基金 (IMF)，気候変動枠組条約における京都議定書，などがある。国際社会では各国の行動を規制，指導する中央政府のような超国家的機構は存在せず，国際制度への各国の参加は自由な意思に基づく**自発的参加**でなければならない。すなわち，「分権的国際体系で構築され，その中で実効性を確保できる国際制度は，超国家的国際法ではなく，あくまでも国家主権を重視し，その締約国の共通利益に資するように締約国の行動を調整・規律するものでなくてはならない」(鈴木 2007, 78頁)。この節では，国際協力

---

[6] 岡田 (2005b) は，核不拡散条約における査察とデータ検証問題をゲーム理論を用いて考察している。

を促進する国際制度が各国の自発的参加によって構築可能であるかどうか，制度の自発的構築問題をゲーム理論を用いて考察する。より詳しい分析は，岡田 (Okada 1993) とコスフェルドら (Kosfeld, Okada and Riedl 2009) を参照されたい。

最初に，現実の国際制度の理念型として，ここでは，**制度** (institution) とは，参加国によって自発的に合意された行動ルールの実行を執行する機構（もしくは組織）と定義する。制度の自発的構築によって相互協力を実現しようとする**制度主義アプローチ**に対して古くから社会科学の文献でよく知られた次のような批判がある (Bates 1988)。「協力（公共財）を実現するいかなる制度もそれ自体が高次の公共財であり，利己的で合理的な行動主体は制度にただ乗りをしようとするインセンティブを持つため，制度の自発的構築は失敗する」。しかし，協力問題への制度主義アプローチに対するこのような批判が正当なものかどうかは，理論的には必ずしも明らかではない。また，政治経済学者のオストロム (Ostrom 1990) によるコモンズの研究や，社会心理学者の山岸 (Yamagishi 1986) による囚人のジレンマの実験研究は，上述の批判が必ずしも正しくないことを現実社会の実証データや研究室での実験データから示している。

国際制度の構築は多国間のさまざまな交渉を伴う複雑な政治プロセスであり，大別して次の3つの基本段階から構成される。第1段階は，各国による国際制度への参加決定である。第2段階は，すべての参加国による条約（協定）締結の交渉である。条約の締結はすべての参加国の合意を必要とする全会一致ルールが基本である。締結された条約は，すべての参加国の行動を規制する。第3段階は，国際制度への参加国および非参加国からなるすべての当事国の実際の行動決定である。以下では，このような国際制度の構築を**多段階ゲーム**のモデルを用いて分析する。

議論を単純化するため，表1.3の3人囚人のジレンマを考える[7]。具体的な事例として国際環境条約を想定し，3カ国は汚染物質の排出を規制する（協力行動 C），または規制しない（非協力行動 D）の2通りの行動を持つとする。表

7　以下の議論は，n 人囚人のジレンマでも同様に成立する。

表 1.3　3 カ国囚人のジレンマ

	C_2	D_2
C_1	2　　2　　2	1　　6　　1
D_1	1　　1　　6	-2　　3　　3

C_3

	C_2	D_2
C_1	6　　1　　1	3　　3　　-2
D_1	3　　-2　　3	0　　0　　0

D_3

1.3 の各成分の利得は左下から順に国 1, 国 2, 国 3 の利得を表す。表 1.3 の利得表から，各国にとって「規制しない」は「規制する」を支配する行動であり，ゲームは 3 カ国が汚染物質を規制しないただ 1 つのナッシュ均衡を持つことがわかる。このナッシュ均衡はパレート最適でなく，すべての国にとって汚染物質を規制したほうが利得は大きい。

次に，国際環境保護のために 3 カ国が国際環境条約の制度を構築するゲームのモデルを提示する。モデルは，次のような 3 段階のゲームから構成される。

(1) **参加決定段階**：　3 カ国は，国際環境条約に参加するかどうかを他国とは独立に決定する。
(2) **交渉段階**：　参加国は条約締結に合意するかどうかを独立に決定する。条約の締結は全員一致ルールに従うものとして，すべての参加国が合意するときにのみ条約が締結される。
(3) **行動決定段階**：　3 カ国（非参加国も含む）は，汚染物質を規制するかどうかを決定する。ただし，環境条約が締結されたとき，条約参加国は汚染物質を規制することが義務づけられるものとする（もし違反した場合は，制裁を受ける）。

このような多段階ゲームを**制度構築ゲーム**と呼ぶ。ゲームのルールからわかるように，すべての参加国が条約に自発的に合意した場合，そしてその場合にのみ，条約の遵守を参加国に強制することが可能である。このような条約遵守を保証するメカニズムとしては，前節の繰り返し囚人のジレンマでみたトリガー戦略のような，参加国が互いの行動をモニターして遵守国が違反国を制裁

表 1.4　3 カ国が参加する場合の交渉ゲーム

	Y_2	N_2
Y_1	2, 2, 2	0, 0, 0
N_1	0, 0, 0	0, 0, 0

Y_3

	Y_2	N_2
Y_1	0, 0, 0	0, 0, 0
N_1	0, 0, 0	0, 0, 0

N_3

するような**分権的制裁メカニズム**や，IAEA の核査察のように制度が参加国の行動をモニターして違反国を処罰する中央機構を持つような**集権的制裁メカニズム**が考えられる。注意すべき点は，条約の遵守は制度に自発的に参加して条約に合意した国にだけ適用されることである。条約への非参加国は，いかなる干渉や強制も受けない。たとえば，気候変動枠組条約における京都議定書は，先進国だけが参加し二酸化炭素排出削減の規制を受ける。

　制度構築ゲームのような多段階ゲームのナッシュ均衡は，最後の段階ゲームから後ろ向きにすべての段階ゲームのナッシュ均衡を求めることによって得られる。これは**後ろ向き帰納法**（backward induction）と呼ばれる手法である。多段階ゲームのこのようなナッシュ均衡を，とくに**部分ゲーム完全均衡**（subgame perfect equilibrium）という。部分ゲーム完全均衡では，すべての段階ゲームで各国はそれ以後のすべての国の均衡行動に対して最適な行動を選択する。

　それでは実際に制度構築ゲームの部分ゲーム完全均衡を求めてみよう。最初に，行動決定段階では，非参加国は条約が締結されたかどうかに関わらずに，「規制しない」を選択する（囚人のジレンマでは，「規制しない」が「規制する」を支配するから）。参加国は，条約が締結されたときは「規制する」，締結されないときは「規制しない」を選択する。

　次に，交渉段階のナッシュ均衡を求める。ゲームは参加国の数によって異なる。3 カ国が制度に参加する場合，利得表は表 1.4 のようになる。各 $i = 1, 2, 3$ に対して，Y_i（Y は Yes の略）は第 i 国が条約に賛成することを表し，N_i（N は No の略）は条約に反対することを表す。全会一致ルールより，参加国が 1 国でも反対すれば条約は締結されず，次の行動決定段階ではすべての

表 1.5 2 カ国が参加する場合の交渉ゲーム

		2	
		Y_2	N_2
1	Y_1	1, 1	0, 0
	N_1	0, 0	0, 0

国が「規制しない」を選択するので利得は 0 となる。

表 1.4 の交渉ゲームのナッシュ均衡は，全参加国が条約に賛成する (Y_1, Y_2, Y_3) の組合せか，2 国以上の参加国が条約に反対する行動の組合せである。表 1.4 より，各参加国にとって賛成 Y の利得は，他の参加国の行動に関わらず反対 N の利得より小さいことはなく，他のすべての参加国が賛成する場合は大きくなる。このとき，賛成 Y は反対 N を**弱支配する**という。以下では，各国は弱支配される行動は選択しないとして分析を進める[8]。

2 カ国，たとえば，第 1 国と第 2 国が制度に参加する場合を考える。以下の議論は，他の場合もまったく同じである。利得表は表 1.5 のようになる。表 1.4 のゲームと同様に，ナッシュ均衡は，全参加国が条約に賛成する行動 (Y_1, Y_2) の組合せか，すべての参加国が条約に反対する行動 (N_1, N_2) の組合せである。表 1.4 と同様に，賛成 Y は反対 N を弱支配するので，参加国は賛成 Y を選択するとする。この場合，非参加国の第 3 国は行動決定段階で「規制しない」を選択し，第 1 国と第 2 国が形成した国際環境制度にただ乗りをする。

以上の交渉段階のナッシュ均衡を前提とするとき，最初の参加決定段階のゲームは表 1.6 のようになる。各 $i = 1, 2, 3$ に対して，P_i (P は Participation の略) は第 i 国が制度に参加することを表し，NP_i (NP は No Participation の略) は制度に参加しないことを表す。

表 1.6 のゲームは，2 つのタイプのナッシュ均衡を持つことがわかる。1 つのタイプはいずれかの 2 カ国が国際環境制度に自発的に参加し環境条約に合

---

[8] 弱支配される行動を選択しないことは合理的な意思決定として自然な考えである。しかしながら，実際のゲーム実験では，表 1.4 のような全会一致交渉ゲームでも反対を選択する被験者の行動が観察されている。

表 1.6 参加決定段階のゲーム

	P_2	NP_2			P_2	NP_2
P_1	2, 2, 2	1, 6, 1		P_1	6, 1, 1	0, 0, 0
NP_1	1, 1, 6	0, 0, 0		NP_1	0, 0, 0	0, 0, 0
	P_3				NP_3	

意する。その結果，国際制度に参加する国は汚染物質の排出を規制するが，非参加国は環境条約に拘束されず，汚染物質の排出を規制しない。もう1つのタイプは，どの国も国際環境制度に参加せず，汚染物質の排出を規制しない。この2つのタイプのナッシュ均衡を比較すると，後者のナッシュ均衡では，各国は参加決定段階のゲームで実現可能な最悪の利得を得る結果となり，合理的な意思決定の帰結として妥当でないといえる。

3カ国による制度構築ゲームの部分ゲーム完全均衡において制度に参加する国の数2は，一般の n カ国の場合は，n 人囚人のジレンマの利得関数 (1.1) 式を用いると，不等式

$$f(C, k-1) > f(D, 0) \tag{1.4}$$

を満たす最小の自然数 k^* によって与えられる。ただし，すべての国は同じ利得関数を持つとする。条件 (1.4) 式は，条約を締結する国数が k であるとき，参加国の利得は条約が締結されないときの利得より大きいことを意味する。自然数 k^* を，**協力のための最小国数**または**シェリング数** (Shelling 1978) という。n カ国による制度構築ゲームでは，制度への参加国数が k^* である部分ゲーム完全均衡が存在する。

◆ 制度構築ゲームの課題：複数均衡と非効率性

以上の分析から，制度主義アプローチに対する批判は必ずしも正当なものでなく，自国の国益のみを追求する合理的な国家から構成される国際社会でも，国家の自発的な参加による合意に基づいて，参加国の行動を規制する国際制度が構築可能であると結論できる。

ただし，ここで提示した制度構築のゲームモデルは，さらに分析を必要とする次のような問題点を含む。1つは複数均衡の問題であり，ナッシュ均衡が示す結論は，ある一定数の国の参加による国際制度が構築されるということであり，どの国家が参加するかまでは示すことができない。とくに，均衡状態は参加国にとっては不公平な結果をもたらし，参加国と非参加国の間の利害対立という問題が残されている。これは，京都議定書をめぐる国際交渉での先進国と途上国の間の激しい対立を理論的に示すものである。これと関連して，もう1つは非効率性の問題であり，すべての国が参加するパレート最適な国際制度の構築は特別な場合を除いて均衡状態として実現しない[9]。

制度構築ゲームの複数均衡問題と非効率性問題を解く鍵として，2つの方法がある。1つは，制度構築の機会は1回だけでなく，制度が構築された後に非参加国が制度に参加する可能性を許容することである。制度への加盟国が段階的に拡大していくなかで制度構築の**再交渉**が可能なゲームでは，自国の国益最大化を目的とする国家間であってもすべての国が参加するパレート効率的な国際制度が構築される可能性がある。他の方法は，国際社会における**信頼**の確立や他国が参加するならば自国も参加するという**互恵主義**や**条件付き協力主義**の確立である。このような伝統的な利己的選好を超えた**社会性選好**が国家の行動インセンティブとして考えられるならば，複数均衡の問題が解決され，すべての国が参加するパレート効率的な国際制度の構築が可能となる。

5 ゲーム理論の国際関係論への応用に向けて

本章では，国際協力と制度構築の問題を考察するために有効なゲーム理論の基礎的な分析方法と最近の研究成果について述べた。最後に，国際関係論の分

---

[9] ただし，第1段階の参加決定ゲームで少なくとも1つの国が参加しない場合，第2段階の条約締結の全会一致交渉ゲームで各参加国が条約に反対し非効率なナッシュ均衡が実現するというシナリオの下では，第1段階の参加決定ゲームですべての国が参加するナッシュ均衡が実現する。コスフェルドら（Kosfeld, Okada and Riedl 2009）による制度構築の4人ゲーム実験では，実際に合意された制度は多くのケースですべての被験者が参加するものであった。

野にゲーム理論を応用する場合のいくつかの注意点について述べる。

どのような分野でもゲーム理論を適用する場合，最初の課題は，研究対象である状況をゲームのモデルとして記述することである。第2節では，国際社会における利害の対立と協力の基本モデルとして，囚人のジレンマとタカ–ハト・ゲームを紹介したが，ゲームのモデルはこの2つだけではない。とくに，この2つのモデルは戦略型ゲーム（利得表で表されるモデル）であるが，ゲームの情報構造や逐次的な意思決定を記述するには，展開型ゲーム（ゲームツリーで表されるモデル）がより適している。どのようなモデルでも，ゲームの基本要素はプレイヤーとプレイヤーにとって選択可能な行動集合と利得関数である。一般に，現実の問題に対してこれらの要素を特定化することは簡単ではなく，国際関係論の歴史的かつ実証的な研究の知見を必要とする。国際政治の歴史および実証研究との融合によって，国際関係論におけるゲーム理論の有効性は一層，高まることが期待できる。

第3節では，繰り返しゲームの理論を用いて囚人のジレンマにおける協力の可能性を論じた。繰り返しゲームにおけるトリガー戦略などの戦略は，プレイヤー間の協力を実現する1つのメカニズムまたは制度である。第4節では，このような協力を実現する制度への自発的参加問題を制度構築の多段階ゲームを用いて分析した。理論モデルからの結論は，「制度へのただ乗りのインセンティブのため制度構築は失敗する」という制度主義アプローチへの従来からの批判は必ずしも正当化されるものでなく，自国の利益を追求する合理的な国家から構成される国際社会においても協力を支える制度の自発的な構築は可能であるということである。

本章の分析の基礎となる多段階ゲームは，現実の制度構築の複雑な政治プロセスを理念型として単純化したものであり，いくつかの発展させるべき点を含む。第1の問題点は，各国家の利得関数はすべての国家にとって共有知識であるという前提である。現実の国際政治では，他国の目的や思惑は不確実な場合が多く，不完備情報ゲームのモデルがより妥当である。国家の協力のインセンティブが不確実である状況に分析を発展させることは，今後の課題である。第2の問題点は，制度構築ゲームでは1つの国際制度しか考えていないが，現実の国際政治では，自由貿易協定などに関してブロック化が進行している。複数の国際制度の構築や制度間の相互作用を分析することも今後の重要な

課題である。

　最後に，国際関係論にゲーム理論を応用する場合，プレイヤーの合理性の前提に関してこれまで合理的選択学派と反合理的選択学派による論争がしばしば行われてきた。これに対して，現代のゲーム理論では，プレイヤーの合理性に関してさまざまなレベルのモデルが研究されている。たとえば，第2節で述べた進化ゲームのモデル（の生物学的解釈）では，プレイヤーの行動様式は遺伝的に決定され，環境に適応しないプレイヤーは淘汰される。プレイヤーは自律的に行動を選択する主体ではないという意味でその合理性はゼロである。また，心理学の分野でよく分析される強化学習のモデルでは，プレイヤーは過去のプレイで利得が高い行動を高い頻度で選択するという単純な行動ルールに従うことになるので，プレイヤーの合理性のレベルは低いといえる。一方，相手が強化学習ルールに従うことが予想できれば，プレイヤーはそれを読んで相手の行動に対して最適に反応しようとすることも可能である。プレイヤーの合理性のレベルが高まるにつれて，学習プロセス自体が1つのゲームとなり，プレイヤーは互いの行動を際限なく読みあうことになる。また，将来の不確実な事象やゲームのプレイについて合理的期待を持ち，現在のプレイだけでなく将来のプレイも考慮した長期的な期待利得を最大化するベイズ的な合理性を持つプレイヤーを考えることもできる。国際政治のゲーム分析においてプレイヤーの合理性に関して妥当な前提は何か，認知科学，心理学や行動経済学などの他の学問分野の知見を踏まえた研究が必要である。

　現在，ゲーム理論は経済学や政治学などの人文・社会科学だけにとどまらず，自然科学や工学の分野でも活発な研究が行われている。今後，社会における利害の対立と協力のメカニズムを解明し現実問題の解決に貢献する総合科学へと，ゲーム理論がさらに発展することが期待される。

◆ さらに読み進む人のために ───────────────

　　巻末の参考文献一覧にゲーム理論の入門的なテキストが数多く挙げられているので，ゲーム理論に関心のある読者は，その中から適当なものを1つ選んで学習されることを勧める。ここでは，さらに社会科学へのゲーム理論の応用に関心の

ある読者に有益と思われる文献を紹介しよう。

岡田章（2011）『ゲーム理論（新版）』有斐閣。
ゲーム理論の入門的な学習をすでに終えた学部高学年，大学院生，研究者や社会人を対象に書かれたゲーム理論の中級から上級レベルのテキスト。基本的な概念と定理の証明が詳しく書かれている。

中林真幸・石黒真吾編（2010）『比較制度分析・入門』有斐閣。
ゲーム理論と契約理論を用いた比較制度分析のさまざまな研究内容が経済制度の分析を中心に紹介されている。本章では，紙面の制約上，紹介できなかった情報とインセンティブやモラル・ハザード問題へのゲーム理論の応用が解説されている。

小西秀樹（2009）『公共選択の経済分析』東京大学出版会。
ゲーム理論の手法を用いて，政治経済学のさまざまな問題を系統的に分析している。扱われているテーマは，政治的競争，財政政策，所得再分配，制度構築と多岐にわたる。

【付記】
　本章の執筆にあたって，西村健氏（一橋大学大学院経済学研究科博士課程）および国際政治経済ワークショップのメンバーの方々から貴重なコメントを頂戴した。記して謝意を表したい。

第2章
単独軍事介入と多国間連携軍事介入のゲーム

岩波　由香里

1 はじめに

　1990年8月2日に発生したイラクのクウェート侵攻に伴い，1990年11月29日に国連安全保障理事会（安保理）は対イラク武力行使容認決議（決議678）を採択した。これを受けて1991年1月17日，米国の指揮の下で多国籍軍がイラクに対する空爆を開始し，湾岸戦争が勃発した。この対イラク連合軍には34もの国々が参加し，軍事面での連携を図った。また軍事面での協力を行わなかった日本やドイツといった国々も，巨額の財政支援を行い，連合軍の活動を支えた。その結果，多国籍軍は圧倒的勝利を収めることができ，1991年2月28日には停戦が宣言され，クウェートはイラクのフセイン政権の支配から解放されることになった。

　この湾岸戦争における多国籍軍の結成と活躍を契機に，諸国家による軍事介入の様相は，主に以下の2つの点で大きな変化を迎えることになった。第1に，米国が軍事介入を行う際に他国との連携を図ることが増え，単独で軍事介入を行うことが大幅に減ったという点である。確かに，冷戦中における米国の外交政策にも，多国間協調とみられる政策が多く存在していた。北大西洋条約機構（NATO）や米州機構（OAS）などの地域的機構が設立されたのは，米国の指導権によるところが大きいし，日米同盟に代表されるような二国間同盟を米国と結ぶ国家の数も冷戦期には大幅に増えた。これらはまさに，米国が自国の勢力圏の維持のために冷戦中に行った多国間連携であり，第二次世界大戦以

前に主流であった孤立主義とは大きく異なるものであった。

　にもかかわらず，冷戦中においては，これらの多国間連携の政策が現実に実践されることはきわめて少なかったのである。米国の軍事介入について収集されたデータを見ると，1948〜1998 年の間に武力行使が行われたのは 212 回であり，他国と連携して介入が行われたのはそのうちの 44 のケースにおいてのみであった。そしてこのなかで，1948〜1989 年の間に武力行使が行われたのは 164 回であり，そのうち多国間連携軍事介入は，たった 23 回しか行われなかったのである。これは，同時期に行われた米国による軍事介入全体の 14% に相応する（Tago 2005）。そのような冷戦中に行われた単独軍事介入の例としては，1961 年のピッグス湾事件や 1989 年のパナマ侵攻などが挙げられる。これらの国に対する軍事介入の際，米国は他国に協力を要請することなく，単独で行動を行っていた。それが冷戦の終結とともに，他国と連携して軍事介入を行うケースが目立つようになったのである。実際，1990〜1998 年の 8 年間に武力行使が行われたのは 48 回であり，そのうち連合軍が形成されたケースは 21 にも上る。これは，同時期に行われた米国の軍事介入の 44% を占めている（Tago 2005）。たとえば，米国は 1999 年のコソボ紛争の際には，セルビアに対し他の NATO 諸国と連携して空爆を行ったし，2011 年には内戦中のリビアに対し，多国籍軍を結成して空爆を開始した。冷戦後に行われたすべての多国間連携軍事介入が，1991 年の湾岸戦争時のように国連安保理の承認を得ていたわけではないが，それでも他国と協調して軍事行動を行うというのは，冷戦後にみられるようになった米国の軍事介入の形態の主な特徴であった。

　湾岸戦争を境に見受けられるようになった軍事介入をめぐる第 2 の変化は，多くの諸国が米国などによって形成された多国籍軍による軍事介入に合意するようになったという点である。多国籍軍が形成され活動するには，指揮権を握る国の意思だけでなく，その行動を容認あるいは追従する他の諸国の存在が欠かせない。とりわけ国連安保理のように，理事国が大きな影響力を保持しているような国際機関で多国籍軍による軍事介入を行う際には，他の理事国による追認が必要不可欠となるのである。しかし，冷戦中では常任理事国による拒否権の行使（あるいはその脅し）が目立ち，安保理において軍事介入の容認を得ることは容易ではなかった。理事国が利己的に国益を追求したために，多くの決

議案が不採択となっただけでなく，拒否権が使用される可能性のある多くの紛争が，安保理のアジェンダから外されていたのである。

　無論，冷戦期においても，安保理を通さずに他国，とくに同盟国の協力を募ることは可能であった。しかしながらこの時期の特徴としては，安保理を通さない場合でも，諸国が米国の軍事介入案に賛同して自らの軍隊を派遣することは相対的に少なかったのである。実際，集団的自衛権を行使する名目で結成されたNATOですら，冷戦中に実戦を経験することはなかったし，日米同盟などの二国間軍事同盟においても，実際に同盟国が米国の軍事行動に参加することはきわめて少なかった。ところが，冷戦終結直後にユーゴスラビアなどで発生した内戦には，多くの西欧諸国が軍事介入を容認し，軍隊を派遣することに合意したのである。またアンゴラ，ルワンダ，ハイチなどの内戦においては，西欧以外の地域においても諸国が協力しあって（安保理の決議の有無に関わらず）軍事介入を行うことが増えたのである。

　ではなぜ，湾岸戦争後の国際社会ではこのような変化がもたらされたのであろうか。なぜ米国は安保理にこれらの問題を持ち込み，多国籍軍の結成を募るようになったのであろうか。なぜ他の諸国は米国の軍事介入を容認し，協力するようになったのであろうか。

　これらの変化にはさまざまな説明要因が存在すると思われるが，まずは既存研究における以下の3つの主張を取り上げて，その妥当性と問題点を明らかにしたい。第1は，冷戦後の米国の軍事的優位の喪失により，米国が単独行動に消極的になったという意見である（Huntington 1999）。冷戦中，ソ連と米国は，軍事面・経済面において他の諸国を凌駕していた。第二次大戦直後の西欧では，ほとんどの国が大戦で疲弊しており，軍事介入に必要な費用を分担できる余裕がなかった。後に，ドイツなどのように戦後の経済復興に成功し，経済的に豊かになった国も現れ始めたが，米国が経済的に他国を凌いでいたことに変わりはなく，軍事介入においても他国の協力を必要としなかったのである。ところが冷戦後，米国は軍事的・経済的優位を保つのが難しくなっていき，軍事介入の際に，他国の協力を必要とするようになったと論じるのがこの立場である。

　第2は，冷戦終結に伴う構造的変化によって，他国が米国により協力的に

なったとする立場である（Touval 1994）。冷戦中，米国とソ連はイデオロギーや勢力圏をめぐって対立しており，国際社会は東西に分断されていた。このような時期に，米国に賛同して連合軍を形成することは，超大国間の直接的・間接的な武力対立に巻き込まれる恐れがあったため，多くの西欧諸国はこれを慎んでいたと考えられる。しかしながらソ連崩壊によって超大国間のバランスが崩れた後は，両国の直接対決の可能性が低下したため，これらの諸国が米国の軍事介入に参加するケースが増えたのである。

　第3は，第2の議論と密接に関わっているのであるが，冷戦の終結とともに単独軍事介入を行う正当性が減少したという意見である（Chapman 2009）。冷戦中は，諸国が国際構造の変化を恐れたため，勢力圏内における超大国の軍事介入はある程度認められていた。それは勢力圏の安定こそ世界の平和の維持に欠かせないという考え方が，広く支持されていたからであった。たとえば1956年のソ連軍によるハンガリー侵攻などが起こった際でも，西欧諸国でそれを非難する声が上がったものの，ハンガリーを防衛するために動乱に介入しようとしたものはいなかった。このような事件は，冷戦期においては，超大国がその勢力圏内の諸国に対して単独で軍事介入を行っても，国際社会からあまり非難されないということを露呈してしまったのである。ところが冷戦後は，そのような軍事行動は，行為者が誰であれ，到底認められるものではないという風潮が強まるようになった。とりわけ単独軍事介入は正当性を失い，そのような行為を行ったものに対しては，国際社会は経済制裁や軍事介入といった手段をとることも辞さないという姿勢を明らかにし始めたのである。

　しかしながらこれらの議論は，冷戦終結前後に見受けられた軍事介入の差異については説明できるが，冷戦終結前あるいは冷戦終結後の社会において，差異が存在しなかったケースについては説明ができないという欠点がある。確かに冷戦後には，米国が他国に連携を要請するケースが増加したり，他国が協力をしたりするようになったケースは増えたが，冷戦後でも米国が単独で軍事介入したケースは依然として存在するし，冷戦期に米国が他国と連合を組んで軍事行動を起こしたケースもまた存在するのである。つまりパワーや構造の変化にのみ注目した説明では，時を同じくして起こった多様な行動パターンを説明できないのである。

　そこで本章は，ゲーム理論を用い，各国の軍事介入をめぐる対外政策の形成

過程に注目しながら,いかなる条件下で国家は単独軍事介入を選択し,またいかなる条件下で連合軍の形成を決定するかを明らかにすることを目的としている。先述したように,1991年に発生した湾岸戦争における諸国家の行動を分析することが本章の起因であるが,この事例における諸国家の行動だけに注目するわけではない。本章では,より一般的に,米国など軍事介入を行う意図と能力のある国々が,単独介入と多国間連携介入を選択できる状況において,単独で介入を行う条件と,他の国と連携して介入を行う条件を明らかにし,どのような要因が諸国家の政策に影響を与えているかを考察することを目的とする。

本章は以下のように構成される。まず第2節において軍事介入に関する既存の研究を手短に紹介した後,第3節でゲームモデルを導入し,その均衡を導き出してそこから得られる命題を示す。その後,第4節で比較静学による分析を行い,第5節では命題の整合性を1991年の湾岸戦争と1989年の米国のパナマ侵攻という2つの事例研究を通して検討する。そして,第6節では本章のまとめとさらなる課題を示す。

2 単独軍事介入と多国間連携軍事介入

軍事介入を行う際に,単独で行うか,それとも他国と連携して行うかという決定は,介入を行おうとする国家にとって非常に重要な問題である。なぜならこの選択は,介入が成功するか否かといった政策の帰結に大きな影響を及ぼしかねないだけでなく,その後の長い将来にわたって,その国家に対する他国の印象にも影響を与えかねないからである。いずれの選択肢にも利点はあるし,問題点も存在する。本節ではまず,この2つの介入の仕方に注目し,それぞれの利点と問題点とは何かを考察する。

多国間で連携して介入を行った場合,とりわけ国連を介して介入した場合の第1の利点としては,介入に対する正当性の付与が考えられる (Claude 1966; Voeten 2005)。さまざまな地理的・歴史的背景を持つ理事国から構成される安保理の決議は,異なった利益を持つ国々が介入に賛同したという点で,一

国が自国の利益を促進するために介入したと思われがちな単独軍事介入よりは，正当性があるとみなされる。また国連を通さない多国間連携の軍事介入は，国連を通した介入ほど正当性があるとはみなされないことが多いが，それでも多くの国が目的を共有したという点で，やはり単独介入よりは正当性があると考えられる（Chapman 2009）。このような正当性の付与は，国民の軍事行動に対する支持率の向上や，議会における軍事行動の承認につながりやすい（Chapman 2007, 2009）。対イラク攻撃の際，ベーカー国務長官は，国連安保理決議678なしには，議会の承認を得ることはできなかったであろうと述べている（Baker 1995）。またごく稀に，議会の承認なしに国家が軍事行動を行うケースもあるが，そういった場合でも国際機関の後押しは正当性の付与の点で好ましいものであるとされる（Shultz 2003）[1]。

　正当性の付与に加えて他国と連携して介入を行う第2の利点は，軍事費用の分担によって費用の削減が期待できるということである（Bennett, Lepgold and Unger 1994）。単独介入を行った場合，それに伴うすべての軍事費用を，介入を行った国が負担しなければならないが，多国籍軍を形成した場合，他国に費用の分担を依頼することが可能となる。1991年の湾岸戦争では，米国は他の諸国の合計の2倍以上である50万人もの軍隊を派兵したが，日本とドイツにはそれぞれ130億ドルと120億ドルの財政負担を強いることができた（Bennett, Lepgold and Unger 1994）。これによって米国の軍事負担が軽減したのは明らかである。また，既存研究のなかには，実際にどのくらい費用が軽減できたかよりも，国民に費用が軽減したという印象を与えることができるということのほうがより大事であるとする意見も存在する。国家がこのような目的を抱いている場合は，なおさら他国との連携は（国民によいシグナルを与えることができるため）好まれるであろう。この立場では，とりわけ選挙前など政権に対する国民の支持率を上げる必要があるときには，国家は他国と連携して介入を行う傾向にあるとされる（Tago 2005）。

　以上の2点に対し，多国間で連携を行う際の問題点としては，行動におけ

---

1 この他にも，軍事介入の際に多国間の枠組みで行動すると，自らの介入の意図が急進的なものではないと他の諸国にシグナルできるという立場や（Thompson 2006），指導者が国民に自らの有能性をシグナルできるという立場（Fang 2008）など情報が与える役割について注目した研究がある。

る制約の増加が考えられる。介入に際し，他の諸国の合意や容認を取り付ける必要があるため，意思決定に時間がかかるし，一国が自由に行動できる範囲は通常狭められる (Touval 1994; Wedgwood 2002)。実際，1991 年の湾岸戦争において米国は，より速く軍事行動をとりたがっていたが，軍事介入に消極的であるロシアや中国が他の手段（経済制裁）の重要性を説いたため，介入がイラクによるクウェート侵攻の翌年にずれ込むことになった（Freudenschuß 1994)。

　以上，多国間連携介入の利点と問題点を挙げたが，これらを裏返したものが単独介入の問題点と利点と見ることができる。つまり単独で軍事行動を行うと，正当性に欠けているとみなされ，軍事費用は介入を行う一国がすべて負担しなければならない。しかしながら，単独軍事行動の場合，行動上の制約をほとんど取り除くことが可能となる。実際，米国が単独で介入を行ったパナマ侵攻などが合法であると（同盟国を含めた）国際社会によって認識されることはなかった。しかしながら米国はどの国にも譲歩を強制されることなく，国際社会からの非難を割り引いても自らの国益を向上させる政策を施行することができたのである。以上の点をふまえて，軍事介入にまつわる意思決定ゲームを構築し，均衡を導き出す。

3 　軍事介入をめぐる意思決定ゲーム

◆　ゲームの基本的な構造

　このゲームには 2 人のプレイヤーがおり，それぞれ A 国と B 国と呼ぶ。実際の国際社会には数えきれないほどのプレイヤーが存在し，それぞれが国際社会に多大な影響力を保持しているが，本章ではプレイヤーの行動が互いの決定にどのように影響しあっているかを考察するために，簡略化して二国の関係に焦点を当てる。もっとも A 国と B 国の政策選好の間に他の国家が存在している可能性は常にあり，そのような国家は A 国と B 国が協調した場合はその連合軍に参加する動機を持つので，ここでの分析の結果は容易に多国間の連携に

図 2.1　国家の政策選好と効用関数

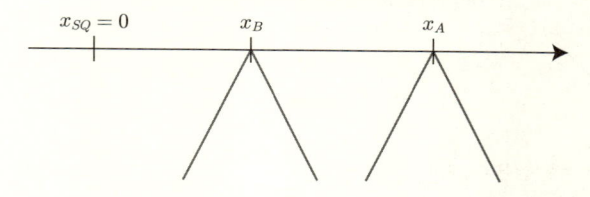

$x_{SQ}=0$　　　x_B　　　x_A

応用することができる。

A国もB国も、ともにある一次元（直線）の政策空間（X）において単峰（single peaked）の政策選好を持つ。A国の最も好ましい政策、つまり理想点（ideal point）を x_A、B国の最も好ましい政策を x_B で表す。現在の状況は x_{SQ} で表され、簡略化のために0で固定（標準化）する。A国とB国のとりうる政策選好はさまざまであるが、本章ではA国、B国ともに現状に満足しておらず、正の方向に改善することを望んでいると仮定する。また、A国とB国を区別するため、A国の最も好ましい政策はB国の最も好ましい政策よりも大きいとする。以上の仮定を数式で表すと、$x_{SQ} < x_B < x_A$ となる。さらに、それぞれの国家は、特定の結果 x に対して $-|x_A - x|$、$-|x_B - x|$ で表される効用関数を持っているとする。つまり、ゲームの終結時における政策が x だとすると、各国の効用はその政策と各々の最も好ましい政策からの距離の絶対値の負の値である。この関数は、x の値が最も好ましい政策から離れれば離れるほど、プレイヤーの効用が下がることを意味している。なお絶対値は左右の対称性を表しており、プレイヤーにとって大事なのは距離であって、左右の位置関係ではないということを意味している。図 2.1 は国家の政策選好と現状の関係、さらにプレイヤーの効用関数をイラスト化したものである。

◆ ゲームの進行

まずA国が他国に対して軍事介入を行うかどうかを決める。本章の目的は、どのような条件下で多国間連携が行われるかを考察することであるため、単に軍事介入を行うかだけでなく、他国（B国）との連携を行うか、それとも単独で介入をするかも検討する。よって第1手においてA国がとりうる選択肢は、①B国と連携して介入するか、②単独で介入するか、③それとも介入をせず

図 2.2　軍事介入をめぐる意思決定ゲーム

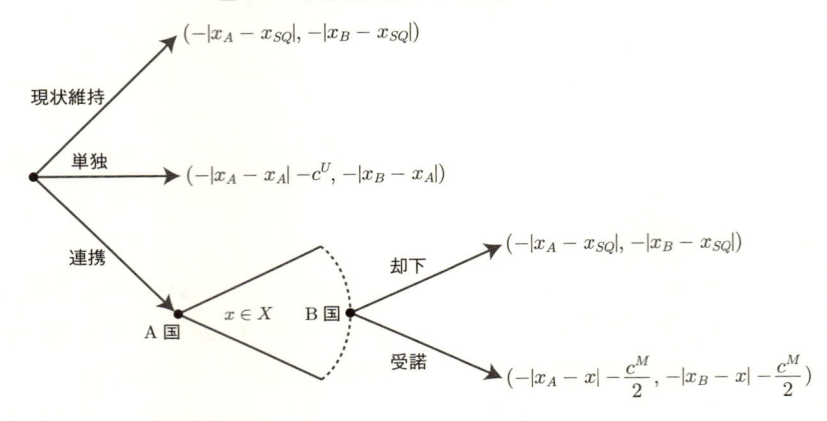

```
                    (-|x_A - x_SQ|, -|x_B - x_SQ|)
        現状維持 ↗
              単独 → (-|x_A - x_A| - c^U, -|x_B - x_A|)
          ●
              連携                  却下 → (-|x_A - x_SQ|, -|x_B - x_SQ|)
            ↘   ● ⋯⋯ ●
              A国  x∈X  B国
                                    受諾 → (-|x_A - x| - c^M/2, -|x_B - x| - c^M/2)
```

現状を維持するか，の3つである。

はじめに，A 国が介入を行わず，現状を維持した場合をみる。このとき x_{SQ} が実現されるので，A 国の効用は $-|x_A - x_{SQ}|$ であり，B 国の効用は $-|x_B - x_{SQ}|$ である。

次に，A 国が単独で軍事介入を行うことを決定したときを考察する。単独介入は他の国から制約を受けることなく行動できるため，A 国は自分の最も好ましい政策 x_A を実現できると仮定する。しかしながら軍事介入を行うと，A 国は一国で軍事費用を負担しなければならず，c^U が効用から差し引かれる。なお介入の費用は常に正の値をとるとする（つまり $c^U > 0$ である）。B 国は A 国がとった軍事行動に参加しないのでこの費用を払うことはない[2]。よって A 国が単独行動を行った場合の A 国の効用は $-|x_A - x_A| - c^U$ であり，B 国の効用は $-|x_B - x_A|$ である。

最後に，A 国が B 国と連携して軍事介入を行うことを選択した場合を見る。この選択をした後，A 国はさらに B 国にどのような政策を実行するかという提案 (x) をする。この提案は，対象となっている一次元の政策空間における

---

[2] 単独軍事介入を A 国に許してしまうことで，内政不干渉の原則といった規範の弱体化という費用が B 国に発生するという考え方もできる。そのような場合，B 国の効用に何らかの費用を表す定数（constant）を付け加える必要が出てくるが，均衡においてより細かい場合分けが必要となってくるだけで，本章で導き出された結果には影響を与えないと考えられるため，本章では省略する。

いずれかの値をとる ($x \in X$)．A 国がそのような提案をした後，B 国はその提案を観察してからその案を受諾するか却下するかを決める．B 国が却下した場合，現状が維持されるとする．このとき A 国の効用は $-|x_A - x_{SQ}|$ であり，B 国の効用は $-|x_B - x_{SQ}|$ である[3]．もし B 国が A 国の提案を受諾すれば，双方の国は A 国が提案した政策 x を実現できるとする．しかしながら両者は介入に生じた費用 c^M を共同で負担しなければならない．ここでも費用は正の値をとる（つまり $c^M > 0$ である）．両国がこの費用を分担する方法はいろいろあると考えられるが，簡略化のためここでは両者が平等に費用を負担するとする．すなわち両方の国家が連携して軍事介入を行う際，それぞれの国は $c^M/2$ を負担しなければならない．よって B 国が A 国の提案 x を受諾した際の A 国の効用は $-|x_A - x| - c^M/2$ であり，B 国の効用は $-|x_B - x| - c^M/2$ である．また，国家は介入を選択した場合と，現状を維持した場合の利得が同じであれば介入を選択し，また多国間連携介入と単独介入の利得が同じであれば前者を選択すると仮定する．

このゲームはプレイヤーのタイプに関して不確実性が存在しないという点で**完備情報ゲーム**（complete information game）である．またすべてのプレイヤーがゲームの歴史を見ることができるという点で**完全情報ゲーム**（perfect information game）である．以下では，このゲームにおける**部分ゲーム完全均衡**（Selten 1975）を求める．

◆ 部分ゲーム完全均衡

このゲームには多数の部分ゲーム完全均衡が存在するが，すべての解を検討するだけのページの余裕はないので，パラメーターがとりうる値をある程度制限して，特定の均衡のみを解いていくことにする．とりわけ興味深いのは，A 国の提案した政策が，B 国の理想点と A 国の理想点の間に存在する場合であ

---

[3] 提案が棄却された後，A 国が単独行動を行うと考えることも可能であるが，実際には国連安保理で棄却された軍事介入を単独で行うことは，（国際社会が支持していない行動をとるという意味で）非常に費用がかかると考えられている．実際，2003 年のイラク戦争の際には，米国は事前の非公式協議において介入が支持されないとわかると，決議案を取り下げた．よって本章では，この可能性を取り上げない．

る（なおこのとき両国の理想点は政策の範囲に含まれるとする）。よって，本章ではその条件の下で存在する均衡に焦点を当てる。すなわち，この条件は均衡上において，x は $x_B \leqq x \leqq x_A$ を満たさなければならないということを意味している。

このゲームは，完全情報ゲームなので，ゲームの終節に近い意思決定点から順に解いていくという，**後ろ向き帰納法**（backward induction）を用いる。最初に，A 国が政策 x を提案した後の B 国の最適行動を求める。もし B 国が A 国の提案を受け入れた場合，B 国の期待効用は，

$$\mathrm{EU}_B(受諾) = -|x_B - x| - \frac{c^M}{2}$$

であり，A 国の提案を却下した場合の期待効用は，

$$\mathrm{EU}_B(却下) = -|x_B - x_{SQ}|$$

である。これらの期待効用を比較すると，B 国にとって A 国の提案を受け入れるのが最適である条件は，

$$-|x_B - x| - \frac{c^M}{2} \geqq -|x_B - x_{SQ}|$$

である。仮定より $x_B \leqq x$ と $x_{SQ} = 0 < x_B$ であるので $-|x_B - x| = -(x - x_B)$ であり，$-|x_B - x_{SQ}| = -(x_B - x_{SQ})$ である。これを使って上の不等式を解くと，

$$x \leqq 2x_B - \frac{c^M}{2}$$

となる。すなわち A 国の提案が $2x_B - c^M/2$ 以下であれば B 国の最適行動は受諾であり，それよりも大きければ却下ということである。

次に，B 国のこの最適行動を所与として，A 国にとって最適な提案は何かを考察する。A 国は $x_B \leqq x \leqq x_A$ を満たすもののうち，できるだけ大きな値を提案する動機を有している。なぜならこの条件を満たす政策のなかでは，x と自らの理想点の距離が狭まれば狭まるほど，A 国の効用が増加するからである。また A 国は，自らの出す提案が $2x_B - c^M/2$ 以下であれば B 国が受諾するということを知っている。よって，A 国は $x \leqq 2x_B - c^M/2$ を満たす

もののうち，$2x_B - c^M/2$ よりも小さな値を提案する動機は持たない。すなわち B 国にとって受諾することが最適戦略となるよう提示をする場合には，$x = 2x_B - c^M/2$ を提示することが A 国の効用を最大化するということである。よって，ここでは $x = 2x_B - c^M/2$ を提案した場合の A 国の期待効用と，$x > 2x_B - c^M/2$ を提案して B 国に却下された場合の A 国の期待効用を比較し，どちらが A 国にとって最適であるかを検討する。

$$\mathrm{EU}_A\left(x = 2x_B - \frac{c^M}{2}\right) = -|x_A - x| - \frac{c^M}{2}$$

$$\mathrm{EU}_A\left(x > 2x_B - \frac{c^M}{2}\right) = -|x_A - x_{SQ}|$$

仮定より $x \leqq x_A$，また $x_{SQ} < x_A$ である。よって A 国にとって $x = 2x_B - c^M/2$ を提案するのが最適となるのは，

$$-(x_A - x) - \frac{c^M}{2} \geqq -(x_A - x_{SQ})$$

が成り立つときである。これを解くと，

$$x \geqq \frac{c^M}{2}$$

となる。また A 国にとって最適な提案は $x = 2x_B - c^M/2$ であるから，これを上記の不等式の x に当てはめると，

$$2x_B \geqq c^M$$

となる。よってこの条件が成り立てば，$x = 2x_B - c^M/2$ を提案するのが A 国にとって最適となる。ここで，介入における A 国の最適行動を検討する前に，実際にこの x が $x_B \leqq x \leqq x_A$ を満たすかを確認する。$x \leqq x_A$ に $x = 2x_B - c^M/2$ を当てはめると，$2x_B - c^M/2 \leqq x_A$ となる。よって，これがこの均衡が成り立つ必要条件であり，この条件下でのみ $x = 2x_B - c^M/2$ を提案することが A 国にとって最適行動となる。また，$x_B \leqq x$ に $x = 2x_B - c^M/2$ を当てはめると，$x_B \leqq 2x_B - c^M/2$ すなわち $2x_B \geqq c^M$ となる。よって $2x_B \geqq c^M$ は，A 国が $x = 2x_B - c^M/2$ を提案する必要十分条件となる。

最後に A 国の介入をめぐる最適行動を検討する。多国間連携介入を選択した場合，単独軍事介入を選択した場合，現状維持を選択した場合の A 国の期待効用はそれぞれ，

$$EU_A(連携) = -|x_A - x| - \frac{c^M}{2}$$

$$EU_A(単独) = -|x_A - x_A| - c^U$$

$$EU_A(現状維持) = -|x_A - x_{SQ}|$$

となる。

他国と連携して介入を行うのが A 国にとって最適戦略となるのは，以下の 2 つの条件が成り立つときである。

$$-|x_A - x| - \frac{c^M}{2} \geqq -|x_A - x_A| - c^U \qquad (2.1)$$

$$-|x_A - x| - \frac{c^M}{2} \geqq -|x_A - x_{SQ}| \qquad (2.2)$$

これらに $x = 2x_B - c^M/2$ を入れて解くと，(2.1) 式は $2(x_B - c^M/2) \geqq x_A - c^U$ となり，(2.2) 式は $2x_B \geqq c^M$ となる。これらの条件が成り立つとき，他国と連携して介入を行うのが A 国にとって最適となる。なお，先ほど A 国が $x = 2x_B - c^M/2$ を提案するのは，$2x_B - c^M/2 \leqq x_A$ が成り立つのが必要条件であると述べた。よってこの条件と $2(x_B - c^M/2) \geqq x_A - c^U$ を同時に満たすには $c^U \geqq c^M/2$ でなければならない。すなわち単独軍事介入の費用が共同で軍事介入した場合の一国が受け持つ費用よりも大きいことが前提となる。

次に，単独で介入を行うのが A 国にとって最適となる条件を考察する。それは以下の条件が成り立つときである。

$$-|x_A - x| - \frac{c^M}{2} < -|x_A - x_A| - c^U \qquad (2.3)$$

$$-|x_A - x_A| - c^U \geqq -|x_A - x_{SQ}| \qquad (2.4)$$

同様に，これらに $x = 2x_B - c^M/2$ を入れて解くと，(2.3) 式は $2(x_B - c^M/2) < x_A - c^U$ となり，(2.4) 式は $x_A \geqq c^U$ となる。しかしながら，上記において $2x_B \geqq c^M$ が必要十分条件であることはすでに確認済みである。そして

$2x_B \geqq c^M$ は $2(x_B - c^M/2) < x_A - c^U$ の左辺が正であることを示唆している。つまりこのことは，$x_A - c^U$ もまた正であることを意味する。よって $X_A \geqq c^U$ は自動的に成り立つので $2(x_B - c^M/2) < x_A - c^U$ が単独で介入を行う十分条件となる。これらの条件が成り立つとき，単独介入を選択することがA国にとって最適となる。

最後に，現状維持を選択するのが最適となる場合であるが，それは以下の条件が成り立つときである。

$$-|x_A - x_{SQ}| > -|x_A - x| - \frac{c^M}{2} \tag{2.5}$$

$$-|x_A - x_{SQ}| > -|x_A - x_A| - c^U \tag{2.6}$$

これらを解くと，(2.5) 式は $2x_B < c^M$ となり (2.6) 式は $x_A < c^U$ となる。しかしながら，先述の通り $2x_B < c^M$ が成り立つことはないため，この条件下ではA国が現状維持を選択することは最適でない。無論，これは他の条件下においてA国が現状維持を選択することはないということを意味しない。ただ，この場合の変数に課した制約や上記の仮定条件においては，A国にとって現状維持は最適でないということである。たとえばA国とB国の政策選好の位置が現状を挟んで左右対称に存在しているとき ($x_A < x_{SQ} < x_B$ や $x_B < x_{SQ} < x_A$ など)，現状維持が保たれるのは容易に想像がつく。そのようななかでの国家の行動を考察した研究はすでに存在するので，そちらを参考にされたい (Voeten 2001)。

以上をまとめると，このゲームにおける部分ゲーム完全均衡は以下の通りである。

> **命題1［第1の均衡］** もし $2x_B - c^M/2 \leqq x_A$ と $2x_B \geqq c^M$ であり，かつ $2(x_B - c^M/2) \geqq x_A - c^U$ が成り立つのであれば，均衡経路上でA国は他国と連携して軍事介入を行うことを選択し，そのとき $x = 2x_B - c^M/2$ をB国に提案する。B国はこの提案を受け入れ，共同で軍事介入を行う。

命題2〔第2の均衡〕 もし $2x_B - c^M/2 \leqq x_A$ と $2x_B \geqq c^M$ であり，かつ $2(x_B - c^M/2) < x_A - c^U$ が成り立つならば，$x = 2x_B - c^M/2$ を提案すれば B 国が受諾するとわかっていても，均衡経路上において A 国は単独で軍事介入を行うことを選択する。

4 比較静学を用いたさらなる分析

本節では，他のすべてのパラメーターの値を固定して，ある 1 つのパラメーターの値を変化させた場合に，プレイヤーの最適行動がどのように変化するかを考察する。繰り返すが，両方の均衡において $2x_B \geqq c^M$ は必要十分条件であるから，$2(x_B - c^M/2)$ は正である。第 1 の均衡ではこれが $x_A - c^U$ よりも大きいか同じであればよいので，x_A が c^U よりも極端に大きくなければこの条件は成立する。つまり，x_A は c^U よりも小さくてもよい。しかしながら第 2 の均衡では，$2(x_B - c^M/2)$ は $x_A - c^U$ よりも小さくなければならない。よって x_A は c^U よりも大きくなければならない。このことをふまえて，x_A と x_B の関係に注目して，それぞれの均衡において比較静学を行う。

第 1 の均衡の十分条件である $2(x_B - c^M/2) \geqq x_A - c^U$ を置き換えると，$c^U - c^M \geqq x_A - 2x_B$ となる。左辺と右辺にそれぞれ注目すると，介入の費用と国家間の最適政策の関係が浮かび上がる。まず右辺に注目していえば，$x_{SQ} < x_B < x_A$ と $2x_B \geqq c^M$ の条件を満たす x_A と x_B において，他のすべてのパラメーターを固定した場合，x_B の値が上がれば上がるほど，また x_A の値が下がれば下がるほど，A 国が他国と連携して軍事介入を行いやすくなるということがわかる。このことは A 国と B 国の政策選好の差が縮まれば縮まるほど，A 国が多国間連携介入を行う動機を持つことを示唆している。両国の政策選好が近づくほど，協調が容易となり，多国間連携において A 国に対する制約が減少するからである。すなわち A 国は他国が自分と同じくらい現状に満足していないと判断すれば，多国間で連携して軍事行動を起こす動機を持ちやすくなるのである。これは B 国の理想点が A 国の理想点に近くなればなるほど，A 国が提示する政策が A 国の理想点に近くてもよくなるので，連

携して介入する際のA国に対する制約が小さくなるからであると考えられる。

　また，左辺すなわち費用に注目していえば，$2x_B \geqq c^M$ の条件を満たす c^M において，すべての他のパラメーターの値を固定した場合，c^U の値が上がれば上がるほど，あるいは c^M の値が下がれば下がるほど，A国は他国と連携して介入を行いやすくなるということがいえる。すなわち，単独で軍事介入を行う費用が高くなればなるほど，また多国間連携介入における両者の費用が低くなればなるほど，A国は他国と協力して介入を行おうとするのである。ここに他国を招き入れることによって介入の費用を軽減しようとするA国の意図が見てとれる。注目すべきなのは，多国間連携介入の際の費用がA国（$c^M/2$）だけでなく両国（c^M）にとって低いということである。これはA国の提案をB国が受け入れなければ，多国間連携介入は成り立たないということであり，B国がA国の提案を受け入れるかどうかは，$x = 2x_B - c^M/2$ よりB国が受け持つ介入の費用に依存しているからである。この結果は，他国とともに連携して介入した場合でも，A国は他国に負担を押し付けて，自分はフリーライダーになろうとはしていないことを示唆している。

　次に第2の均衡で比較静学を行う。ここでも十分条件である $2(x_B - c^M/2) < x_A - c^U$ を置き換えると $c^U - c^M < x_A - 2x_B$ となる。再び $x_{SQ} < x_B < x_A$ と $2x_B \geqq c^M$ を満たす x_A と x_B に限っていうと，他のすべてのパラメーターを固定した場合，x_A の値が上がれば上がるほど，また x_B の値が下がれば下がるほど，A国が単独介入を行いやすくなる。両国の政策選好の差が広がるということは，A国にとって問題となっている国際政治上の事柄が戦略的に重要なものであることを示唆している。このような場合，往々にして国家は多国間で連携して介入を行う動機を持たない。それは国家間の政策選好に差が開けば開くほど，他国を納得させるために妥協が要求され，介入時の制約が増加するからである。とりわけ自国にとって戦略的に重要な地域での紛争に介入する際，国家はそのような制約を好まないので，単独介入を選択するのである。

　また，費用に注目していえば，$2x_B \geqq c^M$ の条件を満たす c^M において，すべての他のパラメーターの値を固定した場合，c^M の値が上がれば上がるほど，また c^U の値が下がれば下がるほど，A国は単独で介入しやすくなる。つまりA国が単独で軍事介入をする費用が小さくなればなるほど，また多国間

連携介入における両者の費用が高くなればなるほど，国家は単独軍事介入を選択する傾向にあるということである．これは介入の費用が比較的少なくて済む場合などには，他国と連携して費用分担をする動機が低いということを意味している．

5 湾岸戦争とパナマ侵攻のゲーム分析

　ここではゲームモデルによって導き出された結果を実証するために，2つの事例研究を行う．1つめは1991年の湾岸戦争における多国籍軍のイラク侵攻であり，2つめは1989年の米国によるパナマへの軍事侵攻である．1つめのケースでは米国が先導して対イラク多国籍軍を結成し，クウェート侵攻を行ったイラクを攻撃し，クウェートから撤退させた．2つめのケースは米国が他の国と連携を組むことなく，パナマへ軍事介入を行った．ともに，米国が介入の際に指導権を握っていたという点では同じであるが，誰と行うか（あるいは行わないか）という点において相違が出てくることになった．本節では，なぜ前者では米国は他の国と連携を図ることを選択したのか，なぜ後者では単独で介入を行ったのかについて，モデルの帰結と照らしあわせながら考察する．

◆ 1991年の湾岸戦争

　対イラク侵攻を決定した安保理決議678は，1991年1月15日までにイラクがクウェートから撤退しなければ，国際平和と安全を取り戻すためにあらゆる手段を使うことを承認するものであった．この決議案に対しキューバとイエメンは反対票を投じ，中国は棄権をしたが，残りの12の理事国はすべて賛成し，決議案は無事採択された．なぜこれほどの数の国家が，イラクに対する武力行使に賛成したのであろうか．

　軍事介入は，たとえある一国にとって，それを行うことが自国の利益となる場合でも，他のすべての国家に対し同様の利益をもたらすわけではない．実際，国際社会に存在する国家のなかには，軍事介入に対して一般的に消極的であるものも少なくない．その第1の原因と考えられるのは，軍事介入は往々

にして他国の主権を脅かし，国連憲章で認められている内政不干渉の原則に抵触するとみなされているからである。とりわけ発展途上国のなかには統治体制が整っていなかったり，隣国との間に紛争を抱えていたりして，大国による軍事介入に対して警戒心を抱いているものが多い。このような国々は，たとえ介入の対象が自国でなくても，大国による軍事行動自体に反対する傾向が強い。それは，ある事例において大国の軍事介入を容認してしまえば，それが先例となって，結果的に自らの内政に関しても将来大国の介入を許すことになるのではないかと恐れているからである。たとえば1992年1月31日に召集された安保理サミットにおいて，中国国務院総理である李鵬は主権と内政不干渉の原則の相互の尊重を強調した[4]。

　また，内政不干渉の他にも，地域における特定の大国の影響力が拡大することを恐れて，その国の軍事介入に反対する国家も少なくない。たとえば中東においては，依然として多くの国が権威主義的体制などを採用しており，民主主義の拡大を推し進める米国や欧米諸国の政策に脅威や反感を抱きがちである。これに加えて，米国のイスラエル寄りの外交政策は，アラブ諸国が米国の中東における影響力拡大に対して，警鐘を鳴らす要因となっている。よってこれらの国々は，通常，米国の軍事介入に対して，支持をすることにきわめて消極的なのである。このことは，軍事介入というものに関して，諸国家の政策選好が冷戦後の世界でもある程度は離れていることを示唆している。

　にもかかわらず，1991年の湾岸戦争では，キューバやイエメンが反対を表明したものの，多くの諸国が米国の指揮の下で多国籍軍を派遣することに同調することになった。それはこの事例が，これまでのものとさまざまな点で異なっていたからである。そのなかでもとりわけ重要だと考えられるのは，イラクに対する軍事介入そのものを正当化する理由が存在したという点である。1990年8月2日に発生したイラクのクウェート侵攻は，クウェートの主権を侵害したという点で国際法に抵触するものであった。国連憲章は第2条4項において，

　　　　すべての加盟国は，その国際関係において，武力による威嚇又は武力

---

[4] 国連安保理資料 S/PV.3046（1992年1月31日）。

の行使を，いかなる国の領土保全又は政治的独立に対するものも，また，国際連合の目的と両立しない他のいかなる方法によるものも慎まなければならない

と定めている。よって国連加盟国であるイラクのクウェート侵攻はこの条約に違反したものであり，許されるべきものではなかった。米国や西欧諸国はこの点を強調し，イラクのクウェート侵攻の違法性を国際社会に訴え，対イラク攻撃の合法性を唱えた。さらにこれらの国々は，イラクに対して攻撃を行うことは，国連憲章第51条で認められている集団的自衛権の発動であるということを主張した。実際に安保理決議に対イラク攻撃が集団的自衛権の発動であるとは明記されることはなかったが，西欧諸国は他国の協力を仰ぐために，この点を繰り返し強調したのである（Berman 2004）。イラクがクウェートの主権を侵害したという事実によって，多くの国家がイラクに対して何らかの制裁を課すことに賛同することになった。事実，安保理が対イラク経済制裁を決定した決議661を採択するよりも前に，多くの国家がイラクに対する制裁を開始していたのである（Berman 2004）。また，このような軍事介入における合法性の存在は，米国や西欧諸国による内政干渉を望まない第三世界の諸国家や，中東地域への介入を喜ばないアラブ諸国ですら，イラクに同調する姿勢を示すことを困難にさせた。以上のことは，1991年の軍事介入に関しては，多くの国家の政策選好が米国のそれと近いものとなっており，それが米国が他国と連携して軍事介入を行おうと決意することにつながったと示唆している[5]。

多数の諸国の賛同が得られるとみると，米国は国連において軍事介入の承認を要請した。これは対イラク侵攻に対して十分な賛同が得られると踏んでいたこと，そしてそれによって国連を通しても多くの譲歩をしなくてよいと事前にわかっていたためと考えられる。対イラク多国籍軍は，多くの加盟国の軍隊から構成されていたものであったが，米国が事実上の指導権を握っており，軍事

---

[5] これ以外にも，中東における石油の存在によって多くの国家が対イラク連合軍形成に賛同したと考えられる。とりわけクウェートから石油や天然ガスを輸入しているロシアや日本などの諸国は，一刻も早い地域の安定化を望んでいた（Wedgwood 2002）。よって中東地域の石油に依存しているこれらの諸国の政治的選好もまた米国の選好と近いことを意味しており，これらの諸国の協力を得られると米国は踏んでいたと考えられる。

行動に対する制約は少なかった。また軍事介入には多くの費用が必要であり，いくら米国が冷戦後唯一の超大国となったとはいえ，一国で軍事介入の全ての費用を負担するのは望ましいことではなかった。このため，米国は他国と連携してイラクを侵攻することを決意したのである。その結果，米国の指導の下，国連安保理の承認を得た多国籍軍が形成され，イラクへの空爆を開始したのである。

◆ 1989 年の米軍のパナマ侵攻

　中南米に位置するパナマは，太平洋と大西洋をつなぐパナマ運河の存在により，交通の要所として，長い間米国にとって戦略的に重要な地域とされてきた。1980 年代中頃から，パナマを事実上支配していたのは，米国の財政援助を受けたノリエガ将軍であった。1989 年 5 月には選挙が行われたが，ノリエガが推していたデュックが対抗していたエンダラに大差で敗北することが明らかになると，ノリエガは選挙が外国の干渉を受けたものであり無効であるとした。米国はこの行為を非難し，パナマ市民の意図を尊重すべきであると訴えた。2 度にわたるクーデター計画を頓挫させたノリエガ将軍は，1989 年 12 月 15 日，「国家最高指導者」のポストをつくり，自ら就任した。ブッシュ政権は，これらの行為に対し何らかの対策を画策していたが，パナマ運河に駐屯する数名の米兵がパナマによって攻撃されると，それを口実に，12 月 20 日，パナマに対して単独で軍事侵攻を開始した[6]。ノリエガ将軍は一端，パナマシティのバチカン大使館に逃亡したが，1990 年 1 月 31 日に米軍に投降した。

　米国がパナマ侵攻において，他国に協力を要請することなく単独で軍事行動を起こした理由は数多く存在すると思われるが，本章ではパナマが米国にとって戦略的に重要な国であったが，他の国々にとってはパナマがそれほど重要な地域ではなかったことに注目する。モンロー・ドクトリンに代表されるように，中南米諸国は米国の勢力圏内であるという意識が米国には根強い。また，ノリエガ支配下のパナマは，米国への麻薬の輸入元となっており，それに対して米国政府は何らかの対処を迫られていた。さらにノリエガ政権は，米国とパ

---

[6] 国連安保理資料 S/PV.2899（1989 年 12 月 20 日）。

ナマの間にかつて結ばれたパナマ運河に関する条約で承認された運河の中立性を脅かす恐れがあった。最後に，米国はパナマにおける民主化の拡大と人権の擁護を望んでいた。以上のことは，米国がパナマにおける現状を変える意図が十分にあったことを示唆している。

しかしながら他の諸国は，米国ほど現状の打開を望んでいなかったと考えられる。冷戦中（あるいは直後）では東側諸国は米国の勢力圏である中南米への介入を好ましいと感じていなかったし，多くの西欧諸国も相互不干渉の原則を尊重し，介入に躊躇しがちであった。またいずれの国家も，米国ほどパナマからの麻薬に脅かされてはいなかった。中南米諸国は麻薬ルートの撲滅には興味があったかもしれないが，多くの中南米諸国には軍事独裁政権が存在しており，民主化のための軍事侵攻に賛同できるものは少なかった。すなわちパナマをめぐり米国と他の諸国との間の政策に大きな隔たりがあったのである。単独軍事介入の結果，米国は国際社会において，強く避難されることとなった。12月29日，国連総会は米国の侵攻が深刻な国際法違反であると非難する勧告を採択したし，他にも米州機構は米国の撤退を要求する決議を採択した。また米国の軍事行動は，イベロアメリカ首脳会議でも非難された（Wedgwood 2002）。

また，米国の単独行動は軍事費用面からも説明できるものであった。パナマは米国と比べた場合，それほど大きな軍事力を保持しておらず，米国が単独で軍事介入を行ってもさほど費用がかからないと考えられた。つまり，この事例においては，軍事行動に賛同できる国が少なかったこと，そして介入における費用が低かったことによって，米国は単独で介入を行うことを決意したと考えられるのである。

6 | 単独介入か多国間連携介入か：さらなる課題

本章は，国家がどのような場合に単独で軍事介入を行い，またいかなる場合に他国と連携して軍事介入を行うかを，完全・完備情報下のゲームモデルを用いて考察した。分析の結果，国家は他国との政策選好の差があまり存在せず，かつ単独軍事介入の費用が高いと感じたときには，多国間で連携して軍事介

入を行うことを選択し，費用の分担を図ることがわかった。またこれとは反対に，自国にとって戦略的に重要な地域で発生した問題については，軍事行動の際の費用があまり高くなければ，単独軍事介入を選択することが判明した。これは戦略的に重要な地域に対しては，その国が現状を大幅に改善する動機を持ちやすいのに対し，他の諸国はそのような動機をあまり持たない傾向にあり，国家間の政策選好が離れがちになるということを示唆している。またその場合，他国との共同介入は，介入の際の制約が増える恐れがあり，戦略的に重要な地域に関しては，国家はそのような制約を望まないため，このような場合には国家は単独軍事行動をとりやすくなると考えられるのである。

　本章はさらに，ゲームモデルによって導き出された以上の結果を，1991年の湾岸戦争と1989年の米国のパナマへの軍事侵攻の事例をもとに検証した。ともに米国が軍事介入を先導した事例であるが，この2つのケースでは異なる政策が選択されることになった。国家間の政策選好が似通っていた前者のケースでは，米国は安保理を通すことを選択し，安保理の容認の下で形成された多国籍軍とともに行動した。反対に，国家間の政策選好が比較的離れていた後者のケースでは，米国は単独で軍事介入を行うことを選択した。これらのケースにおいて米国がとった行動は，とりたてて例外的なものではなく，他の国際政治上の事例にも，また米国以外の大国の行動にも，照らし合わせることが可能である。諸国の政策が似通ったものとなるケースとしては，重大な人権侵害などが発生した紛争などが考えられるが，このような場合，現状を改善しようと多くの国が介入を支持するため，介入を考えている国家は多国間で連携することが多い。実際，1992年のボスニア・ヘルツェゴヴィナへの介入に対して，人道援助の名目の下，国連安保理は軍事行動をとることを承認した（決議770）。また，諸国家の政策選好が離れがちなケースとしては，1961年のピッグス湾事件や，冷戦中の中東地域への介入などが存在する。これらの紛争や問題はいずれも米国にとって戦略的に重要な地域で発生しており，米国は他国の干渉を受けることを恐れて，単独で軍事介入を行うことを決定した。

　以上を要約すると，湾岸戦争を境に大国の軍事介入に変化が起きた背後には以下の理由が存在すると考えられる。第1に超大国が直接軍事対決をする危険性が低下し，その代わりに内戦などの問題に諸国家の関心が向くようになったこと，第2にそのような問題の対処において諸国家の政策に差異が減少し

てきたこと，第3にそのような問題には単独で介入する費用が大きすぎるということである．無論，このことはすべてのケースにおいて当てはまるわけではなく，国家間で見解に差異が見られるケースや，介入の費用が比較的安い場合には，湾岸戦争後でも単独介入が行われている．

　本章は，プレイヤー間の意思決定における相互作用を考察することを目指していたため，ゲームモデルを用いて現実の事象の簡略化を行った．そのため，本章のモデルには，改善すべき点が多く存在する．ここではそのうちの3点に言及しながら，今後の研究の課題としたい．

　まず，費用に関する問題が考えられる．本章では，単独介入の際の費用も，多国間連携介入の際の費用も参加国数や紛争の程度にかかわらず固定していた．しかし実際にはこれらの費用は，実際に遂行しようとした政策に依存するし，また紛争の進行次第では，前もって見積もっていた額と異なる費用を国家が支払わなければならない場合も出てくる．さらに，安保理の加盟国のなかには，多国間介入の容認を行っても，実際に軍事行動の費用の負担をしたがらない国家も存在する．よって将来的には，諸国家が実行しようとする政策を変数とした費用の関数を使用することにより，より正確に国家の行動を考察することを考えている．

　第2に，コミットメントの問題が挙げられる．本章では，介入に参加するとした諸国家が，A国が提案した通りに行動をすると仮定したが，常に国家が約束を遂行するとは限らない．国際社会では，国家は強制執行の手段を持たないため，他国が決められた通りに任務を確実に遂行してくれるとは期待できないのである．執行過程における他の国の意図に対する不確実性は，A国の他国と連携しようとする動機に少なからず影響を与える．そのようなモデルを用いて，再度軍事介入の際の政策決定過程を考察することはこれからの課題である．

　最後に，第2の点と関連するが，軍事介入の際の帰結の多様性の問題がある．本章においては，単独介入にしろ多国間連携による介入にしろ，軍事行動が行われれば必ず理想点や提案したものを実現できると仮定していた．しかしながら現実には，介入前の目標が常に達成されるとは限らない．今後の研究においては，成功する確率を表した変数をプレイヤーの効用関数に付加すること

によって，介入の際の帰結に関する不確実性を取り扱う必要があると考えられる。

◆ さらに読み進む人のために ─────────────

　山本吉宣（2008）『国際レジームとガバナンス』有斐閣。
　安全保障や経済分野におけるガバナンスのために，国際制度がどのように形成され，どのような役割を果してきたかを分析している好著。

　Ruggie, J. G. (ed.) (1993) *Multilateralism Matters: The Theory and Praxis of an Institutional Form*, Columbia University Press.
　国際社会で発生する問題について，諸国が協力しあうことの難しさとともに，協力して解決することの重要性を説いた基本書。簡単なゲームによる説明も含まれている。

　Luck, E. C. (1999) *Mixed Messages: American Politics and International Organization, 1919-1999*, Brookings Institution Press.
　大国，とりわけ米国が単独主義と多国間主義の政策の間で揺れ動く姿をうまく捉えている。

　Fortna, V. P. (2008) *Does Peacekeeping Work?: Shaping Belligerents' Choices after Civil War*, Princeton University Press.
　多国間連携介入の例として平和維持活動に注目し，これらの部隊がどのような紛争に派遣され，どのような成果をあげているかを計量分析を用いて考察している。

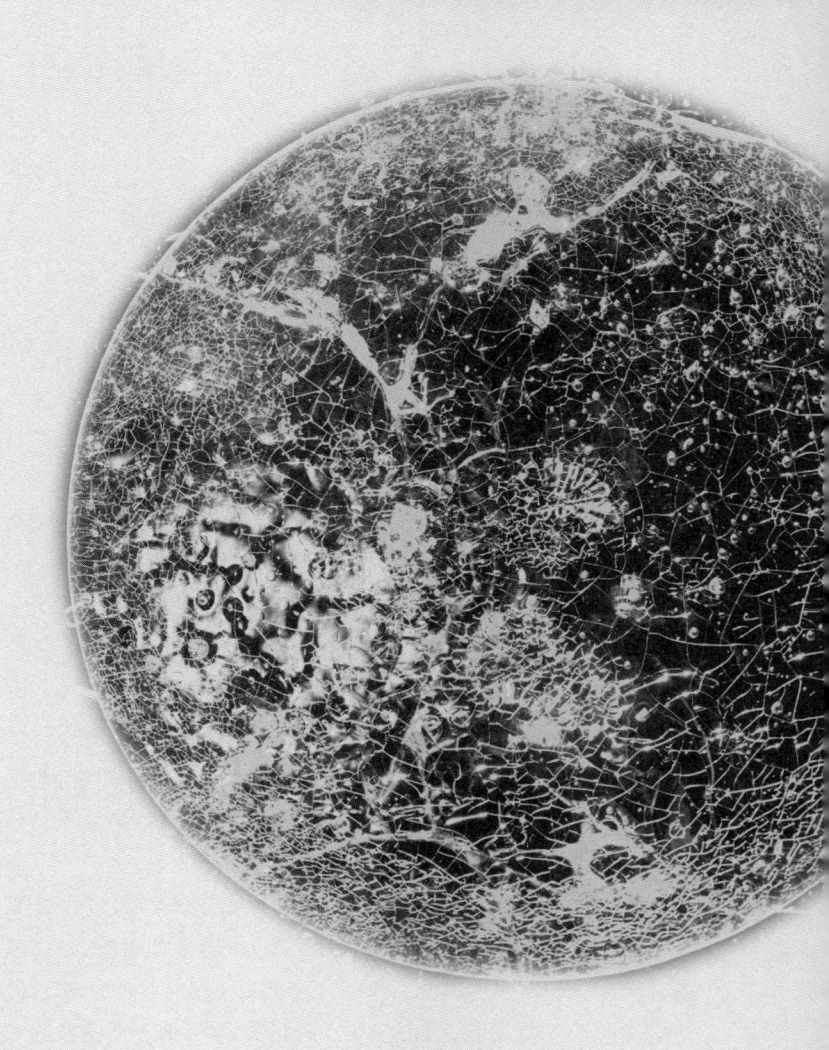

第Ⅱ部
法の遵守と政治

第 3 章

自衛権発動通報をめぐる政治的誘因
援助条件と相互性

多湖 淳

1 はじめに

　国連憲章において，加盟国は国際紛争の解決手段としての武力行使を放棄している。一方で同憲章の第 51 条には個別的・集団的自衛権が明記され，一定の条件を満たせば自衛のために武力を用いることが許されている。その条件の 1 つに，「安全保障理事会への通報」が書かれているが，これは国家実行が伴わないこともあり，法的義務ではあるものの尊重されていない手続きとされる。すなわち，武力行使を自衛目的で発動したと自発的に国連安全保障理事会（以下，安保理と略）に通報することもあれば，他方で（たとえ危機の性質から判断して自衛権に基づいた武力行使の正当化が当然と思われる状況下でも）自衛権発動を明示的に安保理に通報しないこともある。

　ここで，国家間紛争に絞るとしても，本章第 5 節（101 頁）で詳細を説明するデータセットの，1948 年から 2001 年までの「武力化紛争 × 後日参加した国を除く当事国」からなる全 2052 ケースのうち，自衛権発動を明示的に安保理に通報したのは，45 件（2.2%）にすぎない。この数字を見れば，国家実行が伴っていないという国際法学者の評価も頷ける。

　もちろん，理論上，自衛権は軍事力による攻撃を受けた国が援用するのが妥当であり，明確に攻撃された側だけが援用できる使用機会のごく限られる法的説明かもしれない（よって，データ上通報国の数が限られることは驚くに値しないのかもしれない）。しかも，2052 のケースには安保理から憲章第 7 章上「強制行

動」として授権決議を得て武力行使を開始した場合もあり，そのために自衛権行使に該当する（＝自衛権行使の通報を行うはずの）ケースは限られるのかもしれない。しかしながら，以上の2つの説明に反し，先制攻撃を仕掛けた国が自衛権発動を通報することもあれば，また憲章第7章の授権決議を得る場合でもまずは自衛権の発動を通報することもある[1]。

なぜ，憲章上に明記されている安保理への通報規定を履行する場合（国）とそうしない場合（国）があるのだろうか。国連憲章下において自衛は，対外的な武力行使を一方的にかつ単独で合法化するための唯一の論理であり，この問いは戦争研究・武力行使研究にとっても無視できない。本章では自衛権発動に際しての安保理通報の有無の理由を説明するにあたって，いわゆる**鹿狩りゲーム**（stag hunt game）と**囚人のジレンマ・ゲーム**（prisoners' dilemma game）を参照して議論を行い，通報の条件について検討する。

2 │ *自衛権発動通報と政治的誘因*

◆ 自衛権をめぐる国連憲章の規定内容[2]

国連憲章上，武力行使禁止規定（第2条4項）の例外として，個別的・集団的自衛権が認められており（第51条），各国は自国の防衛のため合法的に武力を使用することが許されている。原文は，以下のようになっている（下線強調は引用者）。

> この憲章のいかなる規定も，国際連合加盟国に対して武力攻撃が発生した場合には，安全保障理事会が国際の平和及び安全の維持に必要な措置をとるまでの間，個別的又は集団的自衛の固有の権利を害するもので

---

[1] そのような事例として，1990年の湾岸危機を挙げることができる。米英に加え，サウジアラビアが通報している。
[2] 武力行使と国際法の基本的事項については，たとえば，山本（1994）や小寺（2004）の該当部分を参照のこと。また国際法学の自衛権をめぐる先端研究として，たとえば，村瀬（2007）や森（2009）を参照するとよい。

はない。この自衛権の行使に当って加盟国がとった措置は，直ちに安全保障理事会に報告しなければならない。また，この措置は，安全保障理事会が国際の平和及び安全の維持または回復のために必要と認める行動をいつでもとるこの憲章に基く権能及び責任に対しては，いかなる影響も及ぼすものではない。

　当該規定では，①武力攻撃の発生を前提として，②安保理が当該事態に必要な措置をとるまでの間の暫定的な対応として，自衛行動が許されることがわかる。また，規定を素直に読むならば，（義務として）自衛行動を開始した事実を安保理に通報しなくてはならないことが示されている。国際合意として国連憲章に記載された文言通りに国家が行動すべきという規範的な立場からすれば，自衛権に基づいて軍事行動する場合，各国政府は安保理に対して書面ないし口頭で正式に自衛権発動を（事後でかまわないものの）通報することが必要となる。しかし，国際法学では，通報の国家実行が乏しくかつ固有の権利としての自衛権は憲章の規定の有無にかかわらず存在するので，第51条の条文に従わずに通報しないことは必ずしも自衛権を否定しないとの見解がある（たとえば，Gray 2008）。

　ここで，専門外の研究者が軽々しく他分野の研究動向を議論することは本来はばかられるべきかもしれないが，国際法学の研究の特徴は通報の有無を所与としてその法的効果を論じる点にある。すなわち，通報（の有無）の法的帰結を論じることはあっても，通報行為がどういった誘因で行われるのかを検討することは稀である。それと対照的に，国際政治学にとって疑問となるのは，国連憲章の規定にもかかわらず通報の国家実行が極端に限られるという事実であり，と同時に一部の国がたびたび自衛権行使の通報を行っているという事実である。なぜ憲章の規定にもかかわらず（自衛権行使が妥当しそうな場合，または自衛権行使であると政治リーダーの非公式な発言から理解できる場合でも）自衛権発動を通報しないのだろうか。仮に，通報行為にコストがかかり（または通報行為によって何らかの付随的な義務が発生すると国家は考えていて），「特別な誘因（利益）」がなければ通報をしないとするならば，たびたび通報を行う国は何を利益と考えて通報行為に及ぶのだろうか。国家は何かの理由があって自衛権の発動通報を行うか否かを意思決定しているのであり，理論的な説明が与えられて

然るべきである。

◆ 自衛権と援助条件

合理的な動機づけ（誘因）の観点から考察すると，自衛権の発動通報を促す要因は複数存在する（全体像は，Tago〔2013 forthcoming〕を参照のこと）。たとえば，読者には意外な要因かもしれないが，米国の援助条件（コンディショナリティ）がある。他の大国と異なり，米国は第二次世界大戦直後から，同国との共同防衛を含む個別的・集団的自衛権の発動または国内の治安維持の目的（場合によっては国連の行う平和活動）に限って自国の武器を他国に支援するという政策を実施してきた（Labrie, Hutchins and Peura 1982, p. 127; Mott 2002, p. 21）。具体例として，インドとの間に1951年の相互防衛援助協定，パキスタンとの間に1954年の相互防衛援助協定がある。両協定には，①国内騒乱鎮圧もしくは純粋な自衛の場合，そして，②国連憲章の目的に資する場合を除いて提供する武器を使用しないという援助条件が明記されている。また別の例であるが，サウジアラビアに戦闘機供与を行うにあたり，自衛の場合のみに当該戦闘機が使われるとの確認がなされている（Department of State 2008）。

1990年代になると冷戦の終結もあって他の大国も軍事援助に対する「自衛コンディショナリティ」を付加することに同意していくことになるが，1950年代初頭からこの種の条件をつけて援助を行う国は米国だけであった（国内法上は1949年の相互防衛援助法が根拠になっている）。すなわち，米国の提供した武器は，過去60年以上にわたって，基本的に自衛（または国内治安維持・平和維持）のために使われることが求められてきた。

この援助条件は単なる形式ではなく，実際にこれを根拠に援助が停止されることもあった。たとえば，1974年のトルコ・キプロス間の武力化紛争では，7月20日にトルコ軍が米国から提供された援助条件の対象となる武器を使用してキプロス島への上陸作戦を実施した。トルコ政府はこれを自衛のための武力行使としては説明できなかった。当初，米国政府は援助停止には慎重だったものの，自衛コンディショナリティを根拠に米国連邦議会がトルコへの軍事援助をすべて停止することを決定した。

自衛コンディショナリティが単なる形式ではないとすると，各国は自衛目的

のために米国の武器を使用したと説明することに躍起になるはずである。さもなければ，援助が停止されてしまい，武力行使を継続できなくなる事態に陥るかもしれないし，または必ずしも直ちに武器不足にはならないとしても，長期的には戦争実施能力に深刻な影響をもたらす。ここで，安保理への自衛権行使の通報が政治的な価値を持つことになる。つまり，各国は安保理という外交舞台を用いて，「自国の行動は純粋な自衛目的のためであり，米国から得た武器はコンディショナリティに沿ったかたちで使用されている」との情報を米国に向け発信し，米国政府と国民を説得しようという誘因が働きうる[3]。

◆ 自衛権と相互性

次に，自衛権の発動通報に限らず，法的な正当化は「相互性」の観点なくして議論できない（Guzman 2008）。他国のとる法的正当化戦略に最適反応することも政治的誘因の1つとしてとらえられよう。すなわち，当該武力行使が法的な自衛行為の要件を満たすか否かとは無関係に，相手国が安保理に対して自衛権発動を通報するか否かに依存して自国の通報の有無も決まるという考え方である。仮に相手が何ら法的説明を行わない場合には自国も同様に法的説明を控えるかもしれない。逆に，相手国が特定の法的説明を提供した場合，それに対抗する同様の法的説明を行うであろう。

なお，このような法的説明をめぐる相互主義的関係は，大国間に限られるがすでにその存在が実証されている（Westra 2007）。本章は自衛権の発動通報に絞ったうえで中小国を含め一般的に相互性が働くのかを検討することとなる。

◆ 事例選択の基準

以上を受け，自衛権の発動通報をめぐる具体的事例を紹介したい。ここで扱

---

[3] もちろん，自衛目的であることを米国政府に説明するには，実際に自制的に作戦を行うことに加え，二国間の外交チャネルで抑制された軍事行動について説明を行うことも大切である。米国政府の外交記録（Foreign Relations of the United States: FRUS）を見ても国務省と在ワシントンの相手国大使との間で，自衛コンディショナリティをめぐる議論が交わされていることがわかる（たとえば，Department of State 2011）。

うのは，第二次と第三次のインド・パキスタン（印パ）戦争（それぞれ1965年と1971年に開戦）である。インドとパキスタンは米国から自衛コンディショナリティの下で武器を得ていた国であるものの，その武器への依存度は両国で大きく異なっていた（後者が高依存）。とくにパキスタンに関して，自衛コンディショナリティのメカニズムが働いている可能性が期待できる事例（likely case）である。また，仮に一方の（または双方の）当事国が国連未加盟であると事例としては不適合であるが，インドは国連発足当初からの加盟国であり，パキスタンも1947年9月には加盟を果たしている。両国とも古くからの国連加盟国として自国が関わる紛争をたびたび安保理や総会で提起してきた経験を有する。このほか，1カ国の事例ではなく2カ国をペアで分析することは「相互性」をめぐる議論の妥当性の検討を可能にする。最後に，これは副次的な理由ではあるが，幸いなことに米国の外交文書が1970年代末まで開示されているため，それを用いての詳細な分析が可能であることも事例選択の理由である。

　なお，インドとパキスタンの二国間関係について若干の予備知識を提供しておきたい。第二次世界大戦終結までインドとパキスタンは英国領インド帝国に属していたが，1947年，住民の大多数が信仰する宗教に沿ってインド（ヒンズー教）とパキスタン（イスラム教）という2つの国に分離して独立を達成した。両国間の領土紛争は内陸山岳地域に存在するカシミール地方だけに限られないものの，同地域をめぐって少なくとも4度の国際戦争にいたった。つまり，両国は第二次世界大戦後から継続的に「緊張関係」を維持してきた数少ない二国のペア（これを国際政治学ではダイアッドと呼ぶ）である。両国が1990年代に核兵器を保有するようになったのもこの長期ライバル関係に大きく起因する。

3　第二次および第三次印パ戦争における自衛権発動通報

◆ 第二次印パ戦争の事態の推移

　第一次印パ戦争後，インドとパキスタンは領土をめぐる対立から継続的な緊張関係にありながらも組織的で大規模な交戦状態にいたることはなかった。しかし，1965年になると，4月にカッチ湿原でインド軍とパキスタン軍の間で

衝突が起こり，8月から9月にかけてカシミール地方で両国軍が戦闘状態に入った。いわゆる第二次印パ戦争である。

カッチ湿原はインド北西部グジャラート州からパキスタン東部シンド州のインダス河口に存在する塩性湿地で，広さは3万平方キロメートルにのぼる。パキスタンは当該地域における両国国境は北緯24度で引かれるべきと主張し，インドはそれに異議を唱え，1948年以降国境が確定することはなかった。

1960年には両国間で交渉による国境画定作業の実施が約束されていたが，それは実現せず，パキスタンは1965年1月から係争地域における警備目的の軍事活動を開始した。同年4月8日，両国の警備拠点に対して双方が互いに攻撃を行い，応戦が本格化して両国軍による大規模な交戦状態にいたった。いったん14日には停戦が合意されるものの，インド側は正式に戦争のための国家動員を決定して軍隊をパキスタン国境に移動させ，きわめて高い緊張状態が継続した。ようやく英国による仲介が本格的に機能して両国が正式に停戦を表明するのは5月10日になってからであった（両軍が紛争前の通常の状態に戻るのは7月になってからである）。

その後，カッチ湿原での交戦はカシミール地方に「飛び火」した。同年8月5日にパキスタン側の「自由の戦士」がインド管理地域で暴動を起こし，インド政府はそれに正規軍を投入して対抗した。事態がエスカレートするなかでパキスタン政府も軍を展開させ，両国はカシミール地方で継続的な交戦状態に入った。

4月のカッチ湿原での衝突を受け，米国政府は両国に抑制を促すため独自の外交努力を試みるとともに，英国の仲介が成功するよう側面支援を開始した。同盟国であり大半の武器を米国に依存するパキスタンと，1962年の中印戦争を契機に軍事援助の新たな提供先になっていたインドが，米国の武器を用いて戦争をすることは米国の望むことではなかった[4]。しかし，同政府の期待とは反対に事態はますますエスカレートするように見受けられた[5]。

---

[4] そもそも米国は地域紛争の激化を望まないのに加え，同国製の武器が紛争で用いられると，共産圏諸国は「米国が地域紛争をエスカレートさせている」とプロパガンダを流し非難すると考えられた。

[5] 旧宗主国の英国はインドとパキスタンに対して外交を通じた和平工作を試み，両国は停戦で合意した。その後1968年に仲裁裁判を通じて同地域をめぐる領土紛争は解決している。

◆ **関係国の外交交渉**

　インド政府は衝突直後にワシントンとニューデリーで外交接触を開始し、米国政府にパキスタンが米国製の武器を使用してインド側に侵略行動を行ったことを通報し、ただちにパキスタン側に抗議するように強く要求した[6]。また、同時にパキスタンがインドに対して侵略行動を行っているとの訴えを安保理において提起した（4月11日）[7]。一方、パキスタンは安保理への返答書簡のなかで、インド側の議論には根拠がなく、逆にパキスタンがインドの不当な攻撃にさらされていると表明した（4月19日）。

　他方、パキスタン政府は二国間の外交チャネルを通じ、米国製の武器を使用したことを認めるものの、逆に当該軍事行動の目的は自衛にあり、米国の自衛コンディショナリティ（1954年協定）には違反しないとカラチ駐在の米国大使に訴えた（4月27日）[8]。むしろ、米国がカッチ湿原のようなケースで武器使用を認めないならば、どのような場合が自衛になるのか教えてほしいと反論していた。

　米国国務省は以上のやりとりを受け、真に自衛のためであるか疑わしい状況で米国の軍事援助で得られた武器を使用し続けると、米国連邦議会が今後の援助を停止しかねないと考え、両国政府に自制を促すよう在インド・在パキスタンの米国大使に訓令を発した（4月27日）[9]。国務省は今回の事案を理由に軍事

---

[6] やや変則的ではあるが、米国国務省編纂の FRUS に収録されていない公文書は、注で引用する（FRUS 収録のものは文献と同様に引用する）。"Background on Rann of Kutch Dispute, undated" POL 32-1 Subject Files Relating to Territory and Boundaries Disputes, Violations, Incidents, India-Pakistan; Central Foreign Policy Files, 1964-1966, Political and Defense; RG 59; NARA II.

[7] 安保理への書簡と自衛権発動通報については、以下、国際連合発行の年鑑（United Nations 1967）を利用してその有無を評価している。

[8] "Outgoing Telegram from Department of State (Rusk) to American Embassy in Karachi on Rann of Kutch, April 27,(#3)," POL 32-1 Subject Files Relating to Territory and Boundaries Disputes, Violations, Incidents, India-Pakistan; Central Foreign Policy Files, 1964-1966, Political and Defense; RG 59; NARA II.

[9] "Action Memorandum from Talbot to Turner on Meeting with Ambassador G. Ahmed at 4:30 p.m. April 27,(#11)," POL 32-1 Subject Files Relating to Territory and Boundaries Disputes, Violations, Incidents, India-Pakistan; Central Foreign Policy Files, 1964-1966, Political and Defense; RG 59; NARA II.

支援を停止することは避けたいと本音では考えており，連邦議会に援助を停止させる口実をつくりたくなかった。この背景には，ひとたび自衛コンディショナリティ違反で軍事援助を停止すると，それを再開させるのに国務省が議会説得に相当のコストを払わねばならないという事情があった[10]。

パキスタン政府はこの警告を受け，自衛権発動の通報を行えば議会による援助停止がなかろうと信じ，次のような行動をとった。第1に，インドも米国製の武器を使用していることを写真の証拠とともに米国国務省に通報した。第2に，抑制的な対応を選択し，インドとは対照的に国家動員を正式に決定しないことにした。第3に，安保理に書簡を送付し，今回の軍事行動が自衛目的であったことと，今後も国連憲章第51条に依拠して自衛のための軍事行動を必要に応じてとることを通報した（5月7日）。米国国務省とのやりとりを勘案すると，パキスタン政府は安保理での正式な自衛権発動通報を自発的に行ったのではなく，国務省の警告に反応した結果であったことが推測できる。

これに対し，インド政府は米国国務省にパキスタンが米国製の武器を継続的に使用した証拠（写真）を提供し，インド側の軍事拠点に米国軍の関係者を招き入れて自国の主張の正しさをアピールする行動に出た。そして安保理ではパキスタンへの反論を行うものの，自衛権を発動しているとの正式な通報は行わなかった。インドが自衛権発動を明示的に通報したのは（カシミールをめぐる武力衝突が発生した後の）9月になってからである。

このエピソードから，①米国国務省が自衛コンディショナリティを根拠に米国連邦議会が援助を打ち切る可能性を示唆し，パキスタンやインドに抑制を求めたこと，そして②パキスタン政府だけが国務省の警告に反応するかたちで自衛権発動を正式に安保理に通報したことがわかる。他方，③インドは相手国の侵略行為の存在を示唆し，自衛論理に限りなく近い議論を展開していたのにもかかわらず，自国の行動が国連憲章第51条に依拠した自衛権の発動によるものとは明言しなかった。インド政府が安保理に対して自衛権発動の通報を行わ

---

10 "Outgoing Telegram from Department of State (Rusk) to American Embassy in New Delhi, April 27,(#5)," POL 32-1 Subject Files Relating to Territory and Boundaries Disputes, Violations, Incidents, India-Pakistan; Central Foreign Policy Files, 1964-1966, Political and Defense; RG 59; NARA II.

ずにいたことは，パキスタンの対応との比較で対照的である。

なお，パキスタンは安保理に対する自衛権の発動通報を行えば米国の軍事援助が継続されるものと期待したのであろうが，それは8月以降のカシミール地方での軍事衝突もあり，実現することはなかった（なお，パキスタン政府は9月6日に再度インドに対する自衛権発動を安保理に通報している）。9月8日，ジョンソン政権は米国連邦議会からの強い圧力もあり，両国の行動が自衛コンディショナリティに反すると評価し，軍事援助の停止を決定し，連邦議会に通知した（1965年7月には国防長官の指示によって，軍事援助の一時差し止めが非公式に決まっていたが，あくまで軍事援助を完全に停止することは政権の考え方ではなかった[11]）。カシミール地方での戦闘が始まって米国の軍事援助停止が決まり，インド政府も9月17日になって自衛権発動を通報したが，効果はなかった。両者間の軍事衝突は比較的短期間で収束するものの，米国の決定を覆すことはなかったのである。

1969年に米国政府が「ケース・バイ・ケース」でインドとパキスタンに対する軍事援助を再開する方向に政策転換を議論した際も，連邦議会はとくに慎重な意見を表明した。援助受け入れ国が抑制的に行動をする保証がない状態で米国による軍事援助を再開することは地域の安定を害しかねないと懸念していた[12]。しかし，米国大統領府・国務省は共産圏からの武器流入とそれによる米国の影響力低下を危惧し，軍事援助を再開していった。

◆ 第三次印パ戦争

この後，1971年に再度，インドとパキスタンは戦争状態に陥った。いわゆる第三次印パ戦争（バングラディシュ独立戦争）である。インドは，安保理に対して通報することはなく，ただし，一方的に政府声明として自衛のための武力行使であると表明して東パキスタン（現バングラディシュ）に介入を開始し

---

11 Department of State (2000).

12 "Letter to Secretary of State (Rogers) from Clarene D. Long (House of Representatives), July 22, 1969,(#4)," Political and Defense (DEF15 IND-US to DEF1 INDIA); Central Foreign Policy Files, 1967-1969, Political and Defense; RG 59; NARA II.

た[13]。

　パキスタン政府はインドの動きに対抗して本格的に交戦状態に入るものの，戦況はインド側に有利に進み，結局はバングラディシュの独立を認めなくてはならない事態に陥った。ここで興味深いのは，パキスタンも安保理に通報することなく軍事行動を実施したことである。この点，米国の外交文書によれば，当時の米国の政策当事者も，なぜパキスタン政府が国連を活用しないのかについて疑問を有し，その理由について議論をしていた (Department of State 2005)。パキスタンが非人道的な政策対応で国際社会から非難されている状況であったとしても，国境を越えてきているのはインド側であり，自衛権の発動も論理的にありえたにもかかわらず，それがなされなかったのは興味深い（ただし，パキスタン政府はバングラディシュの独立をあくまで内政問題として考え，安保理を含めて他国の干渉を受けたくないと考えていたという事情も深く関係していたであろう）。

　なお，米国による援助については，1970年までにインドについては経済援助だけが再開され，他方でパキスタンに対しては軍事援助も経済援助も復活していた。よって，自衛コンディショナリティの対象はこの場合パキスタンだけに限られた。とはいえ，パキスタンへの軍事援助は金額ベースでとるに足らない規模であり，また，米国から提供される兵器には当時問題となっていた東パキスタン・ベンガル人独立派の抑圧に使用されうる武器は含まれていなかった[14]。しかし，連邦議会は，米国が軍事的に援助を提供することで地域のパワー・バランスを崩し，しかも人道的に望ましくないパキスタンの政策を助長する可能性が高いとしてこの問題を政治化した[15]。その結果，ニクソン政権は

---

13 インドのガンディ首相は，1971年11月24日にインド議会に対して，パキスタンが主張しているインドによる侵略という事実はなく，インド軍が東パキスタンとの国境を自衛以外の目的で越えたことはない，と演説した。この演説は11月25日の『ワシントンポスト』でも報道された (Department of State 2005)。

14 Document 17 "Memorandum for Dr. Kissinger, Military Assistance to Pakistan and the Trip to Peking, July 19, 1971" in The Tilt: The U.S. and the South Asian Crisis of 1971, *National Security Archive Electronic Briefing Book.* No. 79 (edited by Sajit Gandhi), http://www.gwu.edu/~nsarchiv/NSAEBB/NSAEBB79/BEBB17.pdf

15 Document 19 "NSC Paper, South Asia: Cutting of Military and Economic Assistance, July 30, 1971, Secret" in The Tilt: The U.S. and the South Asian

パキスタンに対して兵器を提供したいとの考えを持っていたものの，最終的に軍事援助を止めざるをえなかった。

　第二次印パ戦争とは対照的に，第三次印パ戦争ではパキスタン政府は自衛権発動を訴えることが可能であったにもかかわらず，安保理への通報を行うことはなかった[16]。また，インド政府も首相の演説として自衛権を根拠に軍事行動を行っていると表明していたものの，それが安保理に通報されることはなかった。

4　自衛権通報をめぐるゲーム：鹿狩りゲームと囚人のジレンマ・ゲーム

◆ なぜゲーム理論か

　第二次印パ戦争では，米国政府は自衛コンディショナリティを根拠に，自衛権の発動通報を安保理に対して行うようインド政府とパキスタン政府に促していた。それに対して，パキスタン政府は直ちに安保理への通報を実施した。インド政府はカッチ湿原での事件については自衛権を発動せず，カシミールで武力衝突をしてから，自衛権発動をパキスタンの訴えに呼応するかたちで通報した。他方，米国連邦議会は自衛コンディショナリティ違反をもって1966年以降の援助停止を要求し，必ずしも援助を止めたくはない国務省にも，援助を継続してほしいインド・パキスタンの両政府にも望ましくない結果となった。その後，援助停止解除後2年経たないうちに再発した第三次印パ戦争では，両国ともに安保理に自衛権を通報することはなかった。この一連のプロセスについて，以下ゲーム理論を活用して解説を加えたいと考える。

　ここで，ゲーム理論で明らかにできることについて，筆者の理解を示して

Crisis of 1971, *National Security Archive Electronic Briefing Book*. No. 79 (edited by Sajit Gandhi),
http://www.gwu.edu/~nsarchiv/NSAEBB/NSAEBB79/BEBB19.pdf

[16] 安保理における一連の議論では，インド政府の行動を侵略行為，介入といった表現で批判するものの，パキスタンは自国の行動について自衛権を明示的に発動することはなかった（United Nations 1974, pp.137-161）。

おきたい。ゲーム理論を分析に活用することの便益は，分析対象となっている事象の背景にある（因果メカニズムに関わる）鍵となる要因間の関係性を明示し，理論的に着目すべき要素とそうでない要素を切り分けることを可能にする点にある。すなわち，ゲーム理論は歴史的事実を1つひとつ説明することを得意とはしない。むしろ，ゲーム理論は「枝葉」である微細な事実を切り捨てる（さもないと「モデル」は構築できない）。しかし，ゲーム理論は主体（ここでは国家）間の戦略的な相互依存関係に着目し，核心的に重要な因果メカニズムを整理・明示する手法として非常に有効であり，その役割に期待して議論を進める。

◆ 米国とパキスタン：鹿狩りゲーム

まず，米国政府とその軍事援助に依存しているパキスタン政府を主体として設定してゲームを考えてみたい。

米国政府のとりうる政策は，パキスタンに対して援助を提供し続ける（援助継続）か，現在の援助を自衛コンディショナリティ違反として停止する（援助停止）かの2つである。パキスタン政府のとりうる政策は，軍事行動を実施し，かつ安保理に自衛権発動を通報する（通報を伴う軍事行動），軍事行動を実施するが安保理に自衛権発動を通報しない（通報のない軍事行動），軍事行動を実施しない，の3選択肢になる。

ここで，両者の関係は一種の鹿狩りゲームとして解釈できる。なぜならば，米国政府とパキスタン政府は「調整問題」に直面し，ここで双方が積極的に協調できればお互いにそれなりの利益を得ることが可能になるからである。

そのメカニズムを示すためにも，まず，米国政府の選好を整理しておきたい。ここで，米国政府は地域紛争の激化を望まず，そのために①パキスタンが軍事行動をあきらめるか，または②やむをえず武力行使するのであれば，パキスタンが自ら進んで自衛通報を安保理に行い，均衡原則を遵守し，抑制的に行動して短期間で武力行使を終了すると約束してほしいと考える。なお，①のほうが②よりも望ましい。①や②と比べて米国政府にとってより望ましくないのは，③パキスタン政府が自衛権発動通報を選択せずに抑制のない軍事行動に踏み切る場合である。

ここで，米国にとって軍事援助はコストがかかるものであるが，それは影響力の源泉であり，パキスタンが軍事行動をあきらめるか，または自衛権の発動通報を伴い抑制的な武力行使を行う限りには継続してもよいと考えていると想定できる。逆に，パキスタンが自衛権の発動通報をせず，軍事行動を開始したのに援助をすることは米国政府にとって最も望ましくない状態である。

なお，留意されるべきは，冷戦の文脈において，自衛コンディショナリティの運用に関して大統領府・国務省と連邦議会で異なる誘因が働いている可能性である。ソ連との競合・対立にあって優位に立つことを至上命題とする大統領府・国務省は軍事援助を友好国確保の手段として捉え，その継続に一定のうま味を見出してきた。ゆえに，仮に自衛コンディショナリティに違反して米国の提供した武器を使用したとしても当該国が米国の友好国であり続ける限りその違反行為に目をつぶろうとする可能性がある。他方，連邦議会は友好国確保の重要性は理解しつつも，米国が紛争に巻き込まれることを強く嫌う（同盟巻き込まれの恐怖を強く感じる）と考えられる（たとえば，歴代政権よりも議会のほうが相対的に内向きであり，必ずしも関与的な対外政策に賛成しないことを想起するとよい）。しかし，ここでは単純化のため，モデル上は米国政府を大統領府・国務省として理解し進める。

他方，パキスタン政府にとっては，相対的に国力の大きなインドに対して先制的に攻撃をかけて初戦に勝利することが戦術上望ましく，相手が仕掛けてくる前に武力行使を開始することに強い誘因を有している（それゆえ，危機発生後は早期に軍事行動を発動することに大きな魅力を感じている〔＝自ら軍事行動を発動しない政策は最も望ましくない状況となる〕）[17]。援助については，米国の支援なくして軍事行動を長期間継続できない（さらにいえばインドに対して有利に戦いを進めることが難しい）ことをパキスタンはわかっており，それを得ることが自国の安全保障にとって不可欠と考えている（自衛コンディショナリティを履行する場合には，より確実・安定的に米国の軍事支援を得られよう）。

つまりパキスタン政府にとって，自衛権発動通報を行って手を縛ったうえでも米国から継続的に軍事援助を受け，長期的に軍事行動できる能力を確保して武力行使にいたるのが最良の状態である[18]。次善は，自衛権行使を通報せず

---

17 軍事行動を発動しない場合は，援助を得るほうが得ない場合よりも相対的に望ましい。
18 自衛コンディショナリティを無視して自衛権発動の通報をしないと，仮に1度援助を

表 3.1 自衛権発動通報をめぐる米国政府とパキスタン政府のゲーム

		米国政府	
		援助停止	援助継続
パキスタン政府	軍事行動発動 / 自衛権通報	3 / 3	4 / 6
	軍事行動発動 / 通報せず	2 / 4	1 / 5
	軍事行動発動せず	5 / 1	6 / 2

に武力行使を開始し，援助を受ける場合である（この場合，通報しないため，自衛コンディショナリティ違反をたてに連邦議会が援助停止を決議し，大統領府はそれに従わざるをえず，安定的な支援を長期にわたって得られなくなる蓋然性が高い）。それに続いて望ましいのが自衛権行使の通報をせず，援助を得ない状況である。逆に，パキスタン政府が軍事行動を行う場合にあって避けたいのは，米国から軍事援助を得られず，しかも自衛権発動を通報して武力行使にいたる状況である（手を縛られるだけの骨折り損になる）。

表 3.1 は以上をまとめたものである（プレイヤーの利得は 6 ＞ 5 ＞ 4 ＞ 3 ＞ 2 ＞ 1 の順で与えられており，左下にパキスタン政府，右上に米国政府の利得が示されている）。これは，いわゆる鹿狩りゲームとは一見すると異なるものと見えるが，しかしパキスタン政府にとって被支配戦略になっている「軍事行動発動せず」をあらかじめ排除してしまえば（表 3.1 の上部 2 段だけを見れば），そこに鹿狩りゲームの構造を見出すことができる。

ここで，相手の手（戦略）に対する最適反応をした結果生まれる，社会的に安定状態（＝どちらも自らその手を変えることがない場合）である（純粋戦略の）ナッシュ均衡となるのは，（自衛権通報，援助継続）と（通報せず，援助停止）の 2 つ（太黒枠セル）である[19]。

得ても将来的な援助確保の可能性がかなり低くなるという前提を置かなければ，援助継続かつ通報せずという状態が最も望ましいということになる（ただし，ここではそのようなゲームは考えない）。

[19] 本章では，混合戦略のナッシュ均衡は除外して議論を進める。ナッシュ均衡とは，相手の手（戦略）に対する最適反応を各行為主体がとる場合にもたらされる社会的に安定し

では，先ほどの事例に戻ってこのゲームがどのような示唆を与えるのかについて論じてみたい。

第二次印パ戦争では，パキスタンは米国国務省の警告に刺激され，安保理に対して公式に自衛権行使の通報を行っていた。国務省が，自衛権の発動通報をすれば連邦議会の援助停止を阻止できるとの見通しを提供しそれをパキスタン側は信じていた（その結果，パキスタン政府は1965年の5月，9月と続けて通報を行った）。しかし，軍事援助を通じて他国の紛争に巻き込まれたくないと考える連邦議会の圧力は国務省の予想を超えて相当なものであった。その結果，当初の国務省の説明と異なり（またパキスタン政府の期待とは異なり）米国政府は援助停止を決定せざるをえなかった。議会の強い圧力という要因がなければ（自衛権通報，援助継続）の均衡が達成できたと考えられる。

他方，第三次印パ戦争で，パキスタン政府が自衛権行使を発動できたのにそうしなかったのは，先の戦争で連邦議会の圧力を受けた米国政府の裏切り（自国が通報をしたのに援助停止を決定した経緯）があったことをふまえ，仮に今回通報しても米国政府は再度連邦議会から圧力を受け，ほぼ確実に軍事援助を停止すると予測したためといえる（そして，それは別のナッシュ均衡解（通報せず，援助停止）で，安定的状態である）。

◆ インドとパキスタン：囚人のジレンマ・ゲーム

インド政府の場合は，ソ連からも軍事援助を受けていることもあり，必ずしも米国の軍事援助に依存的ではないことから，以上とは違った角度で説明が必要であろう。ここでは囚人のジレンマ・ゲームを参照しつつ，表3.2のようにインド政府とパキスタン政府の間に生まれる「相互性」を考慮したゲームで考察をしてみたい（プレイヤーの利得は4＞3＞2＞1の順で与えられており，左下にパキスタン政府，右上にインド政府の利得が示されている）[20]。

先に論じたように，両国ともが通報する状態と，一国だけが通報する状態は

　　た（プレイヤーがそこから逸脱することのない）状況である。
20　両国ともに軍事行動をしないという選択肢を有すると考えてモデルをつくることもできるが，ここでは自衛権発動の通報の有無をめぐる点に焦点を絞るため，その選択肢を除外してゲームを構成している。

表 3.2　自衛権発動通報をめぐるインド政府とパキスタン政府のゲーム

		インド政府 軍事行動発動	
		自衛権通報	通報せず
パキスタン政府 軍事行動発動	自衛権通報	2 / 2	1 / 4
	通報せず	4 / 1	3 / 3

異なる政治的帰結を生み出すものと考えられる。一国だけが通報をし，他方がしない場合には，安保理では通報国側の主張をもとにして審議が進む。相手側に全面的な非があると主張することを意味する自衛権の発動通報では，自国の通報の欠如は他者の主張に有効に反論できていないことを意味しかねない（黙示の相手国の主張の容認）。ここで，ほかに理由がなくても相手が自衛権を公式に発動するならば自国もそれに応じて自衛権の主張をしておくというメカニズムが働くことが考えられる。

　表3.2のゲームでは，インド政府もパキスタン政府も自衛権発動を通報するという選択肢と，それをしないという選択肢を有している。安保理への通報は，自らの手を縛るという意味で一定のコストがかかるものの，一方的に通報を行って自国の武力行使を正当化できれば（相手国の非のみが明らかにされ）国際社会の同情を買うことができると考えられる（＝少なくとも各国が敵対国の味方をしにくくなると考えられる）。よって，紛争当事国間の関係を考えると，自国だけが独占的に自衛権の発動を通報する場合が最善な状態と評価できる。他方，最悪な状態は自国だけが通報をせずに相手が通報をしてしまう場合である。両国ともに通報しない状態は双方にとって次善であり，逆に両国ともに通報する状態は，自らの手を縛ってかつ双方に非難合戦になるだけで通報のうま味は低減し，最悪ではないものの決して望ましくない状態といえる。

　これはいわゆる囚人のジレンマ・ゲームであり，ナッシュ均衡は1つだけ存在し，（自衛権通報，自衛権通報）が安定的な状態である（太黒枠セル）。ただしこれはパレート最適ではなく，（通報せず，通報せず）のほうが両国にとってより望ましい（黒塗りセル）。しかし，相手の出し抜きを恐れるばかりにうま味のない（自衛権通報，自衛権通報）の状態に陥ってしまう。

パキスタン政府が米国の自衛コンディショナリティに関わる外交的説得の結果として自衛権の発動通報を行った第二次印パ戦争の場合（カシミールにおける軍事衝突後）にはインド政府も通報を行い，このナッシュ均衡と整合的であった[21]。

ただし，第三次印パ戦争では実際にはナッシュ均衡ではない（パキスタン政府もインド政府も通報しなかった）状態が達成されており，追加的な要因を用いての説明が必要である。たとえば，次のような説明が可能であろう。インド政府はパキスタン政府と米国政府の鹿狩りゲームの均衡を知っており（＝パキスタン政府の発動通報の有無は相互性に基づくインドとの関係ではなく表3.1にあるような米国政府との関係で主に決まるとして），米国政府からの援助が見込めないとわかっているパキスタンが今回は発動通報をすることはないと予想できた。しかも，パキスタン側はバングラディシュ問題を国内問題として扱い，できれば国際問題化したくないと考えており，安保理に自ら通報する誘因はいつもよりも低いと思われた。このような状況下で，インド政府はパキスタン政府を出し抜いて自国だけ通報するということも可能であるが，仮にそうすると即座に相手側が通報に踏み切ることはわかっているので（＝パレート劣位の均衡状態に陥るので），（通報せず，通報せず）を実現すべく，インド政府も（まずは）安保理への通報を行わないという判断をしたと考えられる。そして，インド側の読み通りにパキスタン政府は通報することなく，結果として双方ともに通報をしないまま戦争は終了した。

◆ 自衛権発動通報をめぐる回避の経緯と実施の誘因

以上をふまえ，①一般的に各国が自衛権発動の通報を行わない理由とともに，②限られた数の国が自衛権発動通報にいたる理由と条件について，（仮定的な議論を含め）整理しておきたい。

---

[21] なお，インド政府が1965年5月7日のパキスタン政府による自衛権発動の通報に対して対抗的に通報をしなかったのは，実質的に戦闘が終了し，安保理会合がその直後に開催されなかったという事情があるだろう。ただし，インド政府は安保理議長国に対して自衛権行使に関する書簡を送付することもできたので，通報行為がなかったことはゲームの均衡解と整合的ではない。

①については，各国が一般的に発動を通報しない背景に，発動通報の付帯コストが低くはない（各国ともに自国の軍事行動に法的制約がかかるのを嫌う）という要因，または，あえて明示的に自衛権の発動通報を行う政治的誘因が乏しいという事情があるだろう。

そして，仮に通報の政治的誘因があったとしてもそれが実際には行われない可能性を本章の分析は示している。たとえ自衛コンディショナリティ（政治的誘因の1つ）が存在する場合であっても常に自衛権の発動を通報するとは限らない（なぜなら，表3.1の鹿狩りゲームにあったように，自衛権発動が安保理に対して通報されない状態はナッシュ均衡として存在していた）。また，相手国が自衛権を発動することがほぼ確信できる国同士であれば（第三次印パ戦争のような場合），常に出し抜きの危険性はあるものの，通報を双方に行わないというパレート最適な状態が達成できる余地がある（先の囚人のジレンマ・ゲームは1回ゲームであったものの，これが繰り返しゲームになると（通報せず，通報せず）もナッシュ均衡になる）[22]。

②については，米国の被援助国であるということが1つの鍵であろう（ただし，繰り返すように，それが常に自衛権発動の通報を促すものではない）。パキスタン政府に対する米国国務省の説得事例が示していたように，軍事援助に依存的な国にはその影響が小さくないように考えられる。たとえば，米国の軍事援助を継続的に受けているイスラエル政府がたびたび自衛権発動の通報を行う理由にはこの要因が一定の役割を果たしているかもしれない。なお，米国の同盟国である場合でもその軍事援助への依存が高くない国については本章で指摘したようなメカニズムは働かないはずである。あくまで自衛コンディショナリティの対象になる軍事援助を受け，それなくして自国の軍備を準備できない国についてこの議論が当てはまる。

他方，「相互性」が安保理通報を促すというメカニズムも存在する。これは，たとえば，サッカー戦争におけるホンジュラスとエルサルバドル，フォークランド紛争の英国とアルゼンチン，イラン・イラク（イ・イ）戦争のイランとイラク，国境紛争に際してのエリトリアとエチオピアといったように複数の例を挙げることができる。

---

[22] この点，Guzman（2008, pp. 34-41）を参照。

表 3.3　安保理通報と諸条件の関係（相互性）

	通報の相互性	
	他国は通報せず	両国とも通報
件数	27(27)	18(9)
割合	60%(75%)	40%(25%)

(注)　カッコ外の数字は武力化紛争 × 当事国を単位とした場合。カッコ内の数字は武力化紛争を単位とした場合。

5　自衛権発動通報をめぐるデータ分析

最後に，国連発行の諸資料（*Yearbook of the United Nations* ならびに *Repertoire of the Practice of the Security Council*）を使用して構築した，自衛権発動通報に関するデータセットを用いて本章でのゲーム理論による分析を確認する[23]。公式な書簡として，または公開審議のなかで「自衛権の行使」「憲章第51条に従って行動」といった文言が記録されている場合を安保理への通報として捉え，それを戦争相関研究（Correlates of War: COW）プロジェクトの武力化紛争（Militarized Interstate Disputes: MIDs）データと統合した。冒頭で示した通報件数もこれに依拠している[24]。自衛権発動通報は，紛争の性質の違いに強く関係していることが疑われることから，領域防衛に関わる場合か否か，そして使用された軍事力の程度，加えて，自衛コンディショナリティについて情報を得て整理した。表 3.3 から表 3.5 は通報件数をこれら紛争の諸条件と比較した統計量である。

記述統計から見出せるのは，第1に，自衛権発動通報が相互に行われる場合（囚人のジレンマ・ゲームのナッシュ均衡解に該当）が通報した「武力化紛争 × 当時国」全体の4割（または計算単位に依存して全体の 25%）という点である（表 3.3）。この数字は相互性メカニズムに沿う結果が半数に満たないことを意味する。すなわち，大多数の場合（6割または 75%）において，相手国が自衛

---

[23]　詳しくは，Tago（2013 forthcoming）を参照のこと。

[24]　当該データからは米国の自衛権発動通報は除外されている。また，すべての MIDs データと照合したのではなく，少なくともどちらかの紛争当事国が武力行使（use of force）に踏み切ったケースを取り出し，自衛権の発動の有無について情報を加えた。

表 3.4　安保理通報と諸条件の関係（地理条件と軍事力の均等性）

		紛争の地理的条件		使われた軍事力の均等性	
		遠隔	近接	不均等	均等
件数	通報せず	752	1,255	1,126	881
	安保理通報	8	37	4	41
割合	通報せず	98.9%	97.1%	99.7%	95.6%
	安保理通報	1.1%	2.9%	0.3%	4.4%

（注）地理的近接性条件および紛争で使われた軍事力の均等性（Hostility Level）はMIDsデータの定義による。

権の発動を通報しているにもかかわらず自国は同通報をせずにいることとなる。対抗的な通報前に紛争が終結したため機会を逸したといった事情を加味すれば，（辛うじて）理解できる範囲の数字といえる。

なお，自衛権発動の通報が本質的に領域の防衛と関係していること，そして使用された軍事力の均等性が重要であることが表3.4からわかる。遠隔地で発生した紛争のうち98.9%は通報がなく，自衛権の通報がなされたのはわずか1.1%であった。これに対して近接地での紛争では97.1%で通報がなく，2.9%で自衛権の通報が行われた（通報の割合は近接地であると遠隔地の2.6倍高まる）。また，相手国が自国と同等のレベルの軍事力を用いて紛争に臨んでいる場合には4.4%の紛争で自衛権の通報があり，これに対して，使用された軍事力の程度が不均衡である（つまり，どちらか一方がより程度の大きな軍事力で紛争に臨んでいる）と自衛権の通報は0.3%にとどまる。

第2に，米国と防衛同盟条約を締結していると自衛権発動通報の確率は低くなる（表3.5）。防衛条約を結んでいる場合には1.5%，防衛条約を結んでいない場合には2.4%の紛争で自衛権発動が安保理に通報されている。つまり，米国との同盟関係がない国のほうがより頻繁に自衛権を発動してそれを国連に通報している。他方で，米国から自衛コンディショナリティのついた軍事援助を得ている国は，そうでない国との比較で，自衛権発動を通報する割合が多い。米国からの援助がある場合には，3.5%の紛争で自衛権の通報が行われるが，援助がない場合にはそれが1.5%まで下がってしまう（通報の割合は援助がある場合にはない場合の2.3倍高まる）。これは，自衛コンディショナリティの議論と整合的なデータである。

このデータは，本章が論じてきた2つのメカニズムの存在を示唆するとと

表 3.5 安保理通報と諸条件の関係（自衛コンディショナリティ）

		米国からの軍事援助		米国との防衛援助条約	
		なし	あり	なし	あり
件数	通報せず	1,316	691	1,554	453
	安保理通報	20	25	38	7
割合	通報せず	98.5%	96.5%	97.6%	98.5%
	安保理通報	1.5%	3.5%	2.4%	1.5%

（注）　米国からの軍事援助は過去一定期間（5年間）自衛コンディショナリティの付加された軍事援助が実施されたことがある国の場合，「あり」が与えられる（米国の軍事援助のデータは，USAID の Greenbook または Defense Security Cooperation Agency の資料に依拠した）。防衛援助条約は COW 同盟データセットの定義による。

もにそれがすべてではないことを示している。当然ながら自衛コンディショナリティや相互性以外にも国連安保理に自衛権発動通報を行う誘因が存在するからである（たとえば，早期に紛争が終結してしまったことによって，安保理への通報の機会を逸してしまうことなどがあるだろう）。

6　国際法をめぐる政治的誘因と戦略的相互作用

　本章は，国際法のある特定の権利規定（個別的・集団的自衛権）の手続き的側面（規定に書かれているように安保理に通報をすること）に関して，政治学的な説明を加えようとした試みである。国連憲章第51条の場合，国際法学者は自衛権発動通報を法的義務として捉えつつも国家実行が伴わないと指摘してきた。
　しかし，それだけでは規定に依拠して自衛権発動を通報する国（場合）とそうでない国（場合）の違いについて満足いく説明はできない。なぜ，国家実行が伴わないのかに関して国家の誘因を議論する必要がある。
　その点，①相手国との関係で法的正当化について戦略的に不利にならないようにするという誘因，②（自衛コンディショナリティの存在を前提に）米国の軍事援助を継続的に得るという誘因，どちらも安保理への自衛権発動通報の有無を説明するにあたって（圧倒的な説明力を持つものではないが）一定程度の役割を果たしていると考えられる。もちろん，ゲーム理論を用いて示したように国家間の戦略的な相互依存関係の存在ゆえ，誘因があるからといって通報行為が常に

行われるわけではない。鹿狩りゲームが示すように，調整問題を解決できずに通報がなされない均衡状態もありうる。また，繰り返し囚人のジレンマ・ゲームの議論に沿えば相互に暗黙に了解し合って通報をしないという安定的な状態も生まれうる。

国連憲章に書かれた自衛権発動通報義務は，どのような条件でより尊重されやすいのだろうか。本章はこの問いに政治学的な観点から説明を加えた。限られた紙幅ではこれ以上の議論はできないが，自衛権発動そのもの，そして発動後の通報行為について，国家には強い誘因が働く場合とそうでない場合があることを示した。加えて，紛争相手国との関係で相互依存的に通報の有無が決定されることを論じた。ある国家が国際法に準拠した行為をとるかとらないかは，他国との戦略的な相互作用のなかで決まるのであり，あるタイプの国（たとえば，民主主義国）が他のタイプの国に比べて法を顕著に遵守しやすいといった（広く受け入れられている）属性決定論とは異なる因果メカニズムの存在を示した点が本章の貢献であろう。

◆ さらに読み進む人のために

　国際法をめぐる国際政治は 2000 年代以降（とくに米国国際政治学において以前よりも）盛んに研究が進められてきた。しかし，それら研究の焦点は，規範の遵守問題や国際裁判の効果などに限られ，まだ知的に価値があるおもしろい論点が残っているように感じる。そういった論点を見出し，既存研究者が論じていない議論を打ち立てていくためには，しっかりと国際法学者が積み重ねてきた研究業績を読み深めることが大事である。その意味で，国際政治学を学ぶ読者に以下の 3 冊を強くお勧めしたい。
　　山本草二（1994）『国際法（新版）』有斐閣。
　　小寺彰（2004）『パラダイム国際法——国際法の基本構成』有斐閣。
　　酒井啓亘・寺谷広司・西村弓・濱本正太郎（2011）『国際法』有斐閣。

　加えて，自衛権に的を絞るのであれば，ぜひとも，
　　森肇志（2009）『自衛権の基層——国連憲章に至る歴史的展開』東京大学出版会，
を読んでいただきたい。国際関係における武力をめぐる法的制度の発展を歴史的

に理解せず，戦争や武力行使に関する研究や議論は簡単にはできないと痛感する今日この頃である。なお，米国国際政治学をはじめ国内外の研究動向を把握するにあたって，主要な学術誌（例，*American Political Science Review, American Journal of Political Science, International Organization, Journal of Conflict Resolution, Journal of Peace Research* など）を読むだけでなく，国際法と国際政治の関連性を議論する研究者のワーキングペーパー（学会報告やSSRN アップロード論文）を参照する必要がある。学術誌に掲載された論文は査読過程を経て一定の時間が経ったものであって，最新号に掲載された研究であっても「最新」ではないかもしれない。

第4章

遵守のパラドクス
法化は紛争における遵守を促進するか

飯田 敬輔

1 はじめに

　世界貿易機関（WTO）の発足に伴って世界貿易体制は新たな段階を迎えた。高度に**法制度化**（以下，**法化**）された紛争解決のシステムが導入されたことにより，諸貿易協定の執行の拘束力が増したと，少なくとも発足当初は期待された。しかし，このシステムが運用されて何年かが経つにつれ，WTOの勧告の遵守にはかなりの困難が伴うことが明らかになってきた。牛肉ホルモン事件，外国売上公社（FSC）事件，バード修正条項事件など，遵守は結局されないか，されたとしてもかなりの年月を要した。本章では，なぜこのような事態が生じたのかという問題に注目する。

　本章の仮説は，法化には2つの効果があるということである。すなわち法化理論の期待する通り遵守度を高める機能がある一方，より遵守困難な案件が付託される傾向をも強めるのである。したがって，これらの2つが反対方向の効果を持つことから，見かけ上は遵守が必ずしも向上するとはいえないことになる。

◆ 法化理論

　本章の仮説を説明する前に法化理論を概観しておこう。アボットら（Abbott et al. 2001）の定義によれば，法化とは義務，明確性，権限委譲の3側面の増

加あるいは上昇を意味する。彼らによれば「義務とは国家やその他の行為主体がルールや約束に拘束されることである。明確性とはルールが要求，認可あるいは禁止する行動が明確に定立されていることである。（権限）委譲とは第三者にルールの実施，解釈，適用などが任され，さらには紛争解決や場合によってはルールの形成にも関わるということである」（Abbott *et al.* 2001, p. 17）。

これら3つの次元は独立して測ることができるものの，実際には相関している場合が多い。高度な法化とはこれらすべての次元において法化の程度が最大化されることを意味する。またこれらの基準によれば，世界貿易体制もかなりの程度法化が進んだことになる。とくに権限委譲の点では，紛争解決制度の高度化の影響が大きい。WTOの紛争解決了解（Dispute Settlement Understanding: DSU）は，たとえばネガティブ・コンセンサス，さらには上級委員会という新たな制度を導入した。これまでのGATTのコンセンサス方式を180度逆転させたネガティブ・コンセンサスにより，紛争解決の手続きの迅速化が可能になった。また7人の独立した専門家集団である上級委員会は非常に厳格かつ明確な法的判断を下す。このように，WTOの紛争解決システムはGATT期のそれに比べかなり法化されたとみられる。

したがって，この変化は法化理論の検証には理想的なデータを提供していることになる。法化理論は具体的に検証可能な仮説を提示しているが，なかでもとりわけ重要なのが，**遵守**に関する仮説である。

法化の遵守に対する効果について最も肯定的なのはコヘインら（Keohane, Moravcsik and Slaughter 2001）で，彼らは法化のなかでも権限委譲の次元をさらに第三者の独立性，司法手段へのアクセスの容易さ，埋め込み度（embeddedness）の3つに細分している。

彼らによれば，遵守に最も重要なのは埋め込み度であるが，WTOのシステムでは「紛争解決機関（Dispute Settlement Body: DSB）の全会一致の表決によるほかは否決することができない拘束性」を紛争解決小委員会の判断に与えているため，GATT期に比べ，埋め込み度が増しているとしている（Keohane, Moravcsik and Slaughter 2001, p. 82）。そして，「埋め込み度が高ければ高いほど，執行されるべき法的判断への遵守は増す」というのである。

2 日本における酒税格差をめぐる事件

　WTOとその前身であるGATT（関税及び貿易に関する一般協定，ちなみに協定自体は1994年版がWTOの諸協定の一部として残っている）には，紛争処理の仕組みがある。本章では，この紛争処理の枠組みのなかで争われた紛争データをもとに実証を行う。そこでまず，データの性格を理解するには，この紛争処理がどのような仕組みになっているのかを解説しておく必要があろう。また紛争が実際にどのように争われ，解決されていくのかを知るには具体例を見るのが最も手っ取り早い。そこで紙幅の関係で1件だけ，とくにわが国が関係した紛争を取り上げて紹介する。それは酒税格差事件というものである。これはGATTとWTOの両方で取り上げられたこともあって，両者の違いを明らかにするうえでも興味深い。

◆ GATT時代のシステム

　GATTの時代には，紛争処理は主に貿易紛争の外交的解決における補助としての性格が強かった。もちろんいったんパネル（紛争解決小委員会）が組まれ，パネル報告が出される場合には，法的判断が下されるのであるが，それも本当に当事国がそれを望む場合にだけ採択され法的効果を発揮するのである。つまり外交的にそのような法的判断が有用ではないと思われれば，それを採択しないことにより，無効にすることができるのであった。

　紛争処理の手順はきわめて単純であった。まず，あるGATT締約国により何らかの不利益を被ったと考える別の締約国はGATT 22条に基づき協議を求めることができた。しかし協議により解決されない場合には，今度はGATT 23条に基づき，紛争解決パネルの設置を求めることができた。全締約国から成るGATT理事会においてコンセンサス（全会一致）で可決されれば，パネルが設置され，中立国の3人（あるいはそれ以上）の専門家からなるパネルが設置され，パネル報告が発出される。パネルは文書と当事国との会合の両方により審理を行った。パネルは違反があるか否かを判断し，パネル報告がまたコンセンサスで採択されれば法的効果を発揮し，被申立国は当該措置の是正を求めら

れた。また，もし是正がなされない場合には，申立国は GATT に報復の申請を行い，それがコンセンサスで承認されれば，報復関税を合法的に科すこともできた。

　上記の手続きのうち少なくとも3つの時点（パネル設置，パネル報告採択，報復承認）で「コンセンサス」が要件となっていることが重要である。コンセンサスにはすなわち被申立国も含まれるということである。したがって，たとえば違反認定を含むパネル報告が採択されるということは当該措置をとっている国が正式に非を認めたということであり，その時点で外交的には決着がついているといってよい。つまり，パネル報告採択はあくまでも外交的にすでに決着がついている事件に，正式な承認を与える形式的手続きにすぎないものであった。このようなパネル報告の性格は WTO 発足により一転する。

◆ WTO の紛争処理

　GATT と WTO の紛争処理の仕組みの最大の違いは，上記のコンセンサス方式が**ネガティブ・コンセンサス方式**に切り替えられた点である。ネガティブ・コンセンサスとは，否決するというコンセンサスがなければ議事が可決されることを意味する[1]。これにより紛争処理の手続きが格段にスピードアップしたばかりか，申立国がその気になれば，パネル設置から最後には報復にいたるまで被申立国の同意がなくとも一気に進めることができるようになったのである。つまり外交的には解決の見込みがない案件が，報復まで突き進む可能性さえ生まれたのである。

　GATT と WTO の違いは他にもある。1つは上級委員会という上訴の仕組みができた点で，上級委員会の委員は通常，司法の専門家（それまでパネルの委員は外交官である場合が多かった）で構成されるため，上級委員会の報告はそれまでのパネル報告に比べ法的により厳格なものとなり，法制度化が格段に進んだ。もう1つはパネルのプロセスに補助的な手続きが詳細に定められた点

---

[1] パネル設置であれば，設置をしないというコンセンサスがない限りは設置され，パネル報告の採択であれば，採択しないというコンセンサスがない限り採択され，報復の承認であれば，報復してはならないというコンセンサスがない限りは報復が承認されるということである。

である。たとえば，違反判定を受けた措置が若干変更されたがまだ残存している場合に，本当に履行が行われたかどうかを検証するパネル手続きが整備された。また報復の際にも報復規模が被害額を超えない原則を満たしているかを検証するための裁定手続きも設けられている。このように手続きが精緻化されたことも，後述する「遵守のパラドクス」に少なからず反映されている。

3 酒税格差事件と遵守のパラドクス[2]

◆ GATTにおける酒税格差事件

日本の酒税は酒類により細かく分かれており，かねてより問題が多いとされていた。税率が酒の種類によって著しく異なり，また同じ品種であっても等級により異なるなど，複雑を極めていた。スコッチウィスキーやワインなどを日本に多く輸出している欧州諸国は個別に不満をもらしてはいたが，1980年代になるまでは，一致して行動に出ることはなかった。

しかし，1983年に日本政府が税制改革の一環として酒税引き上げを図った際，ECはこれに対して抗議を行ったが，引き上げは予定通りなされた。これをきっかけに英国などを中心にEC全体で日本の酒税に対する攻勢を強め，ついに1986年に22条協議および23条提訴[3]へと踏み切った。翌年パネルが設置され，その年のうちにパネルは日本の酒税は内国民待遇（国内措置における外国製品への差別禁止）を規定したGATT 3条に非整合的であるとして是正を勧告した。日本はパネル報告に反対しなかったため，パネル報告は採択された。翌年5月には，与党（自民党）の税制調査会は焼酎への課税率の引き上げを決めたため酒税の格差は若干ではあるが縮小することになり，これをもってECもいったん矛を収めることになる。この段階ではECは日本による履行に反対の意を示していないため，以下のデータではこの紛争では履行は難航しなかっ

---

[2] 酒税格差事件については，Iida (2002), Iida (2006, pp. 293-311), 大矢根 (2005) などを参照。

[3] ちなみにGATT/WTOでは「提訴」という言葉は公定訳では使わない。しかし，英語ではcomplaintであるため，「提訴」としても誤訳とはいえない。

たことになっている[4]。しかしこれで紛争が完全に収まったわけではなかった。

◆ WTOにおける紛争再発

　GATT紛争以降の税制改正により、格差は縮小したとはいえ、ウィスキーへの課税率は焼酎への課税率と比べると甲類で3.9倍、乙類で6倍と依然高かったため、ECはこれを問題視していた。そしてついに、WTO発足直後の1995年6月、EUは日本の酒税問題について再び提訴に踏み切った。また今回は米国・カナダも申立てに加わった。つまりわが国は主要貿易相手3カ国・地域を相手にしたのである。今回もパネルおよび上級委員会は日本の酒税が依然としてGATT 3条違反であるとして是正を求めた。

　しかし焼酎業界の抵抗は強く、税制改正は遅々として進まなかった。米国はしびれを切らし、報復も示唆した。結局、焼酎への課税引き上げ、ウィスキーの課税引き下げを段階的に行うことで決着したが、履行が完了したのは2000年10月のことであった。これはWTOの求めた履行期間の期限（1998年2月）を大幅に超過しており、日本は提訴国側（EU、米国、カナダ）などから報復を受ける可能性もあった。そのような事態を避けるため、欧米諸国からの酒類の関税引き下げペースを速めるなどの代償措置を行うことにより、なんとか報復を回避したのである。焼酎生産地域の国会議員の抵抗は強かったが、自民党の山中貞則衆議院議員は鹿児島選出の議員であるにもかかわらず党税制調査会のドンとして影響力を発揮して、なんとか是正にこぎつけた。

◆ 酒税格差事件にみる遵守のパラドクス

　日本の酒税格差事件は同じ問題がGATTとWTOで2回争われためずらしい例である。しかし、履行の面では若干の違いが見られた。GATTのときに

---

[4] GATTの時代にはRPT（妥当な実施期間）の概念が明示的には示されていなかったため、どのくらい履行が遅れれば履行難航とみなすかはWTO時代に比べてより恣意的にならざるをえないが、WTO時代の標準的RPTである15カ月を目安として、それより3カ月（すなわちパネル報告採択後18カ月）を超過すれば「難航」、2年を超過すれば「長期難航」とみなしている。

は，日本は比較的早期に履行を決め，酒税格差を縮小したのに対し，WTOのときには履行が大幅に遅れ，筆者らが構築したデータのコーディングでは「長期難航」に分類されている。このように，WTOとなって法化の程度が上がったのにもかかわらず履行のスムーズさではGATTのほうが一見すると優れているように見える例である。これが**遵守のパラドクス**の一例といえよう。

4 遵守のパラドクスのゲーム分析

◆ 仮　説

　本章の仮説は，「法化は個々の案件のベースでは遵守の確率を高める効果はあるかもしれないが，法化によって引き起こされる他の作用により，それが隠されてしまう」ということである。これをまず簡単な例を使って示そう。

　アクターがどのような計算をして紛争をシステムに付託するかどうかを考えてみよう。もし紛争を付託しても遵守の確率がきわめて低いと予想される場合には，当事国は申立てをしても無駄であると考えるであろう。つまり，遵守の事前確率が高い案件のみが付託されることになる。したがって付託された案件を見ると，遵守率は高いことが観察されるであろう。これがGATT期のパターンであったと思われる。

　これに対しWTOではそもそも遵守の確率が高いと期待されることから，それだけ多くの案件が付託され，最終的判断の段階まで達すると思われる。したがって，紛争のプールのなかから付託される案件数の割合が増加するが，そのなかには容易に遵守が難しい，政治的にセンシティブな案件が含まれるであろう。したがって，WTOに付託された係争全体における遵守率は低くなる。

　この点を簡単な例で示そう。仮にA国（申立国）とB国（被申立国）の間にいくつもの紛争が存在し，それが3種類に分けられるとする。第1種の紛争は簡単なケースで違反の判断を遵守する確率が100%であるとしよう。これに対し，第2種の紛争の遵守の事前確率は50%，第3種の紛争の遵守確率は30%であるとしよう。

　費用便益計算を単純にするために，B国による遵守のA国にとっての便益

は 1，係争費用は k，また現状維持の利得は 0 であるとする。

すると，A 国は B 国による「遵守の確率 × 遵守の便益」が係争費用を上回れば申立てを行うであろう。仮に $k = 0.4$ であるとすると，上記の例でいえば，第 1 種と第 2 種の紛争のみが付託される。その場合，第 1 種と第 2 種の案件数が同じであるとすると，平均遵守率は $(100 + 50)/2 = 75\%$ となる。

次に，法化の効果により，第 2 種の紛争と第 3 種の紛争の事前遵守率がそれぞれ 60%，50% に上昇したとしよう。するとすべての紛争が付託されるようになるため，再び各種の紛争の案件数が同じであるとすると，付託された紛争全体の平均遵守率は $(100 + 60 + 50)/3 = 70\%$ となり，平均遵守率は 75% から 70% に低下することになる。これが遵守のパラドクスである。

しかし上記の例では，A 国の計算のみに注目し，B 国の行動が捨象されている。それでは，法化は B 国にどのような影響を与えるであろうか。たとえば，第 3 種のような難しい案件についても協定違反の判断がなされ，それが遵守困難であることを B 国が事前に知っているとすれば，A 国が当該案件を付託しないよう，なんとか和解に持ち込む努力するのではあるまいか。このような双方向の戦略的相互作用の結果について，単純な例で答えを出すのは困難である。そのような場合にこそ，戦略的相互作用を分析するために考案されたゲーム理論が有用となるのである。したがって，以下では簡単なゲームモデルを組み立て，上記の遵守パラドクスが起こるかどうか考えてみよう。

◆ モデル：DS（dispute settlement）ゲーム

モデルは協議と遵守の 2 つのステージから成る。プレイヤーは申立国と被申立国で，双方にとって，現状の利得は 0（ゼロ）とする。協議のステージでは被申立国は b（$0 \leq b \leq 1$）のオファーを行う。申立国がそれを受諾すれば申立国の利得は b，被申立国の利得は $-b$ となってゲームは終了する。一方，申立国がそれを拒否すれば次のステージに移る（なお，簡略化のため，申立国は無差別であれば，オファーに同意するものと仮定する）。

次のステージでは被申立国に違反の法的判断が必ず行われるものとし，この段階で双方は係争費用 k（$0 < k < 1$）を負担するものとする。遵守ステージで被申立国は遵守するかしないかを決定し，申立国にとって被申立国の遵守の

図4.1 DSゲームのゲームツリー

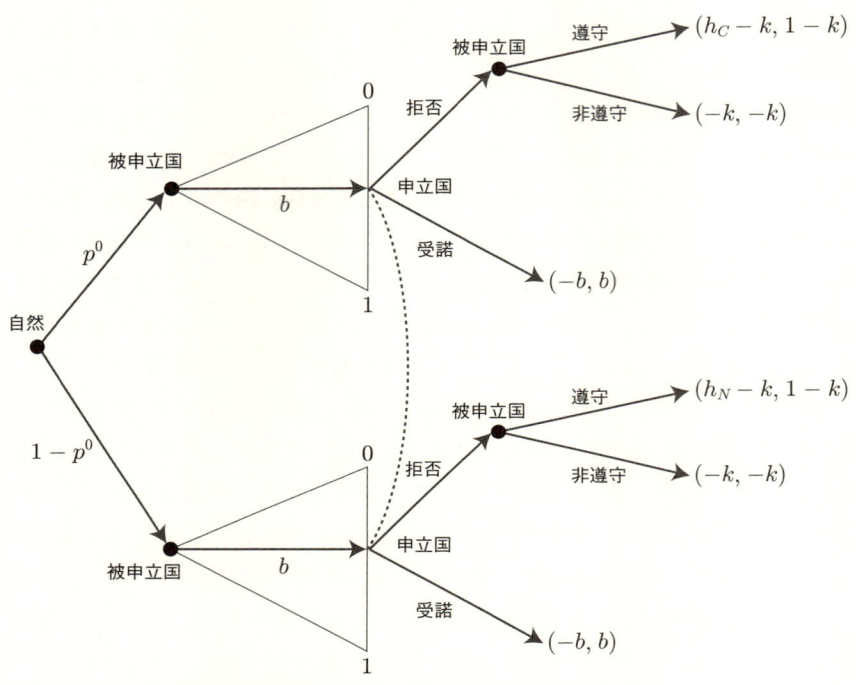

(注) カッコ内は最初の数字が被申立国の利得，次の数字が申立国の利得。

便益は 1，被申立国にとって遵守の便益（マイナスの可能性もある）は h とする。

被申立国には 2 つのタイプがあると仮定しよう。「遵守型」（C）の被申立国は，遵守から正の便益 h_C を得るものとする。もう 1 方のタイプは「非遵守型」（N）であり，このタイプは遵守から損害 h_N（$h_N < 0$）を被るとする。ゲームの始まる前に「自然」が動き，被申立国のタイプを選択するが，p^0 の確率で「遵守型」，$1 - p^0$ の確率で「非遵守型」が選ばれる。タイプはすぐに被申立国には明らかにされるが，申立国にはわからない。ただし，p^0 の値は共有知識であるとする。事後信念は p^1 で表す。もし均衡経路外の行動が観察された場合には，ベイズの公式を適用することができないため，信念は更新されない（$p^0 = p^1$）と仮定する。遵守ステージで被申立国が遵守しない場合，双方とも k の費用を負担し，現状維持の利得 0 を得るため，利得は $-k$ となる。なお，証明を簡略化するため，$p^0 > k$ と仮定する。

◆ 命　題

DSゲームにおいて，いずれの完全ベイジアン均衡でも以下が成り立つ（命題の証明は，章末の補論〔122頁〕を参照）。

① 遵守ステージにおいて，「遵守型」の被申立国は遵守し，「非遵守型」の被申立国は遵守しない。
② 事後信念 p^1 を所与とするとき，申立国はオファーが $b \geqq p^1 - k$ であれば受諾し，そうでない場合には拒否する。

DSゲームにおいて，以下の完全ベイジアン均衡が存在する。

(1) 一括均衡（和解均衡）
$p^0 \leqq 2k - h_C$ のとき，かつそのときに限り，以下の戦略（および①，②の戦略）と信念は均衡になる。協議ステージにおいて，いずれのタイプの被申立国も，$b_C = b_N = p^0 - k$ をオファーする（b_C は「遵守型」の，b_N は「非遵守型」のオファー）。申立国の事後信念は，常に $p^1 = p^0$ とする。

(2) 一括均衡（エスカレーション均衡）
$p^0 \geqq 2k$ のとき，かつそのときに限り，以下の戦略（および①，②の戦略）と信念は均衡になる。協議ステージにおいて，いずれのタイプの被申立国も，$b_C = b_N < p^0 - k$ を満たす任意のオファーをする。申立国の事後信念は，常に $p^1 = p^0$ とする。

(3) 分離均衡
$h_C \geqq k$ のとき，かつそのときに限り，以下の戦略（および①，②の戦略）と信念は均衡になる。協議ステージにおいて，「遵守型」の被申立国は $1 - k > b_C > 0$ を満たす任意のオファーをし，「非遵守型」の被申立国は $b_N = 0$ をオファーする。申立国の事後信念は，$b = b_C$ がオファーされたとき $p^1 = 1$，$b = 0$ がオファーされたとき $p^1 = 0$，それ以外のオファーがされたとき $p^1 = p^0$ とする。

表 4.1　DS ゲームにおける均衡の概要

均衡の種類	被申立国のオファー	申立国の反応	遵守ステージにおける遵守の有無	備考
(1) 一括均衡（和解均衡）	遵守型 $b_C = p^0 - k$	受諾	遵守（均衡経路上では現れない）	$p^0 \leq 2k - h_C$ を満たす場合
	非遵守型 $b_N = p^0 - k$	受諾	非遵守（均衡経路上では現れない）	
(2) 一括均衡（エスカレーション均衡）	遵守型 $b_C < p^0 - k$	拒否	遵守	$p^0 \geq 2k$ を満たす場合
	非遵守型 $b_N = b_C$	拒否	非遵守	
分離均衡	遵守型 $1 - k > b_C \neq b_N$	拒否	遵守	$h_C \geq k$ を満たす場合
	非遵守型 $b_N = 0$	受諾	非遵守（均衡経路上では現れない）	

　このモデルを使うと GATT 期から WTO 期の変化は以下のように解釈できる。GATT 期には分離均衡だけが存在したとしよう。この均衡では紛争をエスカレートさせるのは「遵守型」の被申立国だけである。したがって遵守ステージでの遵守率は 100% となる。ところが，法化により，WTO 期には分離均衡と一括均衡（エスカレーション均衡）が混在するようになったとしよう。一括均衡で p^0 が比較的高い場合には両タイプの被申立国が紛争をエスカレートさせるため遵守ステージでの遵守率は p^0 となる。この種の一括均衡と分離均衡が 1 対 1 の割合で混在しているとすると，遵守ステージでの遵守率は $(100 + 100 \times p^0)/2 < 100$ となる。これが遵守のパラドクスである。

5 ｜ データによる検証

　遵守のパラドクスについてはモデル構築もさることながらデータによる実証研究も欠かせない。しかし筆者はすでに飯田 (2008) のなかでそれに関するデータを多数示しているため，ここでは簡単なデータの検証のみに限定したい。
　なお，ここで使われているデータは GATT 期については Hudec (1993) に所収のもの，また WTO 期について川島・飯田・内記 (2005) のデータを，WTO 事務局公表のデータをもとに適宜更新したものである[5]。またケースが

表 4.2　履行難航の程度

	DIFF(%)	LONGDIFF(%)
全期間	47.4	26.7
GATT 期	41.7	15.3
WTO 期	50.4	32.6

申立国あるいは被申立国が複数である場合には，1対1になるように分解している。

パネルあるいは上級委員会の勧告の履行は次のように測定している。DIFF は被申立国が違反判定について履行期限を3カ月過ぎても履行を完了していなかった場合に1の値をとり，そうでなければ0である。また LONGDIFF は被申立国が履行期限を2年過ぎても履行を完了していない場合に1の値をとり，さもなければ0である。つまりいずれも履行の難航の程度を表しているといえる。

まず全体的な数字を見てみよう。表 4.2 は DIFF あるいは LONGDIFF の概要である。

表の数字は百分率で示してある。たとえば，全期間で DIFF が 47.4% とあるのは，パネルあるいは上級委員会により協定違反の判断がなされたもののケースのうち，実に 47.4% が DIFF が1の値をとっている，つまり3カ月以上の履行遅延が発生しているということである。

GATT 期と WTO 期を比べると，どちらの指標で見ても，WTO 発足後のほうの数字のほうが大きい。すなわち，それだけ多くの割合の案件で履行が難航しているということである。これはすでに述べた遵守のパラドクスの仮説に合致している。これは WTO 期に入ってから，そもそも遵守の困難を伴う係争がそれだけ多く付託されるようになっていることをうかがわせる。では一体どのような案件の場合に履行に困難を伴うのであろうか。それにヒントを与えるのが，表 4.3 である。

この表からわかることは，どちらの指標で測っても，申立国が途上国で被申

5　WT/DS/OV/32 (24 January 2008)．その後の展開については，WTO Dispute Settlement Gateway の "Disputes Chronologically" を参照。http://www.wto.org/english/tratop_e/dispu_e/dispu_status_e.htm（アクセス 2011 年 11 月 26 日）

表 4.3　申立国・被申立国の組合せ別履行難航度

申立国 vs. 被申立国		DIFF (%)	LONGDIFF (%)
先進国 vs. 途上国	全期間	24.3	10.8
	GATT 期	16.7	16.7
	WTO 期	25.8	9.7
先進国 vs. 先進国	全期間	47.5	25.5
	GATT 期	39.2	11.8
	WTO 期	56.3	40.4
途上国 vs. 途上国	全期間	37.5	14.3
	GATT 期	0	0
	WTO 期	42.9	16.7
途上国 vs. 先進国	全期間	59.7	35.4
	GATT 期	64.3	28.6
	WTO 期	58.3	37.5

立国が先進国という組合せ，つまり申立国のパワーが弱く被申立国のパワーが強い場合のように，当事国の間にかなり力の差があるときに履行の遅延が発生しがちであるということである。この傾向は GATT 期も WTO 期も変わっていない。

では，このようなそもそも履行困難を伴う案件は WTO 発足後，増えているのであろうか。それに答えるのが次の2つの表である。いずれでも POWERDIFF とは先進国・途上国の別により力の差を測ったものである。つまり申立国が先進国で被申立国が途上国の場合0の値をとり，逆に申立国が途上国で被申立国が先進国の場合は2の値をとる。当事国が先進国同士，あるいは途上国同士の場合は1である。この指標の値が大きいほど被申立国の力が強く，履行が困難になりやすい。

まず，表4.4は GATT あるいは WTO に付託された案件の総件数，表4.5は付託された案件のうち，パネルあるいは上級委員会により法的判断がなされた場合の件数である。いずれにしても WTO 期では POWERDIFF が0および2の案件の割合が高い。つまり履行が容易なケース（先進国対途上国）および履行が困難なケース（途上国対先進国）の両方の割合が高いことがわかる。この両方の組合せが増えている理由については，前者については WTO になってから途上国の加盟数が増えていることも一因であると思われるが，後者については WTO になってからネガティブ・コンセンサスなどの導入に伴い，途上国が先進国を訴えることがより容易になったことが大きいと思われる。もし

表 4.4　当事国の組合せ別付託件数

	POWERDIFF（各行の百分率）			計
	0	1	2	
GATT	19(7.9)	**169(69.8)**	54(22.3)	242(100.0)
WTO	**99(22.3)**	227(51.2)	**117(26.4)**	443(100.0)
全期間	118(17.23)	396(57.8)	171(25.0)	685(100.0)

（注）　$\chi^2(2) = 29.50$, $p = 0.000$.

表 4.5　当事国の組合せ別裁定件数

	POWERDIFF（各行の百分率）			計
	0	1	2	
GATT	7(6.4)	**74(67.9)**	28(25.7)	109(100.0)
WTO	**35(19.9)**	80(45.4)	**61(34.7)**	176(100.0)
全期間	42(14.7)	154(54.0)	89(31.2)	285(100.0)

（注）　$\chi^2(2) = 16.29$, $p = 0.000$.

そうだとすれば，本章の遵守のパラドクス仮説と整合的である。

6　遵守のパラドクスから見た国際司法の現実

◆ 先行研究との関係

　WTOの紛争解決についてはさまざまな計量研究が行われてきた。本章の最後に，これら先行研究と本研究の関係について明らかにしておこう。数ある計量研究のなかでも遵守の問題に正面から取り組んだものはきわめて少ない。荒木・川瀬（2005）は主に法学の立場からWTO紛争解決制度について論じたものだが，計量的に研究したものとしては飯田（2008），千葉（2006）がある程度であり，後者も申立国と被申立国の国内総生産（GDP）の比で測ったパワーが遵守に影響を与えることを示している。

　遵守の代わりにBusch and Reinhardt（2003a, 2003b）は譲歩の程度を従属変数としているが，Busch and Reinhardt（2003a）ではWTOと申立国の1人当たりGDPの交差項[6]が譲歩のレベルに影響を与えることを報告している。1人当たりGDPは本章で示した先進国・途上国の区別と強く相関しているた

め，本章の結果と整合的である。

Busch (2000), Guzman and Simmons (2002, 2005), Busch and Reinhardt (2006) などの研究は紛争の発端あるいはエスカレーションに影響する要因を調べている。Busch (2000) は GATT 期のデータを使って，途上国が先進国を相手どって提訴する場合に，紛争がエスカレートする確率が高くなることを発見している。これは本章では途上国が先進国を訴える場合には，遵守率が低いこととやや矛盾するようにも思われる。あらかじめ遵守率が低いとわかっていれば，協議の段階で和解するインセンティブが高いはずだからである。Guzman and Simmons (2005) は従属変数のとり方（被申立国の GDP）がユニークであるが，紛争の提訴段階ではパワーの要因の影響を棄却している。この点，本章とは整合的でない。

Davis and Shirato (2007) はさらに一歩前の段階にさかのぼり，国家が WTO に提訴するか否かを決定する要因について日本を例に取り上げて考察している。彼らの主眼は各産業の特性が提訴の有無を左右するという仮説であるが，相手国の GDP も説明変数として使用している。これは間接的に日本との国力の差を計測していることになるが，統計的に有意な結果は出ていない。これは日本が提訴する相手は圧倒的に先進国（とくに米国）が多いため，とくに大きな国力の差として表れていないためであろう。

◆ 結　論

WTO の発足以来，途上国が積極的に紛争解決のシステムを活用するようになった。これ自体は喜ばしいことである。しかしいざ履行の段階になると，やはりパワーが問題となってくる。すなわち，被申立国に対する申立国のパワーが弱いと，それだけ履行もされなくなる可能性が高い。

GATT 期にこれがそれほど問題とならなかったのは，パワーの差がある場

6　交差項とは 2 つの異なる変数を掛け合わせたもの。ここでは WTO のダミー変数（WTO に付託された紛争であれば 1，そうでなければ 0 の値をとる）と申立国の 1 人当たり GDP の値を掛けたもの。この項が譲歩の大きさに影響するということは，申立国が高所得の国であれば，それだけ譲歩の幅が大きくなるが，WTO 期になるとその効果が一層顕著であることを指す。

合には，そもそも弱いほうは泣き寝入りをするか，あるいは GATT に提訴したとしても，いずれかの段階で手続きの進行が妨害され，GATT 違反の裁定が出ることは少なかったのである。遵守のパラドクスの問題を考えることにより，このような国際司法の現実をも伺い知ることができるのである。

◆ さらに読み進む人のために ─────────────

　川瀬剛志・荒木一郎編著（2005）『WTO 紛争解決手続における履行制度』三省堂。
　WTO における履行問題について検討した共同研究の成果。これほど包括的かつ綿密に研究したものは世界でも他に類を見ない。

　飯田敬輔（2011）「法化と遵守──グローバル経済と国家主権の相克の観点から」『国際政治』第 158 号，15-29 頁。
　本章と同じように法化と遵守の問題を取り上げており，データもほぼ同じものを使っているが，グローバル化のなかで各国がいかに国家主権との緊張関係を調整しているかという観点から分析している。

　飯田敬輔（2007）「法化理論と日本の通商外交──理論と実際の接点を求めて」『レヴァイアサン』第 40 号，205-211 頁。
　法化理論の諸仮説を，貿易紛争をめぐる日本の通商外交の視点から再検討した研究成果をコンパクトにまとめている。

第4章補論

命題（115頁）の証明

補助定理1
いずれの均衡でも，「遵守型」の被申立国は遵守し，「非遵守型」の被申立国は遵守しない。

証明
被申立国にとって，最後のノードであるから将来の利得について考慮する必要はない。したがって，被申立国は，遵守による利得と非遵守による利得を比較しさえすればよい。$h_C > 0$ の仮定から $h_C - k > -k$ となるため，「遵守型」は遵守するのが最適。$h_N < 0$ の仮定から $h_N - k < -k$ となるため，「非遵守型」は遵守しないのが最適。［証明終］

補助定理2
いずれの均衡でも，事後信念 p^1 を所与とするとき，申立国はオファーが $b \geqq p^1 - k$ であれば受諾し，そうでない場合には拒否する。

証明
補助定理1より，申立国がオファーを拒否した場合の期待利得は $p^1(1-k) + (1-p^1)(-k) = p^1 - k$ である。したがって，申立国にとっての逐次合理的な同意ルールは，$b \geqq p^1 - k$ であるオファーにのみ同意することである。［証明終］

命題の証明

命題の前半（①および②）の主張は補助定理1および2から成り立つ。以下では，後半の主張が成り立つことを示す。パラメータの各領域において各種の均衡が存在することを示す際には，補助定理1および2より，被申立国がオファーを変更するインセンティブがないことと，均衡経路上の信念がベイズの公式によって計算されることを確かめればよい。

(1) 一括均衡（和解均衡）

最初に，$p^0 \leqq 2k - h_C$ のとき，この一括均衡が存在することを示す。「遵守型」のオファー b_C と「非遵守型」のオファー b_N は同じであるから，このオファーがなされた

ときの申立国の事後信念はベイズの公式によって $p^1 = p^0$ となる。

「遵守型」(もしくは「非遵守型」)が命題の戦略に従ったとき，$p^0 - k$ のオファーが受諾されて $k - p^0$ の利得を得る。$p^0 - k$ 以上のオファーを出したとき，事後信念は $p^1 = p^0$ となるので補助定理2より受諾されるが，被申立国の利得は b が大きければ大きいほど低くなるため，得することはできない。$p^0 - k$ 未満のオファーを出したとき，事後信念は $p^1 = p^0$ となるので補助定理2より拒否される。このとき，補助定理1より，「遵守型」であれば $h_C - k$，「非遵守型」であれば $-k$ を得る。しかし，$p^0 \leqq 2k - h_C$ の条件から $h_C - k \leqq k - p^0$ および $-k < k - p^0$ が満たされるため，いずれのタイプの被申立国もオファーを変更して得することはできない。

次に，$p^0 > 2k - h_C$ のとき，この一括均衡が存在しないことを示す。上記の議論から，「遵守型」は命題の戦略に従ったとき $k - p^0$ の利得を得て，$p^0 - k$ 未満のオファーを出したとき $h_C - k$ の利得を得る。このとき，$p^0 > 2k - h_C$ の条件から $h_C - k > k - p^0$ が満たされるため，「遵守型」はオファーを変更することで得することができる。したがって，均衡とはなりえない。

(2) 一括均衡(エスカレーション均衡)

最初に，$p^0 \geqq 2k$ のとき，この一括均衡が存在することを示す。「遵守型」のオファー b_C と「非遵守型」のオファー b_N は同じであるから，このオファーがなされたときの申立国の事後信念は，ベイズの公式によって $p^1 = p^0$ となる。

「遵守型」(もしくは「非遵守型」)が命題の戦略に従ったとき，補助定理2より，$b_C = b_N < p^0 - k$ のオファーは拒否される。このとき，補助定理1より，「遵守型」は $h_C - k$，「非遵守型」は $-k$ の利得を得る。「遵守型」(もしくは「非遵守型」)が $p^0 - k$ 未満かつ b_C とは異なるオファーを出したとき，事後信念は $p^1 = p^0$ となるので補助定理2より拒否される。よって，利得は変わらない。「遵守型」(もしくは「非遵守型」)が $p^0 - k$ 以上のオファーを出したとき，事後信念は $p^1 = p^0$ となるので補助定理2より受諾される。このとき，被申立国は $k - p^0$ 以下の利得を得る。しかし，$p^0 \geqq 2k$ の条件から $h_C - k > k - p^0$ および $-k \geqq k - p^0$ が満たされるため，いずれのタイプの被申立国もオファーを変更して得することはできない。

次に，$p^0 < 2k$ のとき，この一括均衡が存在しないことを示す。上記の議論から，「非遵守型」は命題の戦略に従ったとき $-k$ の利得を得て，$p^0 - k$ のオファーを出したとき $k - p^0$ の利得を得る。このとき，$p^0 < 2k$ の条件から $-k < k - p^0$ が満たされるため，「非遵守型」はオファーを変更することで得することができる。したがって，均衡とはなりえない。

(3) 分離均衡

最初に，$h_C \geqq k$ のとき，この分離均衡が存在することを示す。「遵守型」のオファー

b_C と「非遵守型」のオファー b_N は異なるから，ベイズの公式によって申立国の事後信念は，b_C のオファーがなされたときには $p^1 = 1$，b_N のオファーがなされたときには $p^1 = 0$ となる。

「遵守型」が命題の戦略に従ったとき，補助定理2より，$b_C < p^1 - k = 1 - k$ のオファーが拒否される。このとき，補助定理1より，「遵守型」は $h_C - k$ の利得を得る。「非遵守型」が命題の戦略に従ったとき，補助定理2より，$b_N = 0 > p^1 - k = -k$ のオファーが受諾される。このとき，「非遵守型」は $-b_N = 0$ の利得を得る。

「遵守型」はオファーを変更したとしても依然として申立国に拒否されるのであれば利得は変わらない。一方，受諾されるようなオファーに変更して最も利得が高くなるのは，「非遵守型」になりすまして 0 をオファーする場合である。しかし，$h_C \geq k$ の条件から，そのようなオファーに変更しても得することはできない。「非遵守型」は受諾される範囲では最も高い利得 0 を得ているため，拒否されるようなオファーに変更して得できないことを示せばよい。補助定理1より，そのようなオファーによって得られる利得は $-k$ である。しかし，$k > 0$ の仮定から，得できないことは明らかである。

次に，$h_C < k$ のとき，この分離均衡が存在しないことを示す。上記の議論から，「遵守型」は命題の戦略に従ったとき $h_C - k$ の利得を得て，0 のオファーを出したとき 0 の利得を得る。このとき，$h_C < k$ の条件から，「遵守型」はオファーを変更することで得することができる。したがって，均衡とはなりえない。［証明終］

第Ⅲ部
民主主義と合意形成

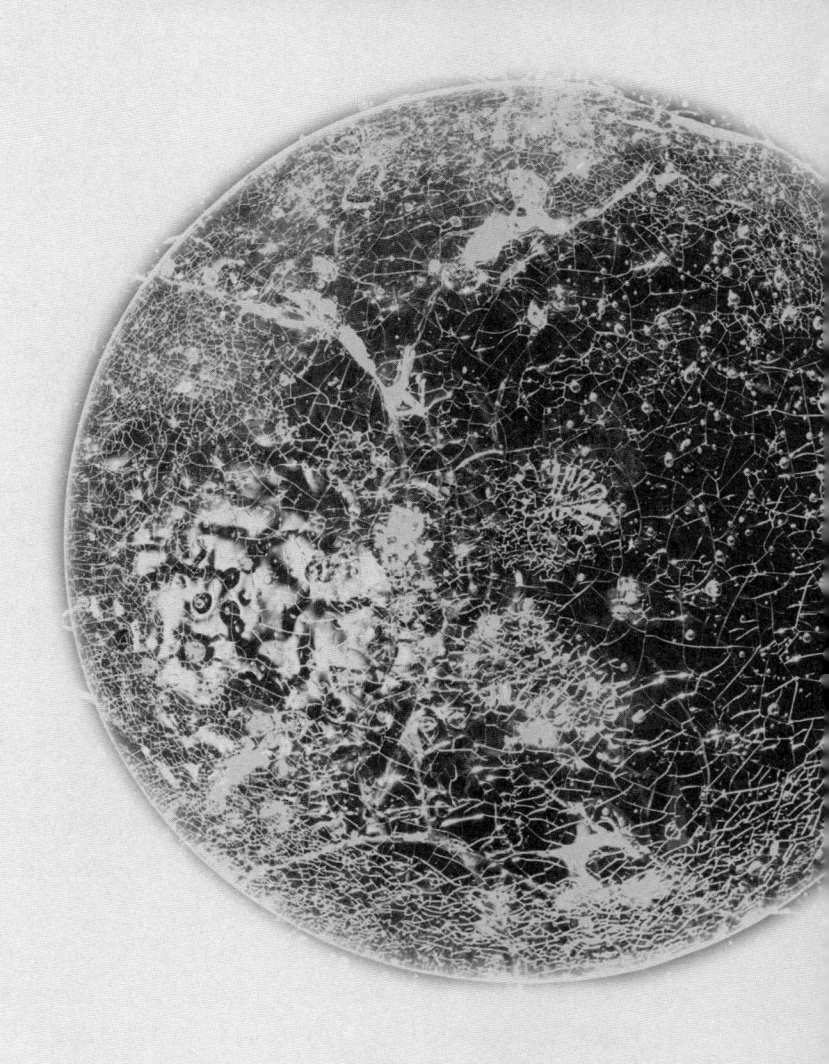

第5章

FTA/EPA交渉と国内改革の2レベル・ゲーム

石黒　馨

1 はじめに

　アジア太平洋経済協力（APEC）は，1994年11月のボゴール宣言で「自由で開かれた域内の貿易と投資」を2020年（先進国については2010年）までに実現することを目標にした。この目標の実現に向け，1995年から1998年にかけて特定の工業製品や農林水産物からなる15分野において，より早く貿易自由化を達成するために早期自主的分野別自由化（Early Voluntary Sectoral Liberalization: EVSL）交渉が行われた。しかし，このAPECの貿易自由化交渉は日本の農林水産省の反対によって成功しなかった。

　EVSL交渉では，貿易自由化の対象に水産物・同加工品，林産物，食料，油量種子などが含まれていた。農林水産省の基本的立場は，「ウルグアイ・ラウンドを超える自由化の譲歩をしない」というものであり，これらの品目の関税削減に反対した。これに対して，当時の通商産業省や製造業分野はEVSL交渉を積極的に推進しようとした。こうしてAPECのEVSL交渉は，関税撤廃を推進しようとする通商産業省・製造業分野と関税削減に反対する農林水産省・農業分野との部門間対立のなかで，拒否権を持つ農林水産省の反対によって失敗した。

　EVSL交渉の失敗から13年後の2011年11月，APECにおいて日本は環太平洋経済連携協定（Trans-Pacific Partnership: TPP）交渉参加に向けて関係国と協議することを表明した。TPPは「例外なき関税撤廃」を基本的な目標

にしている。当然，コメを含む農林水産物の関税撤廃が想定され，この交渉参加をめぐっては多くの議論が交わされている。しかし，今回のTPP参加をめぐる議論では，単に製造業分野（関税撤廃）と農業分野（関税維持）という部門間対立だけではなく，農業政策をめぐる農業部門内の関税撤廃派と関税維持派の対立が注目される。

日本の農業保護について，農業部門内に関税維持（価格支持政策）派と関税撤廃（直接支払い政策）派との新しい対立が生まれている。関税維持派は，従来通り高い農産物価格によって農業保護を行い，生産者の収入／所得を保障すべきであると考える。これに対して，関税撤廃派（農業ビッグバン派とも呼ばれる）は，農産物の価格は市場の需給均衡に任せ，農産物価格の低下が生産者の収入／所得に影響を及ぼす場合には直接支払い（所得補償）によって農業保護を行うべきであるとする。こうして，農業保護をめぐる対立は，EVSL交渉時の製造業分野と農業分野の対立から，TPP交渉時には製造業分野＋農業ビッグバン派（関税撤廃派）とアンチ農業ビッグバン派（関税維持派）の対立に変わっている。

農業保護をめぐる政策対立の背景には，GATTウルグアイ・ラウンド以降の国内外の価格支持政策から直接支払い政策への農政改革がある。日本の直接支払い政策は，2005年の食料・農業・農村基本計画において経営所得安定対策として提案され，2007年度から実施された。その後，2010年度からは戸別所得補償政策として引き継がれている。本章の目的は，農政改革のような国内改革がFTA/EPA交渉にどのような影響を及ぼすかという点について，**2レベル・ゲーム**（two-level games）分析によって検討することである。

2レベル・ゲーム分析とは，国際関係を国際政治と国内政治の相互関係によって分析するアプローチ（Putnam 1988; Mayer 1991, 1992; Evans, Jacobson and Putnam 1993; Iida 1993; Mo 1994, 1995）である。貿易交渉を2レベル・ゲームによって分析した理論研究には，Mayer (1991)，Rosendorff (1996)，Milner and Rosendorff (1997) などがある。この分析を現実の貿易交渉に応用した研究には，Paarlberg (1993, 1997)，Rapkin and George (1993)，Avery (1996, 1998)，Schoppa (1993, 1997)，Mayer (1998)，Rector (2001)，Ishiguro (2007) などがある。

これらの研究のなかでとくに，農産物の貿易自由化や日本の市場開放を扱っ

た研究には，北米自由貿易協定（NAFTA）と米国の農業を分析したアベリー（Avery 1996, 1998），ウルグアイ・ラウンドと各国の農政改革について研究したパールバーグ（Paarlberg 1993, 1997），ウルグアイ・ラウンドと日本のコメ市場開放を検討したラプキンとジョージ（Rapkin and George 1993），日米構造協議と対日圧力を分析したショッパ（Schoppa 1993, 1997），日本の貿易自由化と官僚制多元主義を検討した石黒（Ishiguro 2007）などがある。しかし，これらの研究において農政改革のような国内改革がFTA/EPA交渉に及ぼす影響についてフォーマル・モデルを用いて検討したものはない。パールバーグ（Paarlberg 1993, 1997）は，GATT交渉と米国・EUの農政改革との関係を扱っているが，モデル分析をしているわけではない。

以下，本章は次のように構成される。第2節では，国際通商交渉と農政改革について検討する。ウルグアイ・ラウンドの農業交渉において，①非関税障壁の関税化や，②価格支持政策の抑制と直接支払い政策の促進が合意された。日本の農業政策がこの国際合意の影響を強く受け，価格支持政策から直接支払い政策への転換が行われていることを示す。

第3節では，FTA/EPA交渉と国内改革のフォーマル・モデルを2レベル・ゲームによって構成する。このモデルは，ローゼンドルフ（Rosendorff 1996）やミルナーとローゼンドルフ（Milner and Rosendorff 1997）および石黒（Ishiguro 2007）に依拠しながら，農政改革（直接支払い政策）や構造改革（生産コストの削減）のような国内改革を分析できるように拡張したものである。ここでの国内改革（直接支払い政策）はサイド・ペイメント（Mayer 1992; Rector 2001）としての性質を持っている。

第4節では，国内改革がFTA/EPA交渉に及ぼす影響について検討する。農政改革のような国内改革がFTA/EPA交渉に及ぼす影響は，拒否権を持つ官僚部局の内向き志向の程度によって異なる。政府と内向き志向の官僚部局の選好の乖離が十分に大きい場合には，国内改革は交渉を促進する。両者の選好の乖離が小さい場合には，交渉の結果は政府の政策選好に依存する。両者の選好が十分に近い場合には，交渉結果は交渉相手国の選好によって規定される。

最後に第5節では，本章の分析のまとめを示す。

2 | 国際通商交渉と農政改革

◆ **国際通商交渉**

(1) ウルグアイ・ラウンド合意

　日本の農業政策はGATT・WTOにおける貿易自由化ルールの影響を強く受けている。1993年12月，GATTウルグアイ・ラウンドの農業合意が行われた。この農業合意では，①国境措置，②国内保護，③輸出補助金の削減が合意された。

　第1に，国境措置では，非関税措置の関税化が原則とされるとともに，関税削減（6年間で15%）が合意された。これによって日本の非関税障壁は，コメ以外は撤廃され関税化された。コメは非関税化の代償措置としてミニマムアクセスを認めることになった[1]。その後1999年4月にコメも関税化された。第2に，国内保護では，生産を刺激したり貿易を歪曲したりする政策を実施している場合には，6年間で補助相当額の20%を削減することになった。ここで重要な点は，生産増大に結びつく価格支持政策を抑制し，生産から切り離された所得支持政策を促進する合意が行われたことである。第3に，輸出補助金の削減では，6年間で金額（数量）ベースでは36%（21%）削減することが合意された（服部2004, 1-32頁）。

　ウルグアイ・ラウンド合意以降，農産物の非関税障壁の関税化が実施され，農業保護政策は価格支持から直接支払いへ転換された。国境措置の関税化が行われると，今度はFTA/EPAやTPPのような通商交渉において関税率の削減が課題になる。ただし，関税率の削減は，農産物価格の低下をもたらし，農業生産者の収入や所得の低下をもたらす可能性がある。このような関税削減を想定した農業保護は，日本では2005年の食料・農業・農村基本計画において経営所得安定対策（直接支払い政策）として具体化された。

---

1 ミニマムアクセスとは，関税化を延期する代償として実施された最低輸入機会である。日本のコメのミニマムアクセスは1995年から6年間かけて実施する予定であった。しかし最終年を待たずに1999年に関税化されたので，この時点でのミニマムアクセスは国内消費の7.2%，玄米換算で年77万トンである。

(2) ドーハ・ラウンドの停滞

2001年11月，ドーハ開発ラウンドが開始された。このラウンドの農業交渉でも，①国境措置，②国内保護，③輸出補助金の削減などが議題になったが，各国の対立が目立っている。第1に，国境措置では，大幅な関税削減（米国）と，漸進的な関税削減（EU）や現状維持（日本）との間に対立がある。第2に，国内保護では，緑の政策[2]の規律を強化するか（米国），その政策を弾力化するか（EU・日本）で対立している。第3に，輸出補助金を完全撤廃するか（米国），輸出規律を強化・維持するか（EU・日本）で対立がある。

2003年8月の農業交渉において，国境措置に関して，大幅削減の米国と漸進的削減のEUとの間で妥協案が成立した。この妥協案には，関税の上限設定が示された。この妥協案により，コメのような高関税品目について大幅な関税削減の可能性が出てきた。このような大幅な関税削減への対応策として生産者の収入／所得を補償する直接支払い政策の必要性が高まってきた。しかし，ドーハ・ラウンドは難航し，2011年12月の閣僚会議では全体合意を当面断念した。このように停滞するWTO交渉を補完するものとして近年，世界各地でFTAやEPAが締結されている。

(3) FTA/EPA・TPP交渉

日本は，WTOの多国間交渉を重視しつつ，FTA（Free Trade Agreement）/EPA（Economic Partnership Agreement）もこの間積極的に交渉を進めてきた（表5.1を参照）。これまで日本は，シンガポール（2001年1月），メキシコ（2002年11月），マレーシア（2004年1月），フィリピン（2004年1月），タイ（2004年2月），ASEAN（2005年4月），インドネシア（2005年7月），チリ（2006年1月），ブルネイ（2006年6月），ヴェトナム（2007年1月），インド（2007年1月），スイス（2007年5月），ペルー（2009年5月）と交渉を開始し，合意にいたっている。このほかに，韓国（2003年12月），GCC（湾岸協力会議：

---

2 緑の政策には，①価格支持の効果を持たない（生産増大の効果がない），②公的資金による政策，③70％以下の収入保障といった条件がある（服部2004, 133頁）。ウルグアイ・ラウンド合意では，稲作経営安定対策のような生産調整下の直接支払いは青の政策に分類されている。緑の政策の規律が強化されれば，稲作経営安定対策のような青の政策は削減対象になる。

表 5.1 国際通商交渉と農政改革

年. 月	国際通商交渉	農政改革
1993.12	ウルグアイ・ラウンド農業合意	
1995.11		食糧法
1998.11	APEC の EVSL 交渉決裂	
1999. 4		コメの関税化(ウルグアイ・ラウンド合意)
7		食料・農業・農村基本法
2000. 3		食料・農業・農村基本計画(第1回)
2001. 1	シンガポールと交渉開始 (02/11)	
8		農業構造改革推進のための経営政策
11	WTO・ドーハ開発ラウンド開始	
2002.11	メキシコと交渉開始 (05/4)	
2003. 8		農林水産大臣談話「農業基本計画の見直し」
12	韓国と交渉開始	
2004. 1	マレーシアと交渉開始 (06/7)	JA 全中「FTA に関する基本的考え方」
	フィリピンと交渉開始 (08/12)	
2	タイと交渉開始 (07/11)	
6		農林水産省「EPA の基本方針」
11		農林水産省「みどりのアジア EPA 推進戦略」
2005. 3		食料・農業・農村基本計画(第2回)
4	ASEAN と交渉開始 (08/12)	
7	インドネシアと交渉開始 (08/7)	
10		経営所得安定対策等大綱
2006. 1	チリと交渉開始 (07/9)	
6	ブルネイと交渉開始 (08/7)	
9	GCC と交渉開始	
2007. 1	ヴェトナムと交渉開始 (09/10)	
	インドと交渉開始 (11/8)	
4	オーストラリアと交渉開始	経営所得安定対策の実施
5	スイスと交渉開始 (09/9)	経済財政諮問会議「EPA 交渉の加速, 農業改革の強化」
7		民主党参院選勝利, マニフェストで戸別所得補償を公約
2009. 5	ペルーと交渉開始 (11/5)	
9		民主党鳩山政権, 民主党・FTAAP 構想
2010. 3		食料・農業・農村基本計画(第3回)
4		戸別所得補償政策の実施
11	TTP 参加を検討	政府「食と農林漁業の再生推進本部」
2011. 2		日本経団連「力強い農業の実現に向けた提言」
11	TPP 交渉参加を「関係国と協議」	
2012. 6	モンゴルと交渉開始	

(出所) 筆者作成。交渉開始年月は政府間本交渉, ( ) 内は協定発効年月。ペルーの ( ) 内は署名年月。

2006年9月），オーストラリア（2007年4月），モンゴル（2012年6月）と交渉が継続中である。

　日本のEPAの特徴として，米国やEUと比較し関税撤廃率が低いという点がある。日本は，EPA交渉において農林水産分野，とくにコメ・小麦・豚肉・牛肉・乳製品・砂糖などは関税撤廃の例外品目として扱ってきた。これが低い関税撤廃率の原因になっている。しかし，日本が農林水産物を交渉除外品目とすれば，「利益のバランス」という点から相手国も同様に交渉除外品目を指定する。たとえば，日タイEPAにおいて，日本がコメを交渉除外品目としたために，タイも自動車の関税削減に十分に応えなかった。

　日本が2011年11月に交渉参加に向けて関係国との協議を表明したTPPは，例外なき関税撤廃を目標としており，日本が関心を持つセンシティブな農林水産物もその議論の対象になってくる。このような農林水産物の関税撤廃（価格支持政策の廃止）に対して，民主党政権が対応策としたのが戸別所得補償（直接支払い政策）である。

◆ 価格支持から直接支払いへの農政転換

　ウルグアイ・ラウンド合意以降，日本の農業保護政策は価格支持（消費者負担型）から直接支払い（財政負担型＝納税者負担型）へ大きく転換しつつある。

(1) 価格規制の撤廃

　1995年11月に制定された食糧法は，コメの流通・価格規制を大幅に緩和し，農業における市場原理の導入に道を拓いた。食糧法制定後，コメの価格は基本的には需給関係によって決定されるようになった（2004年4月の改正食糧法によってコメの流通と価格は完全に自由化された）。ただし，コメの供給は生産調整によって管理されているので，生産規制は残されている。

　1999年7月，食料・農業・農村基本法が施行された。この新農業基本法は1961年制定の旧農業基本法の改定であり，農業において市場原理の役割を重視し，政策的には価格政策から経営政策への転換を示した。この新農業基本法をもとに，2000年に食料・農業・農村基本計画（第1回）が作成された。新農業基本法の市場原理の重視や価格政策から経営政策への政策転換の背景には，

(2) 経営所得安定対策

流通・価格の規制緩和は農産物価格を変動させ，農業経営の収入や所得に影響を及ぼす。2001年8月に公表された農林水産省の「農業構造改革推進のための経営政策」には，このような経営リスクを軽減するセーフティネットの構築が提案された。農林水産省で経営安定化に関する議論が本格的に行われたのはこれが最初である（生源寺 2006, 66頁）。さらに，2003年8月の農林水産大臣談話「新たな食料・農業・農村基本計画の策定に向けて」において，品目別の価格・所得安定から地域農業の担い手の経営を支援する品目横断的経営安定対策への移行について検討することが示された。

2005年3月に食料・農業・農村基本計画（第2回）が閣議決定された。この基本計画において，経営所得安定対策（品目横断的経営安定対策）の2つの目的が示された。第1に，諸外国との生産条件の格差を是正すること（生産条件格差是正対策）。第2に，販売収入の変動が経営に及ぼす影響を緩和すること（収入変動緩和対策）[3]。海外との生産条件格差是正はWTO・FTA/EPAなどを意識したものである。このような政策観点の導入は従来のタブーを超えた農政の重要な改革と言われている（生源寺 2006, 39頁）。品目横断的経営安定対策はコメの関税削減の可能性を見据えた政策である。基本計画を実施するために，2005年10月に農林水産省は「経営所得安定対策等大綱」[4]を決定した。2007年度から経営所得安定対策（2008年に水田経営所得安定対策に名称変更）が実施

---

[3] 直接支払い制度には2つの形態がある（生源寺 2006, 74-76, 80-82頁）。第1は，農産物価格低下の補償措置としての直接支払いであり，第2は，農業の外部経済を促進する直接支払い（耕作放棄の防止や農地の面的保全を促す中山間地域等直接支払い）や外部不経済を抑制するための直接支払い（環境保全型直接支払い）である。第1の形態はさらに，①内外価格差を埋め合わせるための直接支払い（麦作経営安定基金・大豆交付金など）と，②生産者の収入／所得を安定させるための直接支払い（稲作経営安定対策，果樹経営安定対策事業）に分けられる。

[4] この大綱において，経営所得安定対策の対象者と対象品目が明確にされた。この政策の対象者は，認定農業者（北海道で10 ha以上，都府県では4 ha以上）や特定農業団体（20 ha以上）である。その対象品目は，①海外との生産条件格差是正としては，麦・大豆・甜菜・でんぷん原料用馬鈴薯であり，②収入変動の影響緩和としては，コメ・麦・大豆・甜菜・でんぷん原料用馬鈴薯である。

された。

(3) 戸別所得補償政策

　2007年7月，民主党が参院選で勝利した。民主党はその選挙公約ですべての販売農家に戸別所得補償をすることを約束した。戸別所得補償政策は直接支払い政策という点では経営所得安定対策と同じである。この戸別所得補償はFTA/EPA締結を促進する政策としても位置づけられていた。2009年8月の衆院選でも民主党は勝利し，民主党政権が発足した。その結果，2010年度からコメを対象に戸別所得補償政策が実施されることになった。

　戸別所得補償の仕組みは，コメのすべての販売農家（経営面積30a以上，または年間販売額50万円以上）に対して生産費と販売価格の差額を交付するものである。戸別所得補償政策の対象は，経営所得安定対策のような規模による制約はなく，生産調整に参加するすべての販売農家である。したがって，この政策は兼業農家や小規模経営農家を排除するものではない。規模によって対象者を限定するのではなく，規模にかかわらず意欲ある農家の規模拡大を促す意図がある。

(4) 農業保護政策の対立

　2011年11月に政府によって表明されたTPPへの参加については国内で賛否が分かれた。このような議論の背景には農業保護をめぐる政策対立がある。

　TPP賛成派は，農業保護において価格支持政策を廃止し，直接支払い（財政負担型農業保護）に転換することを主張する（山下2010）。さらに直接支払いも一定の規模以上の農業経営体に限定することを主張する。彼らによれば関税撤廃や生産調整廃止によって，コメの供給が増大すれば，コメの価格が低下し，コメの国際競争力が向上する。またコメ価格の低下は，生産効率の悪い兼業農家や小規模農家の撤退や，担い手への農地集積を促進する。

　これに対して，TPP反対派は，価格支持政策（関税維持）＋直接支払いによる農業保護（消費者負担型＋財政負担型農業保護）を次のように主張する（鈴木・木下2011）。すなわち，外部経済を伴う農業や農村を維持するためには，関税によって圧倒的多数を占める兼業農家を維持する必要がある。ただし，兼業農家の経営規模は小さいので，集落を単位とした集落営農を担い手として育

成し、農地集積を促進することが期待される。また食料自給率の向上のためにも、関税保護は必要である。

3 | FTA/EPA 交渉と国内改革のモデル

◆ FTA/EPA 交渉の枠組み

(1) アクター

自国と外国の2国間の FTA/EPA 交渉を想定しよう。自国の政治経済制度は**官僚制多元主義**（bureau-pluralism; Ishiguro 2007）であり、FTA/EPA 交渉の主要なアクターは、自国政府の交渉代表者 G、官僚部局 A、外国政府 F とする。自国政府の交渉代表者は、外国政府と関税率の削減について交渉を行う一方で、官僚部局とも FTA/EPA の内容に関して交渉を行わなければならない。国内の消費者や企業・農業生産者は FTA/EPA 交渉に直接参加はしないが、各アクターに政治的圧力をかけ、交渉の結果に影響を及ぼす。

各アクターは、政治的支持を最大にするように自国と外国の関税率の削減について交渉する。各アクターは、消費者や企業など国内構成員からの政治的支持を得ようとする。消費者は消費者余剰の増大に、企業は利潤の増大に関心を持っている。自国の関税率の低下（上昇）は消費者余剰を増大（減少）させるが、企業利潤を減少（増大）させる。このような仮定のもとで、各アクターは、消費者や企業の利害を考慮しながら、政治的支持を最大にするように交渉を行う。

(2) ゲームツリー

この FTA/EPA 交渉は **2段階ゲーム**（2 stage-game）として行われる（図5.1 を参照）。第1段階は自国と外国の政策決定に関するゲームであり、第2段階は各国の経済主体の消費・生産（供給）の最適化行動に関するゲームである。第1段階のゲームで両国の関税率が決定された後、第2段階のゲームが始まり、各国の消費者や企業が最適化行動を行う。

第1段階の関税率の削減に関する交渉は国際交渉（政府間）と国内交渉（政

図 5.1 ゲームツリー

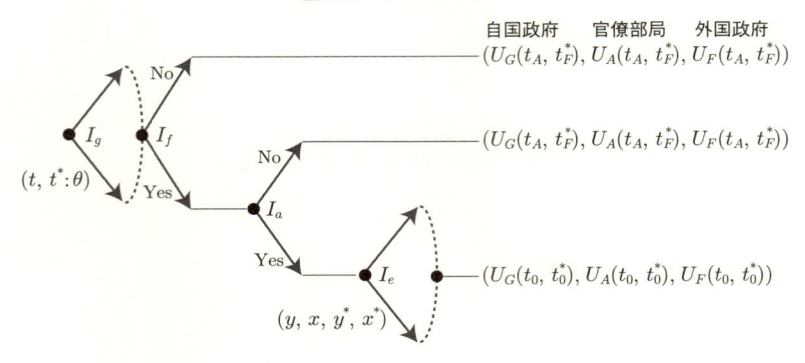

自国政府　官僚部局　外国政府

I_g — No — $(U_G(t_A, t_F^*), U_A(t_A, t_F^*), U_F(t_A, t_F^*))$

$(t, t^*:\theta)$

I_f — No — $(U_G(t_A, t_F^*), U_A(t_A, t_F^*), U_F(t_A, t_F^*))$

Yes — I_a

Yes — I_e — $(U_G(t_0, t_0^*), U_A(t_0, t_0^*), U_F(t_0, t_0^*))$

(y, x, y^*, x^*)

府と官僚部局)の2つのレベルで行われる。この交渉では,自国政府の交渉代表者が交渉内容の提案権を持ち,外国政府と官僚部局が**拒否権** (veto) を持つとする。図 5.1 の**情報集合** (information set) I_g で,自国政府の交渉代表者が関税率の削減に関してある提案を行う。外国政府がそれを受け入れれば(情報集合 I_f),その提案は官僚部局に送られる。もし官僚部局がその提案に同意すれば(情報集合 I_a),政府間の合意は成立する。情報集合 I_e では,政府間で合意された両国の関税率をもとに経済主体が消費・生産(供給)の最適化行動を行う。官僚部局も外国政府も,交渉開始時点よりも高い政治的支持を得られる提案を拒否しないとする。もしどちらかが拒否すれば,交渉は決裂する。

(3) **情報構造とゲームの均衡**

各アクターの選好やゲームのルールは共有知識であり,情報の不完全性や不完備性はないとする。またこの通商交渉の均衡概念は**部分ゲーム完全均衡** (subgame perfect equilibrium) とする。

◆ **アクターの目的関数**

後ろ向き帰納法に従って,まず第 2 段階の経済均衡を明らかにし,その後で第 1 段階の通商交渉の均衡を求めよう。

(1) 経済均衡

標準的な国際貿易理論を用いて経済モデルを構成しよう（Rosendorff 1996）。2国2財からなる経済を想定し，各国の市場は分断されているとする。

自国の家計の効用関数 u を $u = aX - (1/2)bX^2 + v$ とする。X は両国企業が生産する同質的な不完全競争財[5]の自国の消費量である。v は両国で競争的に生産される価値尺度財[6]であり，その世界市場と国内市場の価格を1とする。外国についても同型の効用関数を想定する。効用最大化の条件[7]から，$p = a - bX$, $p^* = a^* - b^*X^*$ のような X (X^*) 財の逆需要関数が得られる。p (p^*) は X (X^*) 財の自国（外国）の市場価格，a (a^*) と b (b^*) はパラメータである。このとき日本（外国）の X (X^*) 財の消費者余剰 CS (CS^*) は，$CS = (1/2)bX^2$, $CS^* = (1/2)b^*X^{*2}$ のようになる。

X 財を生産する企業が両国に1つずつ存在し，それらの企業は財を両国市場へ供給するとしよう。このとき，両国市場での総供給量 (X, X^*) は，$X = y + x$, $X^* = y^* + x^*$ である。ここで，y (y^*) は自国企業の自国（外国）市場への供給量，x (x^*) は外国企業の自国（外国）市場への供給量を表す。

X 財部門の自国企業の利潤 π は，両国市場への販売額から生産コストと関税を控除し，直接支払い（生産補助金）を加えたものであり，次のようになる。

$$\pi = yp(X) + y^*p^*(X^*) - c(y + y^*) + \theta y - t^* y^*$$

c は自国企業の限界費用（所与），t^* は外国の関税率，θ は自国の生産補助金を表す。外国市場への輸送費はないとする。外国企業の利潤 π^* も同様に表すことができる。

$$\pi^* = xp(X) + x^*p^*(X^*) - c^*(x + x^*) + \theta^* x^* - tx$$

t は自国の関税率，c^* は外国企業の限界費用（所与），θ^* は外国の生産補助金である。

---

[5] 不完全競争財とは，財・サービスの市場価格に影響を及ぼすことができる独占企業や寡占企業によって生産される財である。

[6] 価値尺度財とは，その経済において価値の基準になっている財のことである。

[7] 効用最大化の条件は，家計の効用関数を，家計の予算制約を考慮しながら，X について微分することによって得られる。

両国の企業は各国の関税率（t, t^*）を所与として**クールノー競争**（Cournot competition）を行うとしよう。このとき内点解[8]を仮定すれば，自国市場での各企業の均衡供給量（y, x）が以下のように得られる。

$$y = \frac{a - 2c + c^* + 2\theta + t}{3b}$$
$$x = \frac{a + c - 2c^* - \theta - 2t}{3b}$$

外国市場での各企業の均衡供給量（y^*, x^*）も同様にして得られる。

$$y^* = \frac{a^* - 2c + c^* - \theta^* - 2t^*}{3b^*}$$
$$x^* = \frac{a^* + c - 2c^* + 2\theta^* + t^*}{3b^*}$$

自国の関税率 t が上昇した場合の経済効果は次のようになる。自国の関税率 t の上昇は，自国企業の供給量 y を増大させ（$\partial y/\partial t = 1/3b > 0$），外国企業の供給量 x を減少させ（$\partial x/\partial t = -2/3b < 0$），自国の消費量 X を減少させる（$\partial X/\partial t = -1/3b < 0$）。また，消費者余剰 CS は自国の関税率 t の減少関数であり（$\partial CS/\partial t = -(2a - c - c^* + \theta - t)/9b < 0$），企業利潤 π は自国の関税率 t の増加関数（$\partial \pi/\partial t = 2(a - 2c + c^* + 2\theta + t)/9b > 0$），外国の関税率 t^* の減少関数（$\partial \pi/\partial t^* = -4(a^* - 2c + c^* - \theta^* - 2t^*)/9b < 0$）である。

直接支払い（生産補助金）θ が増大した場合の経済効果は次のようになる。自国の生産補助金 θ の増大は，自国企業の供給量 y を増大させ（$\partial y/\partial \theta = 2/3b > 0$），外国企業の供給量 x を減少させ（$\partial x/\partial \theta = -1/3b < 0$），自国の消費量 X を増大させる（$\partial X/\partial \theta = 1/3b > 0$）。また，消費者余剰 CS は自国の生産補助金 θ の増加関数であり（$\partial CS/\partial \theta = (2a - c - c^* + \theta - t)/9b > 0$），企業利潤 π は自国の生産補助金 θ の増加関数（$\partial \pi/\partial \theta = (a - 2c + c^* + 2\theta + t)/9b > 0$）である。

関税と直接支払い（生産補助金）はともに自国企業の利潤を増大させるが，消費者への影響は異なる。関税 t の場合には，国内価格を上昇させ，消費者余

---

[8] 内点解とは，ここでは企業の均衡供給量がともに $y > 0$，$x > 0$ となるような解である。この場合，$y = 0$，$x = 0$ となる解は，仮定によって除かれる。

剰を減少させ，消費者負担によって企業利潤を増大させる．これに対して直接支払い θ の場合には，国内価格を低下させ，消費者余剰を増大させ，財政負担（納税者負担）によって企業利潤を増大させる．

関税は消費者に広く薄く負担を求め，税の徴収が比較的容易であるために政策手段として採用されてきた．しかし関税は消費の歪みをもたらすとともに，施策の対象者を明確に特定できないという問題がある．これに対して，直接支払いは消費への歪みがなく，施策の対象者を明確にすることができる．これが価格支持から直接支払いへの政策転換の経済学的理由である．ただし，直接支払いは，実際の運用の場合には施策対象者の選定や施策の実施に伴う行政費用が大きいという問題がある．

(2) 政治的支持関数

この FTA/EPA 交渉には自国政府 G，官僚部局 A，外国政府 F が直接的に関与する．各アクターの**政治的支持関数**（political support function; Milner and Rosendorff 1997）を次のように想定しよう．

$$U_i(t, t^*) = CS + s_i \pi - \theta y + tx, \qquad i = G, A$$
$$U_F(t, t^*) = CS^* + s^* \pi^* - \theta^* x^* + t^* y^*$$

各アクターの政治的支持関数 U_i $(i = G, A, F)$ は，消費者余剰 (CS, CS^*)，企業利潤 (π, π^*)，直接支払い $(\theta y, \theta^* x^*)$ および関税収入 $(tx, t^* y^*)$ から構成される．ここで，関税収入や補助金は，政府によって徴収され，消費者や企業に支給される．s_i や s^* は，消費者余剰や直接支払いおよび関税収入に対する企業利潤のウェイトを表す．これは企業の政治的圧力を表し，s_i や s^* の増大は政府や官僚部局に対する政治的圧力の強化を示す．

直接支払い θ の政治的支持関数への効果は，補助金支出や関税収入の減少が十分に小さければ，消費者余剰や企業利潤の増大によって増大する（$\partial U_i/\partial \theta = [(2a-(c-\theta)-(c^*+t))+(a-2c+c^*+2\theta+t)(4s_i-3)-6\theta-3t]/9b > 0$）．

(3) 最適関税率

各アクターの政治的支持を最大にする**最適関税率**（optimum tariff rate）について検討しよう．各アクターは，その政治的支持を最大化する関税率 t_i，

$t_i^*(i=G,A,F)$ を選択するとしよう。

$$(t_i, t_i^*) = \arg\max U_i(t, t^*), \qquad i = G, A$$
$$(t_F, t_F^*) = \arg\max U_F(t, t^*)$$

この問題を解くと，自国の政府と官僚部局の最適関税率 $t_i\,(i=G,A)$ と外国政府の最適関税率 t_F^* が以下のように得られる。

$$t_i = bx + (1/2)(2s_i - 1)by - (1/2)\theta$$
$$t_F^* = b^*y^* + (1/2)(2s^* - 1)b^*x^* - (1/2)\theta^*$$

自国（外国）の最適関税率 t_i (t_F^*) が正になるための十分条件は，$s_i \geqq 1/2$ $(s^* \geqq 1/2)$ でかつ θ (θ^*) が十分に小さいことである。

直接支払い（生産補助金）θ の増大が自国の政府や官僚部局の最適関税率 t_i $(i = G, A)$ に及ぼす効果は以下のようになる。

$$\frac{\partial t_i}{\partial \theta} = (1/6)(4s_i - 7) \tag{5.1}$$

この式において，$s_i < 7/4$ のとき，直接支払い θ の増大は最適関税率 t_i を低下させる（$\partial t_i/\partial \theta < 0$）。すなわち，政治的圧力 s_i $(i = G, A)$ が十分に小さい場合，直接支払いによって政府や官僚部局の最適関税率 t_i $(i = G, A)$ は低下する。同様に，外国企業の政治的圧力 s^* が十分に小さい場合，外国の直接支払いは外国政府の最適関税率 t_F^* を低下させる（$\partial t_F^*/\partial \theta^* < 0$）。

構造改革（生産コスト c の削減）が自国の政府や官僚部局の最適関税率 t_i $(i = G, A)$ に及ぼす効果は以下のようになる。

$$\frac{\partial t_i}{\partial c} = \frac{2(1 - s_i)}{3} \tag{5.2}$$

この式において，$s_i < 1$ のとき，生産コスト c の低下は最適関税率 t_i を低下させる（$\partial t_i/\partial c > 0$）。すなわち，政治的圧力 s_i $(i = G, A)$ が十分に小さい場合，構造改革によって政府や官僚部局の最適関税率 t_i $(i = G, A)$ は低下する。同様に，外国企業の政治的圧力 s^* が十分に小さい場合，外国の構造改革は外国政府の最適関税率 t_F^* を低下させる（$\partial t_F^*/\partial c^* > 0$）。

自国の政府と官僚部局の最適関税率 t_i $(i = G, A)$ の値は，消費者余剰と企業利潤に対するウェイト s_i $(i = G, A)$ によって異なる。企業利潤を重視す

れば（s_i が大きい），より高い関税率を選好し，消費者余剰を重視すれば（s_i が小さい），より低い関税率を選好する．以下では，官僚部局は，消費者余剰よりも企業利潤に関心を持ち，政府よりも保護主義としよう．官僚部局は政府よりも，企業や農業生産者との関係が強い．それゆえ，消費者余剰よりも企業利潤に強い関心を持つことになる（$s_A > s_G$）．このとき，官僚部局の最適関税率は政府よりも高くなる（$t_A > t_G$）．

政府や官僚部局は，外国の関税率についても望ましい関税率 t_i^*（$i = G, A$）を持っている．外国の関税率は自国の消費者余剰には影響しないが，自国の企業利潤には影響を及ぼす．外国の関税率の削減は，自国の企業利潤を増大させ，政府や官僚部局に対する政治的支持を高める．よって政府も官僚部局も，外国の最適関税率については $t_G^* = t_A^* = 0$ となり，完全撤廃を望む．

(4) 目的関数

各アクターの政治的支持関数を簡単な損失関数によって近似しよう（Milner and Rosendorff 1997）．各アクターは，関税率の最適水準と現実水準との差を最小化するように行動するとする．自国政府と官僚部局および外国政府の目的関数 U_i（$i = G, A, F$）は，それぞれ次のように表される．

$$U_i(t, t^*) = -(t - t_i)^2 - (t^* - t_i^*)^2, \quad i = G, A$$
$$U_F(t, t^*) = -(t - t_F)^2 - (t^* - t_F^*)^2$$

政府も官僚部局も外国の関税については完全撤廃を望む（$t_G^* = t_A^* = 0$）．同様に，外国政府も自国の関税については完全撤廃を望む（$t_F = 0$）．このような目的関数の想定によって，各アクターの政治的支持の無差別曲線は円形になる．各アクターは，それぞれ最適な関税率の組合せ，すなわち理想点 $U_G(t_G, 0)$，$U_A(t_A, 0)$，$U_F(0, t_F^*)$ によって政治的支持を最大化することができる．現実の関税率が**理想点**（ideal point）から乖離すれば，それだけ各アクターの政治的支持は低下する．

◆ FTA/EPA の交渉可能領域

自国と外国の政府が**ナッシュ均衡**（Nash equilibrium）を現状として双方の

142　第Ⅲ部　民主主義と合意形成

図 5.2　FTA/EPA の交渉可能領域

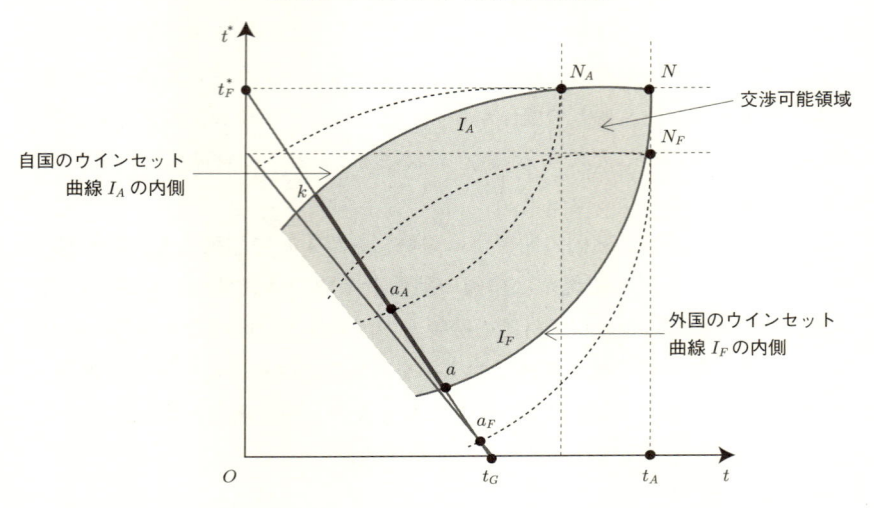

関税率の削減について交渉するとしよう。自国の官僚部局は自国の関税率に対して最終的な決定権を持っているとする。すなわち，政府間交渉で合意した内容について官僚部局の同意が必要になり，官僚部局が拒否すれば，FTA/EPA は成立しない。このとき，官僚部局の反応関数と外国政府の反応関数の交点で，ナッシュ均衡における両国の関税率 (t_A, t_F^*) が決定される。

図 5.2 はこの FTA/EPA 交渉の 1 つの状況を表している。横軸は自国の関税率 t，縦軸は外国の関税率 t^* を表す。$(t_G, 0)$，$(t_A, 0)$，$(0, t_F^*)$ はそれぞれ自国政府 G，官僚部局 A，外国政府 F の理想点を表す。ナッシュ均衡は $N(t_A, t_F^*)$ で表される。点 N を通る外国政府と官僚部局の無差別曲線が I_F と I_A のように表される。官僚部局は現状（ナッシュ均衡）よりも高い政治的支持を得られる提案を批准するとしよう。このとき，無差別曲線 I_A より高い政治的支持を表す集合が自国の**ウインセット**（winset）になる。同様に，外国のウインセットは，無差別曲線 I_F より高い政治的支持を表す集合である。FTA/EPA 交渉が行われるためには，この両国のウインセットが重ならなければならない。両国のウインセットが重なる部分が交渉可能領域（図5.2 のグレーの部分）である。

この図の外国政府と自国政府の理想点 $(0, t_F^*)$ と $(t_G, 0)$ を結ぶ直線 $t^* = -(t_F^*/t_G)t + t_F^*$ は，契約曲線である。FTA/EPA 交渉は，両国のウインセッ

トに挟まれた契約曲線（図 5.2 の太い線の ka）上で行われる。自国の政府と官僚部局の契約曲線は，両者の理想点 $(t_G, 0)$ と $(t_A, 0)$ を結ぶ横軸の一部である。両国政府は，効率的な交渉可能集合内において，自己の理想点にできるだけ近い点を得ようとする。このとき，FTA/EPA 交渉の結果は，どちらの政府に提案権があるかによって異なる。ここでは，自国政府に提案権があるとする。

4 　国内改革の FTA/EPA 交渉への影響

国内改革（農政改革や構造改革）が FTA/EPA 交渉の均衡に及ぼす影響について検討しよう。ここでの FTA/EPA 交渉の要点は，拒否権を持つアクター（官僚部局・外国政府）のナッシュ均衡を国内改革によって動かすことにある。このナッシュ均衡の移動において重要なのは，保護主義的な官僚部局の最適関税率 t_A を下げることである。最初に FTA/EPA 交渉の均衡と国内改革との関係を求め，その後，国内改革の動向が FTA/EPA 交渉の均衡に及ぼす影響について検討しよう。

◆ FTA/EPA 交渉の均衡と国内改革

(1) FTA/EPA 交渉の均衡

通商交渉の均衡における関税率 (t_0, t_0^*) は次のようになる。自国政府は (t_0, t_0^*) を提案し，官僚部局と外国政府はそれを受け入れる。

$$(t_0, t_0^*) \begin{cases} (t_a, t_a^*) & t_A - t_G < t_Z - t_G \text{ のとき} \\ (t_G, 0) & t_Z - t_G < t_A - t_G < t_F^* \text{ のとき} \\ (t_d, 0) & t_F^* < t_A - t_G \text{ のとき} \end{cases}$$

ここで，$t_d = t_A - t_F^*$ であり，t_Z は $U_F(t_G, 0) = U_F(t_Z, t_F^*)$ によって定義される。また (t_a, t_a^*) は以下のように定義される。

$$(t_a, t_a^*) = \arg\max U_G(t, t^*) \quad s.t. \begin{cases} U_A(t, t^*) \geqq U_A(t_A, t_F^*) \\ U_F(t, t^*) \geqq U_F(t_A, t_F^*) \\ t^* = -(t_F^*/t_G)t + t_F^* \end{cases}$$

(t_a, t_a^*) は，契約曲線上にあり，かつ外国政府にナッシュ均衡（現状）と同じ水準の政治的支持 ($U_F(t_a, t_a^*) = U_F(t_A, t_F^*)$) を与えるような自国と外国の関税率である。

このFTA/EPA交渉では完全情報を仮定しているので，自国政府は，国内の官僚部局が同意し，外国政府が受け入れるような提案をする。自国政府の提案は官僚部局と外国政府に必ず受け入れられるが，合意内容がGATT 24条[9]を満たすか否かはわからない。この交渉の結果は，アクターの最適関税率 (t_G, t_A, t_F^*) と，政府と官僚部局の選好の乖離 $t_A - t_G$ という2つの変数によって決定される。FTA/EPA交渉の均衡は3つの領域に分けられる。

領域①（$t_A - t_G < t_Z - t_G$）： 自国政府が自由貿易志向で，政府と官僚部局の選好が十分に近い場合には，自国政府と外国政府は契約曲線上の (t_a, t_a^*) を合意する。自国の関税率 t_a は自国政府の最適関税率 t_G より低く，外国の関税率 t_a^* も外国政府の最適関税率 t_F^* より低い。

領域②（$t_Z - t_G < t_A - t_G < t_F^*$）： 官僚部局の選好はより保護主義的であるが，政府と官僚部局の選好がなお近似している場合には，FTA/EPA交渉の結果は自国政府の理想点 ($t_G, 0$) になる。このとき，外国の関税率は完全に撤廃される。

領域③（$t_F^* < t_A - t_G$）： 官僚部局の保護主義がさらに強まり，自国の政府と官僚部局の選好が十分に乖離する場合には，FTA/EPA交渉の結果は ($t_d, 0$) となる。自国の関税率 t_d は自国政府の最適関税率 t_G より高く，外国の関税率は完全に撤廃される。

---

[9] GATT 24条はFTAの要件として次の2点を課している。第1に，実質上すべての貿易について関税等を廃止すること。第2に，FTAメンバー以外の国に対する関税率等を引き上げないこと。

(2) 国内改革

領域① ($t_A - t_G < t_Z - t_G$) において，各国政府が直接支払い政策や構造改革を実施した場合に，FTA/EPA交渉の均衡に及ぼす影響について検討しよう。

直接支払い政策は，最適関税率 t_i ($i = G, A$)，t_F^* を低下させ ((5.1) 式)，各国のウインセットや交渉可能領域に影響を及ぼす。直接支払い政策はどの国で実施されるかによってFTA/EPA交渉の結果は異なる。図5.2において点 a を初期の均衡とする。このとき，たとえば自国が直接支払い θ を増加し，自国の官僚部局の最適関税率 t_A が低下する場合（点 a → 点 a_A）には，自国の関税率 t_a が低下し，外国の関税率 t_a^* は上昇する。他方，外国が直接支払い θ^* を増加し，外国政府の最適関税率 t_F^* が低下する場合（点 a → 点 a_F）には，自国の関税率 t_a が上昇し，外国の関税率 t_a^* は低下する。構造改革の影響も基本的には同じである。

◆ 官僚部局の内向き志向と国内改革の効果

官僚部局が内向き志向の場合に，直接支払い政策や構造改革のような国内改革はFTA/EPA交渉の結果にどのような影響を及ぼすのであろうか。

(1) 交渉可能領域

図5.3は，政府と官僚部局の選好の乖離が大きい場合に，国内改革がFTA/EPA交渉の結果に及ぼす影響を表している。自国政府の選好 t_G を所与として，直接支払いの増大によって官僚部局の最適関税率 t_A が t_{A1} に低下すると，政府と官僚部局の選好の乖離 $t_A - t_G$ が小さくなる。官僚部局の最適関税率 t_A の低下は，交渉決裂の場合のナッシュ均衡 N を左に移動させ（点 N → 点 N_1），自国のウインセットを拡大し，FTA/EPA締結の可能性を高める。直接支払いは，ウインセットを広げる**サイド・ペイメント** (side payment; Putnam 1988, p.450) であり，交渉代表者が拒否権を持つ国内構成員に対して用いる**緩和戦略** (cutting slack; Evans, Jacobson and Putnam 1993, p.28) の1つである。

官僚部局の最適関税率 t_A の低下とともに，両国のウインセットで囲まれ

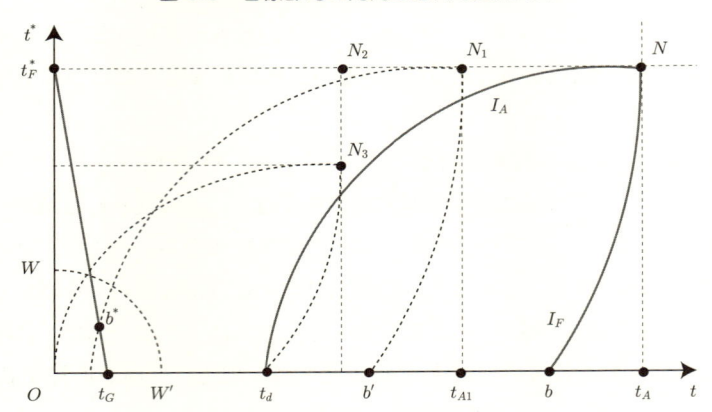

図 5.3　官僚部局の内向き志向と国内改革

た効率的な交渉可能領域が左方に移動する。領域③（$t_F^* < t_A - t_G$）のように，官僚部局の最適関税率が高く，両者の選好が十分に乖離する場合には，効率的な交渉可能領域は $t_d b$ になる。このとき，FTA/EPA 交渉の結果は $(t_d, 0)$ である。自国の関税率 t_d は政府の最適関税率 t_G よりも高い。このような場合には，FTA/EPA 交渉としては失敗する可能性が高い（図 5.3 の OWW' は GATT 24 条の制約条件を表す）。

直接支払いの増大の結果，領域②（$t_Z - t_G < t_A - t_G < t_F^*$）のように自国政府の理想点 $(t_G, 0)$ が効率的な交渉可能領域 $b^* t_G b'$ のなかにある場合には，自国政府はこの理想点 $(t_G, 0)$ を提案する。このとき，官僚部局も外国政府もナッシュ均衡 N_1 よりも政府の提案を選好し，自国政府の提案を受け入れる。官僚部局の選好 t_A が政府の選好 t_G に十分に近接し，交渉可能領域の中に自国政府の理想点 $(t_G, 0)$ がある限り，この理想点 $(t_G, 0)$ が通商交渉の結果になる。

(2)　交渉結果

図 5.4 は，政府の最適関税率 t_G を所与として，国内改革の結果として官僚部局の最適関税率 t_A が低下し，政府と官僚部局の選好の乖離 $t_A - t_G$ がしだいに小さくなる場合に，FTA/EPA 交渉への影響を表している。横軸は，官僚部局の内向きの程度 $t_A - t_G$ を表す。原点に近いほど，$t_A - t_G$ の値は大きい。縦軸は通商交渉の結果決まる自国の関税率 t_0 を表す。官僚部局の内向き

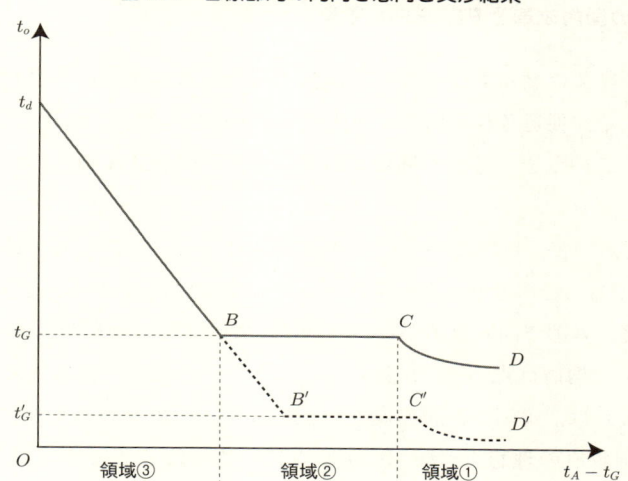

図 5.4 官僚部局の内向き志向と交渉結果

志向 $t_A - t_G$ と FTA/EPA 交渉の結果 t_0 には次のような関係がある。

第 1 に，FTA/EPA 交渉の結果決まる自国の関税率 t_0 は，官僚部局の内向き志向 $t_A - t_G$ が弱くなるにつれ低下する（曲線 $t_d BCD$）。領域③では，官僚部局の最適関税率 t_A の低下に比例して，自国の関税率 t_0 は低下する。領域②では，官僚部局の内向き志向とは独立に，政府の理想点 $(t_G, 0)$ が交渉結果となる。官僚部局の内向き志向がさらに弱まり領域①にいたると，外国政府のウインセットに制約され，自国の関税率は低下する。

第 2 に，通商交渉の結果決まる自国の関税率 t_0 は，自国政府の最適関税率 t_G によって異なる。図 5.4 の曲線 $t_d B' C' D'$ は，自国政府がより自由貿易志向の場合（$t_{G'} < t_G$）の通商交渉の結果を表す。自国政府が自由貿易志向を強める場合には，自国の関税率は，保護主義的な政府の場合と同じかそれよりも低くなる。自国政府が自由貿易志向であり，かつ政府と官僚部局の選好の乖離が小さいほど，通商交渉の結果決まる自国の関税率は低くなる（領域①の $C'D'$ 上を右下に移動）。領域③では，政府の自由貿易志向の相違は交渉結果には影響しない。

◆ 両国の国内改革と FTA/EPA 交渉

WTOの農業合意によって各国で価格支持から直接支払いへ農政が転換され，国内改革が促進される場合，交渉可能領域の中に原点 (0,0) が入る可能性がある。このとき，各国の関税が撤廃され，FTA/EPA 締結の可能性が高まる。

図5.3において，自国で国内改革が促進されると，官僚部局の最適関税率 t_A が低下する。このとき，たとえばナッシュ均衡は点 N から点 N_2 に移動する。この後，外国で国内改革が行われれば，外国政府の最適関税率 t_F^* が低下し，ナッシュ均衡は点 N_3 に移動する。こうして，交渉可能領域の中に原点 (0,0) が入れば，両国の関税撤廃が可能になる。そのための条件は，提案権を持つ自国政府の理想点 $(t_G, 0)$ が原点に一致することである。このとき，提案権を持たない外国政府の理想点が原点に一致する必要はない。

5 国内改革が国際交渉に果たす役割

本章は，国内改革がFTA/EPA交渉に及ぼす影響について2レベル・ゲーム分析によって検討した。本章の主要な結論は以下のようにまとめられる。

直接支払い政策や構造改革のような国内改革がFTA/EPA交渉に及ぼす効果は，拒否権を持つ官僚部局の内向き志向の程度によって異なる。政府と内向き志向の官僚部局の選好の乖離が十分に大きい場合には，国内改革はFTA/EPA交渉を促進する。両者の選好の乖離が小さい場合には，交渉の結果は政府の政策選好に依存する。両者の選好が十分に近い場合には，交渉結果は交渉相手国の選好によって規定される。

ウルグアイ・ラウンドの農業合意は，ドーハ・ラウンドに新たな課題を提供し，そのためにこのラウンドは難航している。しかし，GATT・WTOの合意（価格支持から直接支払いへの政策転換）は，FTA/FPA交渉の促進には重要な役割を果たしている。

◆ さらに読み進む人のために

石黒馨（2007）『入門・国際政治経済の分析――ゲーム理論で解くグローバル世界』勁草書房。
2レベル・ゲームによる国際通商交渉分析のいくつかの事例を収録。

Putnam, R. D. (1988) "Diplomacy and Domestic Politics: The Logic of Two-Level Games," *International Organization*, 42 (3): 427-460.
国際関係の分野で2レベル・ゲームのアイデアを最初に明確に提示した論文。

Milner, H. and P. Rosendorff (1997) "Democratic Politics and International Trade Negotiations: Elections and Divided Government as Constraints on Trade Liberalization," *Journal of Conflict Resolution*, 41 (1): 117-146.
国際通商交渉に関する2レベル・ゲームの基本的な論文。

Ishiguro, K. (2007) "Trade Liberalization and Bureau-pluralism in Japan: Two-Level Game Analysis," *Kobe University Economic Review*, 53: 9-30.
日本の官僚制多元主義を考慮した通商交渉の2レベル・ゲーム分析。

第6章

対人地雷禁止条約形成のゲーム

林　光

1　はじめに

◆ 対人地雷禁止条約形成をめぐるパズル

　世界各地における国家間あるいは国家内の対立・衝突は後を絶たない。そうした各種の紛争に登場した兵器のうち，戦闘に直接従事しない一般市民に大きな被害を与えるものでありながら，長らく規制の対象外であったものが存在する。その代表例が地雷である。

　地雷は防御用兵器として重宝されてきたが，戦闘員・非戦闘員を区別なく襲うという無差別性を持つ。その被害者には多くの子供や女性たちが含まれる。また，たとえ紛争が終結しても，いったん埋設された地雷は長きにわたってその場で被害者を待ち受けることから，避難民の帰還やその生活再建の妨げとなる。このように地雷は紛争中はもとより紛争後においても人々の生活に暗い影を落とす。

　対人地雷は，甚大な人道的被害をもたらすものでありながら，その規制は長らく放置されてきた。しかし，1990年代に入ると対人地雷の使用禁止・全廃を訴える国際的な運動は急速に盛り上がり，**オタワプロセス**と称される多国間交渉の結果，1997年の**対人地雷禁止**（別名**オタワ**）**条約**の締結として結実した。そもそも地雷の規制は，**特定通常兵器使用禁止制限条約**（Convention on Certain Conventional Weapons: CCW）の下で，1980年議定書およびその1996

年改定議定書により一応の合意が達成されたが、対人地雷の被害軽減という観点からは、この規制はきわめて不十分なものであった。一定の要件を満たす地雷の生産・使用を許容する CCW と比べると、対人地雷に限定してではあるが、使用・保有・開発・移転を全面的に禁止し、敷設地雷の全面除去と保有分の全面破棄を定めるオタワ条約の規制は、画期的であった。

限定的な規制から全面的な規制へというこのような劇的転換は、いかにして可能になったのだろうか。

◆ コンストラクティビズムに基づく説明

従来は、こうした現象の説明は、コンストラクティビズムの独壇場であった。たとえばプライス（Price 1998）や足立（2004）は、対人地雷を絶対悪とする規範の拡散こそがオタワ条約締結につながる各国の選好と行動の変化をもたらしたとする。同時に、この規範の拡散に対する国際 NGO の寄与も強調されるのが常である。しかし、こうしたコンストラクティビズムによる説明には、次のような2つの危険が内在する。

第1に、ある主体の選好を知るには、直接的に観測する術がない以上、実際にとられた行動から推測するしかない。すると、どんな行動の変化も、選好の変化によるものとしてしまえば、その主張は反証不能になってしまう（同義反復の危険）[1]。

第2に、規範の拡散と各国の行動の変化には、本当に因果関係があるのか、単なる相関関係にとどまるのではないか、という疑問も拭えない（内生性の危険）[2]。

---

[1] コンストラクティビズムによれば、規範の拡散により選好の変容が引き起こされ、それが結果の違いになって現れたということになる。しかし、この主張には難点がある。ひとたび選好の安定性を放棄すれば、結局あらゆる社会現象を選好の変容として説明することが可能となるからである。これは安易な後づけの説明につながりやすい。まして、その変数が観測困難であるならばなおさらそうした濫用の危険性は高まる。

[2] 規範の受容と行動の変化がほぼ同時に現れたとしてみよう。これをもって「規範の拡散が原因となって行動の変化という結果を生んだ」と結論づけるのは早計である。相関関係は必ずしも因果関係を含意しないからである。多くのコンストラクティビストが、規範の拡散が行動の変化をもたらすとするとき、逆方向の因果関係の可能性を見落としが

このような危険をはらむコンストラクティビズム的説明に対し,「安定した選好」を仮定する合理主義的説明が同じ現象を首尾一貫して説明できたとすれば,合理主義的説明のほうが簡潔性(parsimony)や一般化可能性の点でより優れていることになる。

◆ 合理主義に基づく説明

(1) 合理主義の基本的前提

では,合理主義では同じ現象をどのように説明できるだろうか。合理主義的説明では,安定した選好を仮定したうえで議論を組み立てる。行動の変化があるとすれば,それは外的環境や外的制約の変化に起因すると考える。これは,選好が変化しないと主張するものではない。あえて選好の変化の可能性を理論のなかに取り込むことを諦め,その代償として理論の一貫性を確保しようとしているのである。仮に選好の変化がありえたとしても,それを理論のなかに取り込もうとすれば同義反復に陥る危険が避けられないことを考慮した次善の措置である。

(2) 多国間交渉における手続ルール

対人地雷条約の形成において,外的環境や外的制約に相当するものは何だろうか。さまざまなものがありうるが,ここでとくに注目するのは,条約の形成過程における多国間交渉の様式,とくにその**手続ルール**である。多国間交渉は実質ルールを取り決めることが主要目的となるが,同時に,そのための手続ルールも定められるのが常である。多国間交渉の手続ルールが新しいものへと変われば,新ルールの下で新しい行動が最適となり,それにあわせて新しい制度が形成されるはずである。この意味で手続ルールの重要性は大きい。

ちである。1つの可能性として,行動の変化に伴って規範が変わっているだけかもしれない。その場合,実際には規範の拡散には行動の変化を説明する力が皆無であっても,その説明力を過大評価してしまうことになる。このように,独立変数が従属変数に影響を及ぼすだけでなく,逆に同じ従属変数もまた独立変数に影響を及ぼす事態は「内生性(endogeneity)」と呼ばれる。このような双方向の因果関係が存在するとき,真の因果関係を見極めるのは困難になる。

多国間交渉における手続ルールのうちでも，議決方式はとりわけ重要である。ジュピレ（Jupille 1999）によれば，国際交渉では3つの主要な議決方式が存在する。すなわち，**多数決**，**全会一致**，**コンセンサス**である。それぞれ特徴をまとめると次のようになる。

多数決方式の下では，議案を立法化するには，事前に決められたある一定数を超える国家の肯定的同意が必要となる。一方，全会一致方式の下では，現状に何らかの変更を加えるためには，すべての当事者の同意が必要となる。現状に近い政策を望む当事者には現状変更の誘因がないため，その意向が現状変更時の諸条項に反映されやすくなる。つまりその当事者は実質的な拒否権を持つことになる。これに対し，コンセンサス方式の下では，「会の意向」にあわない立場の国々の意思が踏みにじられるかたちで決定がなされることもありうるが，建前上は不同意の者が（たとえそれがたった1人であっても）最終的な票決へ持ち込んで議案を葬り去ることは可能である。この点からジュピレ（Jupille 1999, p. 413）やサベル（Sabel 2006, pp. 315-317, 335-338）は，コンセンサス方式は全会一致方式の非公式な一形態とみなしている[3]。もっとも，ザモラ（Zamora 1980）によれば，コンセンサス方式は全会一致方式と比べれば国際組織における議事の妨げにはなりにくい。

ザモラ（Zamora 1980, pp. 566-575）によれば，もともと国際組織内の意思決定ルールは全会一致方式が主流であった。主権平等の大原則に基づき，自国の望まない決定を妨げるための実質的な拒否権が各国に保障されていたのである。国際連盟規約における全会一致方式の採用がその例である。しかし，やがて経済分野の国際組織では，主権平等（一国一票）から不平等（加重投票）へ，全会一致方式からコンセンサス方式へ，という移行が進んだ。ブザン（Buzan 1981）によれば，近年の多国間交渉もコンセンサス方式が利用される傾向にあり，多数決方式に基づく国連総会などの場は避けられがちである。その背景には，近年の参加国数の拡大により大国中心の少数派（先進国）と小国中心の多数派（途上国）の対立が現出し，先進国が多数決方式での交渉を嫌ったという事情がある。

---

 3 なお，ボイルとチンキン（Boyle and Chinkin 2007, pp. 157-160）によれば，全会一致方式とコンセンサス方式の根本的な違いは，前者が投票による議決方式であるのに対し，後者は投票によらない議決方式であるという点にある。

本章では，このような国際交渉における手続ルールの違いに注目する。オタワ条約では事実上多数決方式が採用された（コンセンサスがとれなかった場合には投票にかけることになっていた）のに対し，CCWは事実上全会一致方式であった。この議決方式の差が最終的な成否を分けたと考えられる。全会一致方式のように各国が実質的な拒否権を持つ場合と，多数決方式のように必ずしも全当事者の同意は必要とされない場合とでは，たとえ各国の選好が不変であっても，どちらの手続ルールがとられるかによって最終結果は異なりうる。そして，その結果は大幅な現状変更を伴う可能性がある。

国際交渉における手続ルールの影響を見る際，国際交渉自体をどのように定式化していくかが問題となる。この定式化にあたり，本章は**空間理論**と呼ばれる国内政治分野発祥の一群の研究に依拠する。なかでも**アジェンダ設定者モデル**（agenda setter model）は，選好の変化を仮定せずに現状から大きく離れた新制度が形成される可能性を探ることができる。

ただし，アジェンダ設定者モデルも含め，一般に空間理論は，国内政治を念頭においた設定となっている。そのため，アジェンダ設定者モデルをそのままのかたちで直接国際政治現象へ適用することは無理が生じる。そこで本章では，国際政治に適用可能となるよう修正された，国際版アジェンダ設定者モデルを提示する[4]。

◆ 本章の構成

以下，第2節では，対人地雷禁止条約の締結を成し遂げたオタワプロセスについて簡単に振り返り，その特徴を挙げる。次いで第3節では，その特徴をふまえつつ，国際政治に適用できるよう修正された空間理論モデルを示し，その均衡を導く。最後に，第4節で本章の特徴を簡単にまとめる。

4　国内版アジェンダ設定者モデルをそのまま対人地雷条約に適用する試みとして林（2009）がある。本章はこれを発展させたものである。

2 多国間交渉としてのオタワプロセス

ここで，対人地雷禁止条約の成立までの流れを振り返り[5]，その特徴を指摘しておこう。

◆ 対人地雷全面禁止までの流れ

安価な地雷，とくに対人地雷の使用は，1980年代から1990年代の紛争において急拡大していた。地雷を規制する条約体制としては，CCWの一部として1980年に採択された議定書が存在していたが，これは履行メカニズムを欠き，実効性が乏しかった。こうした状況に対し，ガリ国連事務総長，クリントン米国大統領，ダイアナ英国皇太子妃ら当時の著名人が先頭に立ち，対人地雷問題への取り組みの必要性を訴えていた。

地雷問題に関心を持つNGOが結集して1992年にICBL（地雷禁止国際キャンペーン）が結成されると，こうしたNGOの活動に鼓吹され，1992年に米国政府は米国製対人地雷の輸出停止を決めた。輸出停止の対象にはスマート地雷（自己破壊装置つき）もダム地雷（自己破壊装置なし）も含まれており，多くの国がそれに追随することとなった。

しかし，さらなる規制となると，クリントン大統領の態度は煮え切らなかった。国連総会における彼の演説によれば，「対人地雷の最終的全廃という究極の目標」は「実現可能かつ人道的な代替手段が開発されたあかつきに」日の目を見るというのが米国の立場であった。実際，クリントン大統領の主唱する「地雷管理レジーム」は，地雷の全面禁止にはほど遠く，すでにCCWで取り組まれている制限を強化しようというものでしかなかった。それは，ダム対人地雷の入手可能性を制限しつつ，より高価な自己破壊装置つき新型地雷で置き換えようというものであり，米国防衛産業を潤すものであった。

CCW再検討会議（1995年）では，地雷に関するCCW議定書の改正が模索

---

5 本節の記述は基本的にウッドワード（Woodward 2010, pp. 228-230）に沿っている。交渉過程の詳細についてはキャメロンら（Cameron, Lawson and Tomlin 1998）やマスレン（Maslen 2004, pp. 26-44）および足立（2004）も詳しい。

されたものの，期待された 1996 年改正議定書は地雷禁止どころか規制強化すらできずに終わる。さらに追い討ちをかけたのは米国内の地雷禁止運動の後退である。軍部の巻き返しにより，クリントン大統領が地雷使用を継続する政策を発表したのである。この政策は，現行の戦争計画に必要という名目で，一定の制限のもと地雷使用を継続するものであり，とりわけダム地雷禁止の適用範囲から朝鮮半島を除外していた。

憂慮した禁止賛成派の国家，国際組織，NGO は前例のない行動に出る。1996 年 3 月 3 日再検討会議の最終会合において，カナダ大使は禁止賛成派による会議の開催を発表した[6]。

オタワ会議（1996 年 10 月）は 3 つの成果を上げた。対人地雷禁止を力強く宣言し，議長による行動アジェンダ[7]を策定し，1997 年 12 月に対人地雷禁止条約を調印するための会議をオタワで開催することを発表した。この開催通知は多くの外交官にとって寝耳に水であり，米国は公式に抗議したほどである。しかし，機は熟したと判断したカナダは，国連の枠外に出て長期化しがちな交渉過程を迂回しようとした。これが国連総会からもお墨付きを得ることになった 1 年余りのオタワプロセスの始まりとなった。

オタワプロセスの中心にいたのは，カナダ，ノルウェー，ベルギー，南アフリカなどの有志国（いわゆるコアグループ），および国際 NGO 連合体の ICBL であった。つまり，オタワプロセスの主役は，伝統的に外交の主役の座にあった大国ではなく，中小国と非国家主体であった。

オタワプロセスに含まれるのは，対人地雷禁止条約採択にいたるまでの，主に 1997 年に開催された一連の国際会議である。すなわち，ウィーンにおける

---

6 マスレン（Maslen 2004, pp. 24-25）によれば，会議に参加して対人地雷全面禁止の動きを妨害しようという国が出てくることを恐れ，カナダ外交通商省は 1 つの基準を立てることにした。その基準とは，対人地雷全面禁止という目標に賛同するか否かに応じて参加資格を各国自身に選ばせるというものであった。すなわち，賛同するなら正規参加者，賛同しないならオブザーバーの資格で出席するということになっていた。この会議の宣言案は事前に配布されていたが，それは各国がコメントを寄せるためのものではなく各国が心を決める際に参考にするためのものであった。

7 一般には「共同行動計画」となるのが普通であるが，オタワ会議では一方的に提示されたものであったため，このような名称となった。トムリン（Tomlin 1998, p. 202）を参照。

条約草稿起草会議（2月），ブリュッセルにおける公式フォローアップ会議（6月），オスロにおける条約起草会議（9月），オタワにおける条約調印式（12月）などである。

ブリュッセル会議（1997年6月）は3つの主要目標を達成した。すなわち，ブリュッセル宣言[8]，南アフリカ大使セラビのオスロ会議議長への指名，オスロ会議における手続ルール草案の配布の3つである。この手続ルール草案は，参加者の3分の2以上の賛成による多数決を可能にし，一国が妨害するのを不可能にするものであった[9]。会議の間，米国代表が参加各国に個別に強い圧力をかけたにもかかわらず，各国は条約の内容を弱めるような妥協を拒み通した。

オスロ会議（1997年9月）では，直前になって参加を決めた米国が主に5点からなる修正案を提出したものの，支持を集めることはできず，修正案の取り下げに追い込まれた。その結果，対人地雷全面禁止条約は票決なしにコンセンサスで合意される運びとなったが，他方で米国の条約不参加が決定的となった。オタワ条約調印式の直前には，ICBLとジョディ・ウィリアムズに対しノーベル平和賞が授与されることが決定し，条約成立に花を添えた。

このオタワプロセスは，「新しい外交」[10]の典型例として語られることが多い。「新しい外交」とは，志を共有する中小国やNGOの連合が，ソフトパワーを駆使しつつ，理想主義的色彩の濃い人道的価値の実現を目指すものである。それは，国際交渉の場においては，国連などの伝統的外交の枠外での，期限を区切った非妥協的な（つまりコンセンサス軽視の）外交を生み出した。諸大国は，たとえ覇権国であっても，この「新しい外交」に翻弄されることになったのである。

---

8 ブリュッセル宣言は，対人地雷禁止に向けて各国の政治的意思を再確認するものであった。同時に，条約を採択するための外交会議（すなわちオスロ会議）の開催に言及し，その会議ではオーストリア案が交渉の土台になることを確認していた。

9 マスレン（Maslen 2004, p. 42）によれば，もともと草案段階の手続ルールは参加者の3分の2の多数決であったが，オスロ会議の冒頭でのフランスの提案により，できる限りコンセンサスをとるという文言が付加されることとなった。この新しい手続ルール自体はコンセンサスにより採択された。

10 「新しい外交」についてはブラウン（Brown 2001），ダベンポート（Davenport 2002），グースとウィリアムズ（Goose and Williams 2004）を参照。

◆ オタワプロセスの特徴

マスレン（Maslen 2004, p. 38）によると，オタワプロセスの手続ルールに関して鍵となる2つの争点は，参加方式と議決方式であった。これらの争点に沿って，オタワプロセスの特徴を次の2点にまとめよう。

(1) 参加方式：自己選択型

オタワプロセスの第1の特徴は，参加方式が自己選択（self selection）型だった点である。要するに，対人地雷禁止に賛同して会議の正規参加者となるか，さもなくば不参加（もしくは投票権のないオブザーバーとしての出席）のどちらかを自ら選ぶよう，各国は迫られていた。自己選択による参加となったことで，会議に参加しているのは対人地雷禁止に賛同している国のみであるという建前になった。これにより，対人地雷禁止という大前提を緩めるような修正は提示することが難しくなり（会議の主催者たちは「例外なし留保なし抜け道なし」の条約の必要をことあるごとに強調していた），対人地雷禁止から外れる修正案は事実上採択の見込みが消滅した。もちろん，本音では対人地雷禁止に消極的な国が，規制に抜け道を作り出そうとする動きはあった。しかし，会議に参加したNGOの監視の目は厳しく，そのような動きは目ざとく槍玉に上げられた。

(2) 議決方式：非コンセンサス型

オタワプロセスの第2の特徴は，議決方式が非コンセンサス型だった点である[11]。これは，対人地雷禁止賛成派が交渉期限を切った自らの提案を一方的に提示したことに表れている。相手方の対人地雷禁止反対派に譲歩するそぶりをほとんど見せなかったという意味で，事実上**最後通牒提案**（take-it-or-leave-it offer）がなされた[12]。会議参加者は会議主催者からの急進的な提案を受け入れるか，それとも拒否するか，という二者択一を迫られていたのである。

オタワプロセスのなかで実質ルールすなわち条約案を交渉することになって

---

11 Goose and Williams（2004, pp. 247-248）．
12 Brown（2001, p. 16）やDavenport（2002, p. 24）を参照。

いたのはオスロ会議であった。このオスロ会議においては，オーストリア案という交渉の土台が初めから存在していた。また，オスロ会議で採用された手続ルールによれば，コンセンサスが得られない場合には出席者の3分の2による特別多数決で決定を下すことになっていた。このため，オーストリア案に本質的な変更を加えるのはきわめて困難であった。

条約案の本質的変更が困難であったとしても，交渉の引き延ばしや別の新たな交渉の場の設定を通じ，何らかの妨害ができた可能性もなくはない。しかし，これらについても実際には困難であった。オスロ会議は明確に期限が切られ[13]，同時に，オタワプロセス以外の場で地雷問題を議論できるような他の選択肢も事実上存在しなかった[14]。

これらは結果的に提案に対する修正を困難にし，議会の閉鎖ルール（提案に対する修正要求や逆提案などはできない）と似たかたちを作り出した。国内議会では法律やその他の規定，慣習などによりこの閉鎖ルールに強制力が与えられるが，国際交渉では厳密にはこの閉鎖ルールは妥当しない。しかし，オタワプロセスに限っていえば，実質的には閉鎖ルールが成立していたとみなしてよいだろう。

次節では，このようなオタワプロセスの2つの特徴を明示的に取り込んだ合理主義的説明を試みる。その際依拠するのは，空間理論，なかでもアジェンダ設定者モデルと呼ばれるものである。まずは，アジェンダ設定者モデルの概要を説明する。

---

13 マスレン（Maslen 2004, p. 41）によれば，オスロ会議の議長に指名された南アフリカ大使セラビは，9月17日までに交渉をまとめるという計画を会議の冒頭に示していた。

14 トムリン（Tomlin 1998, pp. 202-203）によれば，当時，失敗に終わったCCWでの交渉を引き継ぐ場として，ジュネーブ軍縮会議（Conference on Disarmament: CD）が最有力候補であったが，これもCCWと同じくコンセンサス型であったため，交渉が再び失敗に終わることが予想されていた。

3 オタワプロセスの空間理論モデル

　多国間交渉のそもそもの目的は，なんらかの国際合意や国際制度を作り出すことにある。この分野における当初の理論的関心は，コヘイン（1998）に代表されるように，いかにして国際制度を創設・維持するか（いわゆる協力問題：パレート境界線上の点まで到達するにはどうすればいいか）であった。しかし，次第にその焦点は移り，クラズナー（Krasner 1991）に代表されるように，いかなる国際制度を創設するか（いわゆる調整問題：パレート境界線上のどの点を選ぶか）が問題にされるようになった。つまり，当該国際制度の形成を通じて，誰がどのような分配を受け取るかが主たる関心事となったのである。

　誰がどのような分配を受け取るかという問題を扱う分野の1つに空間理論がある。**空間理論**は，分配の仕方も含めた一般的な政策についての各主体の選好を，**理想点**（そのプレイヤーにとって最も高い効用を与える点）というかたちで，一次元もしくは二次元の政策空間上に表現する。そのうえで，どのような主体・行動・利得・ルールの下でどのような結果が実現するかを知ろうとする。

◆ 国内版空間理論の概要

　空間理論には2つの主要な結果，中位投票者定理とアジェンダ設定者モデルがある。

　中位投票者定理（median voter theorem）は，多数決の下では中位投票者が権力を握ると主張する。すなわち，一次元上の政策空間において，単峰型効用関数を持つ複数の主体が互いに平等な立場から修正を許す開放ルールに従って意思決定を行うとき，中位投票者の理想点が実現するという。

　これに対し**アジェンダ設定者モデル**（agenda setter model）は，提案の段階までも含めると中位投票者よりもむしろ提案権を持つ者こそ権力を握る可能性があると主張する。ちなみに**アジェンダ**とは，複数の候補のなかから最終的に1つを選ぶ意思決定の際に，どれとどれとを一騎打ち方式で投票にかけていくかを定めた順番のことを指す。アジェンダ次第で最終結果も変わってくるため，どのようなアジェンダが採用されるかが重要となる。ギャレットとツェベ

リス（Garrett and Tsebelis 1996, p. 272）の表現を借りるならば，アジェンダ設定者が「受諾するより修正するほうがはるかに難しい提案」を行う権限を持つとき，自分の望む候補を最終結果として実現させることが可能となる。

アジェンダ設定者モデルは，提案権を持つ**アジェンダ設定者**と拒否権を持つ**意思決定者**の間の**最後通牒ゲーム**[15]の体裁をとる。最後通牒ゲームとの違いは，争点に対する選好づけのやり方である。最後通牒ゲームでは，争点は財物や領土であって，それを当事者間でどのように分けるかを問題にする。よって，争点の性質上，当事者たちは対立しがち（ゼロサム的）になる。これに対し，アジェンダ設定者モデルを含む空間理論では，争点は一種の政策であって，一次元上（ときに二次元上の）政策空間のうちどの点を選ぶかを問題にする。同じ政策であっても，各人がどのように評価するかは多様な可能性がありうるため，当事者たちは必ずしも対立するとは限らない。

アジェンダ設定者と対になるのは意思決定者（投票者とも呼ばれる）である。彼らは複数存在し，各自がアジェンダ設定者の提案に対しその受諾・拒否のいずれか二者択一を迫られると想定される。この意思決定者のうち，合意の成立・不成立を左右しうる者として最も重視されるのが，**ピボット**（pivot）である。ピボットが賛成にまわれば法案は成立し，反対にまわれば不成立に終わることから，ピボットの選択が全構成員の得られる利得を左右することになる。このような重要な存在であるピボットは，多数決原理の下では一般に中位投票

---

15 最後通牒（take-it-or-leave-it もしくは ultimatum）ゲームとは次のようなものである。2人の当事者が協力から生じる余剰の配分をめぐって交渉しているとしよう。このとき，提案者と被提案者が固定され，提案とそれに対する受諾か拒否という意思表示の機会が1回限りのゲームを考える。提案が受諾されればその提案通りの分配が実現し，提案が拒否されれば協力はご破算となり各自が独力で（外部オプション〔outside option〕から）確保できる利得に甘んじることになる。明らかにこの最後通牒ゲームでは提案する側が圧倒的に有利となる。双方の協力で生まれたはずの余剰は，提案する側によって一方的に奪いつくされ，相手側に残されるのは，交渉しなかった場合に得られたであろう水準にまで引き下げられる。そのような搾取が可能となるのは，提案される側に選択の余地がないからである。提案を拒否すれば外部オプションからの利得に甘んじるしかなく，だとすれば，外部オプションの利得をわずかでも上回るような提案がなされている限り，渋々ながらもその提案を受け入れざるをえない。これを見越して，提案する側は，交渉決裂を回避できる最低限の分け前をあてがいつつ，自らの利得を最大化するような一方的な提案をする。俗にいう「足元を見る」状態である。

図 6.1　理想点が順に $\{0, \frac{1}{2}, 1\}$ に位置している三者による交渉の仮想例

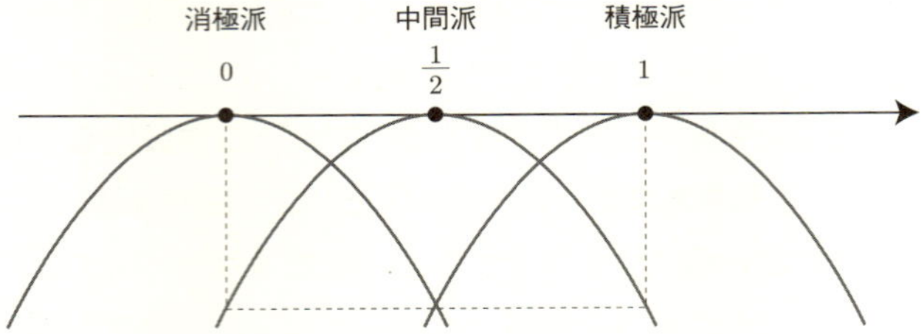

者がこれに相当する。

　ここで，仮想例に基づいて，直感的に空間理論を紹介しよう。

　諸国家が共通の問題に直面し，共通の政策を採用して共同で対処しようとしているとき，その政策が一次元（すなわち直線）上の点として表されるとしよう（図 6.1 参照）。たとえば，左に行くほど規制を緩め，右に行くほど逆に厳しくするような政策を表しているとする。この直線上の各点（つまりさまざまな規制政策）に対し，各国は各様の好みを持つものとする。緩い規制を好む国もあれば，厳しい規制を好む国もあるだろう。これら各国の好みの形状は，上に凸な放物線になっているとする。各国には最も好ましいと考える規制政策（理想点）があって，そこが放物線の頂点に対応している。そして，そこからずれるほどその国の効用が下がっていく。

　さて，いま世界が3カ国からなるものとする。規制を嫌う順に，消極派（理想点は図中の0），中間派（理想点は図中の1/2），積極派（理想点は図中の1）と呼んでおく。このような世界において多国間交渉が行われるとき，はたしてどの点が実現するだろうか。

　実は，その答えは，どのような手続ルールが採用されるかによって異なってくる。まず手続ルールの典型例として全会一致方式と多数決方式とを取り上げ，それぞれにおける最適な提案がどのようなものになるかを比較してみよう。ただし，現状は無規制状態（図中の0）であるとし，交渉決裂時にはこの現状点がそのまま残るものとする。

　全会一致方式が採用された場合，各国は実質的な拒否権を得る。なかでも消極派は，その理想点はたまたま現状に重なっていることから，どのような提案がなされても拒否し，あくまで現状を持続させようとする。全会一致方式の下では，他の2カ国（とくに積極派）は，結果として実現する消極派の理想点0

を，渋々ながらも受け入れざるをえない。

　一方，多数決方式が採用された場合，事情は大きく異なってくる。今度は，最低2カ国さえ賛成すれば，どんな点でも成立しうるため，左右から中間派を抱き込もうとする動きが活発化する。提案者が固定されず，修正の提案が自由にできる（開放ルール）とすれば，結果として，中間派の理想点 1/2 が実現することになる。どの国にとっても，もしこの点から少しでもずれた点が提案されたとしたら，1/2 を逆提案することで，敵の提案を葬り去ることが常にできるからである。

　では，提案者が固定され，修正の提案が自由にできない（閉鎖ルール）としたら，多数決方式の下で何が起きるであろうか。いま仮に積極派が主導権を握ったとする。その場合，積極派はどの点を提案すべきだろうか。中間派を味方につける提案として，1/2 がよさそうに思われるかもしれない。しかし，この点は積極派にとってまだ最適ではない。というのは，中間派の支持を失わないようにしつつ，さらに自国の理想点に近づけることが可能だからである。

　それを理解するために，そもそも中間派がどのような点であれば受け入れるかを考えてみよう。中間派に与えられた選択肢は，現状点 (0) をとるか，新提案 (x) をとるかの二者択一である。中間派は，この両者を比較して，より高い効用を与えるほうを選ぶ。いま，中間派にとって現状点がどれだけの効用をもたらすかは，視覚的にわかる。だとすれば，それと同等の効用をもたらす点を，中間派の理想点を軸としてちょうど反対（右）側にみつけ，その点を提案すれば，そこは中間派に受け入れ可能で，なおかつ積極派にとってはより好ましい点になる。そのような点を図中で確認すると，積極派自身の理想点はこの条件を満たしており，まさにその点こそが最適な提案 ($x = 1$) となっていることがわかる。もっとも，実際には，中間派を無差別状態に置くことを避けるため，積極派は 1 よりほんのわずかに小さい点を提案することになる。

　以上，議決方式として全会一致方式と多数決方式（開放ルール，閉鎖ルール）という3つのケースを検討したが，これらの違いは議決方式のみで，三主体の選好自体は不変であった。にもかかわらず，閉鎖ルール型多数決方式が採用された最後のケースにおいては，選好はまったく変化しなかったにもかかわら

ず，0から1へという現状の大幅な変更が実現したのである。

その他の議決方式の場合については，多数決方式と全会一致方式に準ずるものとして解釈することが可能であろう。たとえば，賛成3分の2以上の特別多数決の場合は自明であるし，コンセンサス方式の場合も，その極限形態が全会一致方式であると考えれば，全会一致方式下の結論を目安とできるはずである[16]。

◆ 国内版空間理論の限界

それでは，上に紹介したアジェンダ設定者モデルは，オタワプロセスに対しそのまま適用することが可能であろうか。答えは否である。実は，このモデルは国内政治を念頭においた設定になっており，これをそのまま国際政治現象に適用するのは無理がある。

では，アジェンダ設定者モデルを国際政治に応用するに際しての限界とはどのようなものだろうか。

その1つは合意の第三者拘束性である。国際政治においては，合意に縛られるのは自発的にそこに加わることを選んだ当事者のみであり，第三者にはその合意の影響は及ばないものとされている。国際法には「合意は第三者を益しも害しもせず（*Pacta tertiis nec nocent nec prosunt*）」という大原則が存在し，主権国家は自らが望まない限りいかなる合意にも影響されないのが建前である[17]。しかしながら，アジェンダ設定者モデルは合意に加わらない第三者にもその拘束力が及ぶものとしており，この点で国際政治への直接の適用には無理が生じる。比較のため国内政治を思い浮かべるとよい。たとえば，国会において多数決等のルールに従っていったん決定が下されると，その構成員たる議員

---

[16] なお，空間理論では多数決方式の意思決定を想定するのが普通であり，通常それ以外の議決方式が想定されることはない。ここに示した全会一致方式の場合の結果は，あくまで空間理論の応用例ということになる。

[17] 条約法に関するウィーン条約34条も参照。国内立法であれば，いったん成立してしまえば，共同体の成員に対し，その同意の有無に関わらず，自動的かつ無条件に適用されるが，国際条約は，法として不可欠なこの性質を欠く。どんな条約も，それを受諾していない国家まで拘束することはできない。カー（Carr 1946, p. 171），ブル（Bull 1995, p. 141）を参照。

は賛否に関わらずその決定に従わなければならない。

ここで，先の仮想例を想起されたい。国際政治における空間理論においては，合意は賛成する当事者同士のみで自発的に結ばれ，当事者のみを拘束するはずである。合意の強制が不可能であれば，理想点が0のプレイヤーはその国際制度に加わることを拒否するはずである。たとえ1のプレイヤーが1/2のプレイヤーを取り込んで，首尾よく1という提案に基づく合意を成立させたとしても，0のプレイヤーはこの合意を拒否する道を選ぶことができる。結果として，世界はその国際合意を受諾する国・拒否する国へと二分されることになる。先の仮想例では，第三者であっても合意に拘束されるという暗黙の仮定が置かれていたことになるため，国際政治の文脈ではこのことを明示的に考慮したモデル化が必要になってくる[18]。

◆ 国際版空間理論の概要

こうした状況をふまえ，ここでは2段階ゲーム化された国際版アジェンダ設定者モデルを提示する。議決方式として参加者の3分の2以上の賛成による特別多数決を想定する。

第1段階は全意思決定者による交渉参加・不参加の決定である。表6.1はこの段階における主体とその選択肢を示したものである。この段階の主体は全意思決定者であるが，そのうち誰がピボットになるかは不明の状態にあり，理想点の違いを除けばみな同格である。この任意の意思決定者iは，それぞれ交渉に参加するかしないかのどちらかを選ぶ。この選択の結果，全意思決定者のうちだれが交渉に参加するかが決まる。参加国数が決まることで，全体の第1三分位点に相当するピボット（合意の成否を握る意思決定者）が決まる。この第1段階は，国際関係に特有の，合意の第三者非拘束性を反映させたものである。この段階の導入により，オタワプロセスの第1の特徴である自己選択型参加方式を表現する。

第2段階は，それを受けたアジェンダ設定者による提案で，全意思決定者はこの提案を受諾するか拒否するかを選ぶ。表6.2はこの段階における主体，

---

[18] 岡田（本書第1章〔34, 35頁〕参照）はこれを「自由参加問題」と名づけた。

表 6.1　国際版アジェンダ設定者モデルの第 1 段階

添字	i
主体	意思決定者 i
選択肢	{参加, 不参加}

表 6.2　国際版アジェンダ設定者モデルの第 2 段階（s_0：現状点；s_0'：内分点）

添字	1	2	3
主体	アジェンダ設定者	ピボット	ピボット以外の意思決定者
選択肢	$s_1 \in \mathbb{R}$	$s_2 \in \{s_0, s_1\}$	$s_3 \in \{s_0', s_1\}$
理想点	$\hat{s}_1 (\geqq s_0)$	$\hat{s}_2$	$\hat{s}_3$
利得	$u_1 = -(s_2 - \hat{s}_1)^2$	$u_2 = -(s_2 - \hat{s}_2)^2$	$u_3 = -(s_3 - \hat{s}_3)^2$
最適反応	s_1^*	s_2^*	s_3^*

選択肢，利得などを示したものである。アジェンダ設定者（プレイヤー 1）は，現状点と同じかそれより大きい理想点を持ち，一次元の数直線上から一点を選んで提案する。意思決定者はピボット（プレイヤー 2）とその他大勢（プレイヤー 3）に分けられ，いずれもアジェンダ設定者の提案に対し受諾もしくは拒否を選ぶ。ピボットが受諾を選べば合意は成立し，拒否を選べば合意は成立しない。すなわち，ピボットは提案点と現状点との二者択一を迫られる。ピボット以外の意思決定者は，後述のように提案点と道義的圧力の下での新しい現状点の二者択一を迫られるものとする。どのプレイヤーの利得関数も上に凸な放物線となっており，その頂点は各自の理想点に対応している。この段階は，単純過半数ではなく特別過半数が要請される点を除けば，通常のアジェンダ設定者モデルと同じである。オタワプロセスの第 2 の特徴である非コンセンサス型議決方式を表現している。

　最終的な各意思決定者の利得は以下のように設定しよう。各意思決定者が交渉不参加のとき，もしくは参加しても合意が不成立のとき，現状点が与えられる。他方，合意成立時には，受諾を選んでいれば提案点が与えられ，拒否を選んでいれば，非締結国という立場にもかかわらず，成立した合意からの道義的圧力を受けるとしよう。この道義的圧力を表現するため，現状点と提案点の内分点（外生的なパラメーター λ により決定）を用いる。

第6章 対人地雷禁止条約形成のゲーム 167

図 6.2 第1段階のゲーム

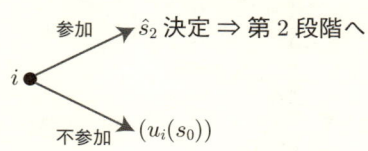

```
         参加  ŝ₂ 決定 ⇒ 第2段階へ
    i ●
         不参加  (uᵢ(s₀))
```

◆ 国際版空間理論の仮定

以下,国際版アジェンダ設定者モデルの仮定を詳細に述べる。

第1段階:交渉参加・不参加のゲーム

図 6.2 は,第1段階のゲームを描いたものである。この段階では,意思決定者全員が交渉に参加するか否かを同時に決定する。参加を選んだ国は交渉への参加が確定し,第2段階のゲームに移る。参加国の確定とともに,どの国がピボットとなるかが決まる。不参加を選んだ国はその時点でゲームから離脱し,現状点の利得を得るとする。

意思決定者は複数存在するが,全員を描き入れることは難しいため,この図では典型的なプレイヤー1人のみを取り出すかたちで簡略化している。なお,この第1段階では誰がピボットとなるかは確定していない。ピボットは交渉参加を選んだ意思決定者の数により変動するからである。

第2段階:提案受諾・拒否のゲーム

図 6.3 は第2段階のゲームを描いたものである。この段階では,アジェンダ設定者(プレイヤー1)が提案を行い,ピボット(プレイヤー2)がそれを受諾するか拒否するかを決定する。ピボットが拒否すれば合意は不成立となり,ゲームは終了する。そのときは全員が現状点の利得を得るとしよう。ピボットが受諾すれば,続いて典型的な第三者(プレイヤー3)が受諾か拒否を決定する。このとき,アジェンダ設定者および提案を受諾した意思決定者は,提案点の利得を得るものとする。ここで,提案を拒否した意思決定者の利得をどう設定するかが問題となる。論理的には3つの可能性がありうる。すなわち,少数派は多数決による合意を,(1)強制される,(2)強制されない,(3)その中間,という可能性である。具体的には,反対派がアジェンダ設定者の提案を「拒否」する

図 6.3　第 2 段階のゲーム

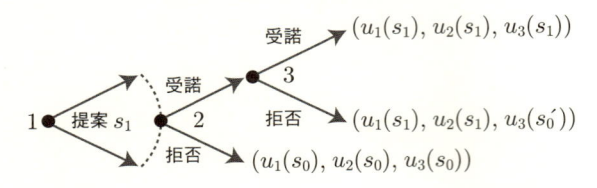

```
                    受諾
                   ────→ (u_1(s_1), u_2(s_1), u_3(s_1))
              受諾  ・3
         ┌──→●
    提案 s_1  2  拒否
  1●              ────→ (u_1(s_1), u_2(s_1), u_3(s'_0))
         └──→
              拒否
                   (u_1(s_0), u_2(s_0), u_3(s_0))
```

ときに反対派が直面する結果が,

(1) 提案点そのもの[19]　(s_1)
(2) 元の現状点　(s_0)
(3) 両者の中間点のどこか　($s'_0 = \lambda s_1 + (1-\lambda)s_0$　ただし，$0 \leqq \lambda \leqq 1$)

という可能性が存在する。順に検討してみよう。

(1) 提案点： 最初の可能性は，提案点を拒否しても，結局それを強制されるというものである。この場合，ピボットの選んだ選択肢 $s_2 \in \{s_0, s_1\}$ が自動的に全プレイヤーに適用されることになる。これは通常のアジェンダ設定者モデルの想定にほかならない。それはまた国内政治において投票結果が全プレイヤーを拘束する事実と整合的である。これは「国内類推」的解釈といえるだろう。しかしながら，国際政治においては，ピボットの選択により条約が成立したとしても，それが直ちに全プレイヤーに適用されるとは考えにくい。不満を持つプレイヤーは交渉からの退出や合意の拒否を選び，その場合彼らは合意には拘束されないと考えるのが自然だからである。

(2) 現状点： 次の可能性は，提案点を拒否した（ピボット以外の）意思決定者[20]には現状点が与えられるとするものである。すなわち，ピボット以外の意思

---

[19] より正確には，ピボットの賛成により合意が成立しているときには提案点，ピボットの反対により合意が成立していないときには現状点とすべきであるが，ここでは単純化のため提案は成立する場合を考えている。

[20] もしこの意思決定者がピボットであれば，提案点を拒否した時点で合意不成立となることに注意せよ。

決定者の効用関数に，ピボットの選ぶ選択肢 $s_2 \in \{s_0, s_1\}$ ではなく，各自の選んだ選択肢（「受諾」か「拒否」）に対応する結果（「提案点」か「現状点」）が入るとする定式化である。「受諾」を選べば，当然投票結果に従う義務を自発的に負ったことになり，提案点の遵守が求められることになる。しかし，「拒否」を選べば，投票結果に拘束されず（条約に参加しない），現状点のときの利得が与えられると想定することになる。これは現実主義的解釈といえる。

(3) 提案点と現状点の中間点： 最後の可能性として，ピボット以外の意思決定者が「拒否」を選んだ場合には，「提案点」と「現状点」の中間のどこかの点に相当する利得が与えられるという考え方を検討する。これは，国際社会においても，多数決で決まったルールは，それに入っていない国に対しても一定の規範的規制・道義的圧力が生じる，という観察に基づく。つまり，条約に参加しないからといって，多数決で決まったルールから完全に自由ではなく，好むと好まざるとに関わりなく一定の拘束を受けざるをえない，とする見方を反映したものである[21]。

以降本章では，提案を拒否した意思決定者は，提案点と現状点の中間点すなわち内分点の利得を得ると考えておこう。この内分点を $s_0' = \lambda s_1 + (1 - \lambda) s_0$ と表す。

この λ は，その値が大きくなるほど，新たな現状点（内分点）を押し上げる効果を持つ。この意味で，λ は，国際世論などによって生じる，非締結国への道義的圧力の強さを捉えるパラメーターとみなすことができる。

第1段階と同様，この第2段階でも意思決定者は複数存在し，全員を描き入れることは難しい。このため，図6.3は，アジェンダ設定者（プレイヤー1）とピボット（プレイヤー2）の他には，典型的な第三者（プレイヤー3）のみを取り出す形で簡略化している[22]。

---

[21] ブル（Bull 1995, p. 142）は，「同意から総意へ」というトレンドの存在を指摘している。

[22] ピボットとピボット以外の意思決定者の決定的な違いは，前者の選択がアジェンダ設定者の利得を左右するのに対し，後者の選択はアジェンダ設定者の利得に何ら影響を与えないという点である。つまり，アジェンダ設定者の利得（提案が通るか否か）を決めるの

第三者は全員同時に選択を行うものとする。理想点が異なることを除けば，意思決定者は全員が共通の利得構造をしている。すなわち，意思決定者の利得は，国内版モデルと同様，単峰型の2次関数で表され，理想点のみが異なるとする。追加的な仮定として，議論を単純にするため，全意思決定者の理想点は $[0,1]$ 上に一様に分布しているものとし，あわせて $s_0 \leqq \hat{s}_1$ としておく。

◆ 国際版空間理論の均衡

このゲームの部分ゲーム完全均衡は，アジェンダ設定者の理想点と閾値（現状点と λ の関数）の大小関係によって，2種類存在する。結論を先に述べておくと，アジェンダ設定者が自身の理想点 $\hat{s}_1$ を実現できる均衡と，実現できない均衡の2つとなる。ここで，$(s'_0 + \hat{s}_1)/2$ を境界[23]として，参加国数から決まるピボットの理想点 $\hat{s}_2$ がこの境界 $(s'_0 + \hat{s}_1)/2$ を上回るときは前者の均衡，下回るときは後者の均衡となる。

(1) 特別多数決方式の下での国際版空間理論の均衡 I

まず前者の，アジェンダ設定者が自身の理想点 $\hat{s}_1$ を実現できる均衡を検討しよう。まずは第2段階から後ろ向きに解いていく。そのために，ピボットの理想点を所与とし，$\hat{s}_2$ と表記する[24]。この均衡が成立するには，アジェンダ設定者が自身の理想点 $\hat{s}_1$ を提案し，ピボットが現状点 s_0 よりもこの提案 $\hat{s}_1$ を選好していなければならない。するとこの条件は，$(s_0 + \hat{s}_1)/2 \leqq \hat{s}_2$ となる。この条件が成立しているときには，アジェンダ設定者が自身の理想点を提案するのが均衡となる。すなわち，$s_1^* = \hat{s}_1$ である。

次いで，第2段階の結果を念頭に，第1段階の各国の行動を確定していく。ここでは，ピボットの理想点が上記の条件を満たすような参加国数を求める

　　　はピボットの選択であり，ピボット以外の意思決定者がどんな選択をしようとも結果は変わらない。
23　この境界より大きい理想点を持つ国は「参加＋受諾」を選好し，この境界より小さい理想点を持つ国は「参加＋拒否」もしくは「不参加」を選好する。
24　第2段階の開始時点では，すでに第1段階は終了しているはずであり，したがってピボットの理想点は確定しているはずである。その具体的な値については棚上げしたまま，何らかの値が出たものとしてそれを $\hat{s}_2$ とおくのである。

ことになる。国内版空間理論では，ピボットの理想点は外生的に与えられていたのに対し，交渉への参加・不参加を明示的に分析対象とする国際版空間理論では，誰がピボットとなるかは，参加国数から内生的に決定される。本章におけるゲームの設定によれば，誰が参加し誰が参加しないかは，各意思決定者の理想点から決まってくる。$\hat{s}_i \geqq (s'_0 + \hat{s}_1)/2$ という理想点を持つ意思決定者は参加・受諾を選び，$\hat{s}_i < (s'_0 + \hat{s}_1)/2$ のうち，$\hat{s}_i \geqq (s_0 + s'_0)/2$ という理想点を持つ意思決定者は参加・拒否を選び，$\hat{s}_i < (s_0 + s'_0)/2$ という理想点を持つ意思決定者は不参加（かつ当然ながら拒否）を選ぶ。すなわち，全体のうち $(s_0 + s'_0)/2 \leqq \hat{s}_i$ となる理想点を持つ意思決定者が，不参加よりは参加（後に賛成する場合も拒否する場合も含めて）を選ぶことになる。このうちの3分の2以上の賛成を得られれば提案は成立する。そこで，参加者全体 $1 - (s_0 + s'_0)/2$ を3等分し，第1三分位点より下の参加者を切り捨てれば，参加国の3分の2の賛成が確保されることになる。したがって，ピボットの位置は $(s_0 + s'_0)/2 + (1/3)\{1 - (s_0 + s'_0)/2\}$ となる。これが第1段階で確認した $\hat{s}_2$ の条件を満たすはずであるから，両者を連立させて整理すればよい。すなわち，第1段階で確認した，アジェンダ設定者にとり自身の理想点を提案するのが最適となる条件，

$$\frac{s_0 + \hat{s}_1}{2} \leqq \hat{s}_2$$

および，第2段階で確認した，ピボットの位置が満たすべき条件，

$$\hat{s}_2 = \frac{s_0 + s'_0}{2} + \frac{1}{3}\left\{1 - \frac{s_0 + s'_0}{2}\right\}$$

という2つの条件から以下が導かれる。

$$\frac{s_0 + \hat{s}_1}{2} \leqq \frac{s_0 + s'_0}{2} + \frac{1}{3}\left\{1 - \frac{s_0 + s'_0}{2}\right\}$$

$$\frac{s_0 + \hat{s}_1}{2} \leqq \frac{s_0 + s'_0}{3} + \frac{1}{3}$$

$$3(s_0 + \hat{s}_1) \leqq 2(s_0 + s'_0) + 2$$

$$3\hat{s}_1 \leqq -s_0 + 2s'_0 + 2$$

$$3\hat{s}_1 \leqq -s_0 + 2\{\lambda \hat{s}_1 + (1-\lambda)s_0\} + 2$$

$$(3 - 2\lambda)\hat{s}_1 \leqq (1 - 2\lambda)s_0 + 2$$

$$\hat{s}_1 \leqq \frac{1-2\lambda}{3-2\lambda}s_0 + \frac{2}{3-2\lambda}$$

この均衡においては $s_1 = \hat{s}_1$ であるため，$s'_0 = \lambda\hat{s}_1 + (1-\lambda)s_0$ としている。なお，$3-2\lambda > 0$ より式展開の過程で不等号の向きは変わらない。

第2段階におけるピボットおよびピボット以外の意思決定者の最適反応は，順に次のようになる。

$$s_2^* = \begin{cases} s_1 & \hat{s}_2 \geqq \frac{s_0+\hat{s}_1}{2} \text{の場合} \\ s_0 & \hat{s}_2 < \frac{s_0+\hat{s}_1}{2} \text{の場合} \end{cases}$$

$$s_3^* = \begin{cases} s_1 & \hat{s}_3 \geqq \frac{s'_0+\hat{s}_1}{2} \text{の場合} \\ s'_0 & \hat{s}_3 < \frac{s'_0+\hat{s}_1}{2} \text{の場合} \end{cases}$$

これら2つの最適反応の意味するところは単純である。ピボットについては，現状点（s_0）と提案点（$\hat{s}_1$）のうち，距離的により自身の理想点に近いほうを選ぶということを意味している。すなわち，ピボットは自身の理想点（$\hat{s}_2$）が現状点と提案点の中間点（$(s_0+\hat{s}_1)/2$）を上回れば提案点を，下回れば現状点を選ぶことになる。同様に，ピボット以外の意思決定者については，道義的圧力の下での新たな現状点（$s'_0 = \lambda\hat{s}_1 + (1-\lambda)s_0$）と提案点（$\hat{s}_1$）のうち，距離的により自身の理想点に近いほうを選ぶ。すなわち，ピボット以外の意思決定者は，自身の理想点（$\hat{s}_3$）が新たな現状点と提案点の中間点（$(s'_0+\hat{s}_1)/2$）を上回れば提案点を，下回れば現状点を選ぶことになる。

これらを念頭に，ピボットがまだ確定していない第1段階についても確認しておくと，均衡において第1段階の意思決定者は，

$$\hat{s}_i \geqq \frac{s_0+s'_0}{2}$$

であれば交渉への参加を選び，

$$\hat{s}_i < \frac{s_0+s'_0}{2}$$

であれば交渉への不参加を選ぶ。この参加・不参加の条件はピボットについても妥当する。なぜなら，この条件にしたがって意思決定者の参加・不参加が決まるならば，均衡においてはピボットの理想点は現状点と提案点の中点以上に

位置することになり，それは提案の拒否よりは受諾，不参加よりは参加をピボットが選好することを必然的に導くからである．

(2) 特別多数決方式の下での国際版空間理論の均衡Ⅱ

次に後者の，アジェンダ設定者が自身の理想点 $\hat{s}_1$ を実現できない均衡を検討しよう．この均衡では，$\hat{s}_2 < (s_0 + \hat{s}_1)/2$ という状況の下で，アジェンダ設定者が自身の理想点 $\hat{s}_1$ の実現を諦め，ピボットが受け入れ可能な点のうちで最大のもの（つまり自身の理想点になるべく近い点）を提案しようとする．それは，$\hat{s}_2 = (s_0 + s_1)/2$ となる s_1 である．先の均衡と同様，ピボットとなる意思決定者の理想点は，$(s_0 + s'_0)/2 + (1/3)\{1 - (s_0 + s'_0)/2\}$ により与えられるから，両者を連立させて解けば，次のような均衡提案が求まる．

$$s_1^* = \frac{1-2\lambda}{3-2\lambda}s_0 + \frac{2}{3-2\lambda}$$

第 2 段階におけるピボットの最適反応とピボット以外の意思決定者の最適反応は，順に次のようになる．

$$s_2^* = \begin{cases} s_1 & \hat{s}_2 \geqq \frac{s_0+s_1^*}{2} \text{の場合} \\ s_0 & \hat{s}_2 < \frac{s_0+s_1^*}{2} \text{の場合} \end{cases}$$

$$s_3^* = \begin{cases} s_1 & \hat{s}_3 \geqq \frac{s'_0+s_1^*}{2} \text{の場合} \\ s'_0 & \hat{s}_3 < \frac{s'_0+s_1^*}{2} \text{の場合} \end{cases}$$

これら 2 つの最適反応の意味するところは前節と同様である．ピボットについては，現状点（s_0）と提案点（$s_1^* = (1-2\lambda)s_0/(3-2\lambda)+2/(3-2\lambda)$）のうち，距離的により自身の理想点（$\hat{s}_2$）に近いほうを選ぶ．ピボット以外の意思決定者についても，道義的圧力の下での新たな現状点（$s'_0 = \lambda s_1^* + (1-\lambda)s_0$）と提案点（$s_1^*$）のうち，距離的により自身の理想点（$\hat{s}_3$）に近いほうを選ぶ．現状点（道義的圧力の下での新たな現状点）と提案点との中点を基準に考えるのも前節と同様である．第 1 段階における意思決定者の参加・不参加の決定も前節と同様の条件に従う．

(3) 全会一致方式の下での国際版空間理論の均衡

比較のため，全会一致方式の下での国際版空間理論の均衡も求めておこう。

まず，アジェンダ設定者が自身の理想点 $\hat{s}_1$ を実現できるような全会一致方式下の均衡を検討しよう。特別多数決方式の場合と同様に考えていく。この均衡が成立するには，アジェンダ設定者が自身の理想点 $\hat{s}_1$ を提案し，ピボットが交渉参加・拒否 s_0 よりも提案 $\hat{s}_1$ の受諾を選好していなければならない。すなわち，ピボットの理想点 $\hat{s}_2$ を所与として，$(s_0 + \hat{s}_1)/2 \leqq \hat{s}_2$ が成り立っていなければならない。この条件が成立しているときには，アジェンダ設定者が自身の理想点を提案するのが均衡となる。すなわち，$s_1^* = \hat{s}_1$ である。

次いで，ピボットの理想点が上記の条件を満たすような参加国数を求めよう。全体のうち $(s_0 + s_0')/2 \leqq \hat{s}_i$ となる理想点を持つ意思決定者が，不参加よりは参加（後に賛成する場合も拒否する場合も含めて）を選ぶ。全会一致方式の下では，全参加国の賛成が必要となることから，ピボットの位置は単に，$(s_0 + s_0')/2$ となる。これが上記の $\hat{s}_2$ の条件を満たすはずであるから，すでに $s_1 = \hat{s}_1$ であることを考慮すると，$\hat{s}_1 \leqq s_0$ でなければならない。しかし，$\hat{s}_1 \geqq s_0$ という仮定とあわせると，この均衡が成り立つのは $\hat{s}_1 = s_0$ の場合に限られることになる。つまり，例外的な状況を除き，アジェンダ設定者は自身の理想点を実現することができない。

アジェンダ設定者の理想点が現状点よりも大きいというより一般的な状況の下では，アジェンダ設定者は自身の理想点の実現を諦め，$\hat{s}_2 = (s_0' + s_1)/2$ となる s_1 を提示しなければならない。ピボットの位置は，$(s_0 + s_0')/2$ となることから，$\hat{s}_2$ の条件に代入して $s_1^* = s_0$ を得る。これが全会一致方式の下での均衡を構成する。

(4) 均衡の性質

特別多数決方式の下での2つの均衡は表6.3のように対比される。

この閾値はどのような性質を持つのであろうか。あらためて閾値を $s_1^\dagger$ と表すと，

$$s_1^\dagger \equiv \frac{1-2\lambda}{3-2\lambda} s_0 + \frac{2}{3-2\lambda}$$

である。ここで λ は非締約国にかかる道義的圧力の強さ，s_0 は現状点である。

第6章 対人地雷禁止条約形成のゲーム | 175

表 6.3 2 つの均衡の対比

アジェンダ設定者の理想点と閾値の大小関係	特別多数決方式の下での均衡
アジェンダ設定者の理想点が低め（< 閾値）	アジェンダ設定者の理想点が実現
アジェンダ設定者の理想点が高め（> 閾値）	アジェンダ設定者による譲歩

この閾値の式は次のように書き直すことができる。

$$s_1^\dagger = \left(1 - \frac{1}{\frac{3}{2} - \lambda}\right) s_0 + \frac{1}{\frac{3}{2} - \lambda}$$

ここで

$$L \equiv \frac{1}{\frac{3}{2} - \lambda}$$

としてさらに書き直すと，

$$s_1^\dagger = (1 - L) s_0 + L$$

となり，これを λ について微分し係数の正負を確認すると，

$$\frac{\partial s_1^\dagger}{\partial \lambda} = \frac{\partial s_1^\dagger}{\partial L} \cdot \frac{dL}{d\lambda} = \frac{1 - s_0}{\left(\frac{3}{2} - \lambda\right)^2} \geq 0$$

であるから，閾値の曲面の傾きは λ に関しては常に非負であることがわかる。具体的には，閾値 $s_1^\dagger$ は λ の増加とともに単調増加し，$\lambda = 1/2$ のときに s_0 の値に関係なく $s_1^\dagger = 1$ となって，$\hat{s}_1$ の上限に達する。

他方，s_0 に関しては，閾値の曲面の傾きは $0 \leq \lambda < 1/2$（すなわち $2/3 \leq L < 1$）のときに正，$1/2 < \lambda \leq 1$（すなわち $1 < L \leq 2$）のときに負である。ただし，$\lambda \geq 1/2$ においては，$s_1^\dagger \geq 1$ となることから，結局 $0 \leq \lambda \leq 1/2$ の場合だけが問題となる。したがって，s_0 に関しても，閾値の曲面の傾きは，閾値が 1 を超えない範囲ではやはり非負となる。

次に示した図 6.4 と図 6.5 は，いずれも東西方向に λ，南北方向に s_0，垂直方向に s_1（$\hat{s}_1$ も含む）をとった閾値のグラフである。全体像を把握しやすくするため，同一のグラフを視点をずらして描いている。曲面は閾値を表す。なお，描画範囲は，東西方向 $0 \leq \lambda \leq 1$，南北方向 $0 \leq s_0 \leq 1$，垂直方向 $0 \leq s_1 \leq 2$ である。注意点として，垂直方向 s_1 については，図の高さの半分

図 6.4 正面から見た閾値の曲面

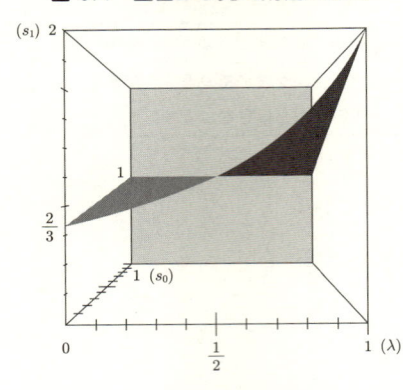

図 6.5 斜め上方から見た閾値の曲面

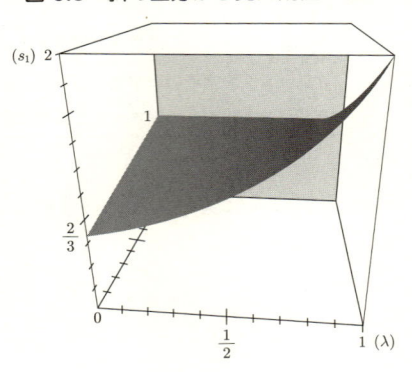

までが $\hat{s}_1$ のとりうる範囲となっている。つまり，この図の垂直方向は，本来の範囲を逸脱して 0 から 2 までを表しており，それを他の辺と同じ長さになるよう縮尺を変えている。これは見やすさを優先した処置である。

アジェンダ設定者の理想点が図中の閾値の曲面よりも下側に存在すれば，アジェンダ設定者によりその点がそのまま提示される。逆に，その理想点が閾値の曲面の上側に存在すれば，アジェンダ設定者は譲歩する。すなわち，この閾値の曲面上の点まで下りてきて，その点を提示するのである[25]。

この図からわかるのは次のようなことである。仮にすべての λ, s_0, $\hat{s}_1$ の組合せが等確率で実現するならば，アジェンダ設定者の理想点が閾値を越える状況（つまり国際版空間理論の均衡 II）が生じる可能性は意外に少なそうである[26]。λ が十分小さいときに限り，$\hat{s}_1 > s_1^\dagger$ がかろうじて成立し，アジェンダ

---

[25] どちらの均衡も交渉参加者の特別多数決により成立するが，賛同者数は異なってくる。ここで賛同者数は単純に提案点で決まる。アジェンダ設定者の理想点が現状点に近く，その提案が穏当なものであれば，現状変更の幅は小さくなり，賛同者が多くなる。逆に，アジェンダ設定者の理想点が現状点から遠く，その提案が過激なものであれば，現状変更の幅は大きくなり，その分賛同者は減る。

[26] 正確にはこうした状況は 5% 以下の確率でしか起こらない計算となる。それを理解するには，λ, s_0, s_1 という三変数による一辺の長さ 1 の単位立方体の内側における，閾値の曲面より下側の体積を求めればよい。ここで，$\lambda \geqq \frac{1}{2}$ となる部分（単位立方体の半分）については s_0 の値によらず高さ 1 の上限に達していて，その体積は単位立方体の半分に相当する $\frac{1}{2}$ と確定する。よって，重積分の範囲は $0 \leqq \lambda \leqq \frac{1}{2}$ と $0 \leqq s_0 \leqq 1$ についてのみ考えればよい。式展開の詳細は省略し結果のみ示すと，閾値の曲面の下側の体積 V は以下のようになる。

設定者は譲歩を迫られることになる。その際 s_0 も同時に小さいほどアジェンダ設定者が譲歩を迫られる可能性は高まる。逆に λ が $1/2$ を超えている状況では，どんな理想点も常に閾値を下回ることから，アジェンダ設定者は自己の理想点を実現できる。λ によって表されるのが国際世論などによる非締結国への道義的圧力であるとすれば，この値が大きいとき，国際世論を追い風としてアジェンダ設定者が自己の理想を存分に追求できる状況が現れることになる。

なお，仮に全会一致方式の下での均衡 $s_1^* = s_0$ を図に描き入れるとすると，それは原点を通り南北方向を傾き 1 で上がる坂状の平面になる。

4 国際版アジェンダ設定者モデルの応用可能性

本章は，2段階からなるアジェンダ設定者モデルを提示することで，国際関係に対する空間理論の適用可能性を拓いた。この国際版アジェンダ設定者モデルの特徴は 3 点にまとめられる。第 1 の特徴は，多国間交渉について国際関係のアナーキー性を考慮したモデル化となっている点である。これは従来のアジェンダ設定者モデルに交渉への参加・不参加の決定の段階を加えることで実現された。これにより，第 2 の特徴として，ピボットの決定が内生化されることになった。従来のアジェンダ設定者モデルではピボットが中位投票者に固定されていたのに比べると大きな改善である。第 3 の特徴は，非締約国にもかかってくる道義的圧力の導入である。たとえ現状点とアジェンダ設定者の理想点との乖離が大きくとも，道義的圧力が強ければ，大幅な現状変更が均衡として実現される可能性が確認された。このように改善された国際版アジェンダ設定者モデルは，今後のさまざまな多国間交渉に適用可能となるだろう。

$$V = \frac{1}{2} + \int_0^1 \int_0^{\frac{1}{2}} \left\{ \left(1 - \frac{1}{\frac{3}{2} - \lambda}\right) s_0 + \frac{1}{\frac{3}{2} - \lambda} \right\} d\lambda ds_0$$
$$= \frac{1}{2} + \frac{1}{4} + \frac{\log(\frac{3}{2})}{2} \fallingdotseq 0.953$$

つまり，単位立方体のうち，閾値の曲面の下側にくる部分が全体の約 95％ を占めることがわかる。

◆ さらに読み進む人のために

 Shepsle, K. A. (2010) *Analyzing Politics: Rationality, Behavior, and Institutions*, 2nd ed., W.W. Norton.
 数理政治学の基本的なモデルが紹介されており，難しい数式なしにその発想を知ることができる。ただし取り上げられた対象は国内政治に限られる。

 Morrow, J. D. (1994) *Game Theory for Political Scientists*, Princeton University Press.
 国内政治・国際政治の合理主義的モデルが幅広く解説されている。練習問題（簡単な解答つき）も解けばより理解が深まる。

 鈴木基史（2000）『国際関係』（社会科学の理論とモデル2）東京大学出版会。
 国際政治における代表的な主題について，基礎となる合理主義的モデルが手際よく解説されている。

 山本吉宣・河野勝編（2005）『アクセス安全保障論』日本経済評論社。
 国際安全保障の分野におけるさまざまな合理主義的モデルが数式なしに幅広く紹介されている。

 アクセルロッド，ロバート・M.（1998）松田裕之訳『つきあい方の科学――バクテリアから国際関係まで』ミネルヴァ書房。
 かつて一世を風靡した含蓄あふれる啓蒙書。ゲーム理論は「社会」（その構成要素が何かを問わず）について深い洞察を与えうることがわかる。

【付記】
 本章は科研費（文部科学省/日本学術振興会）(No.23653040) の助成を受けたものである。

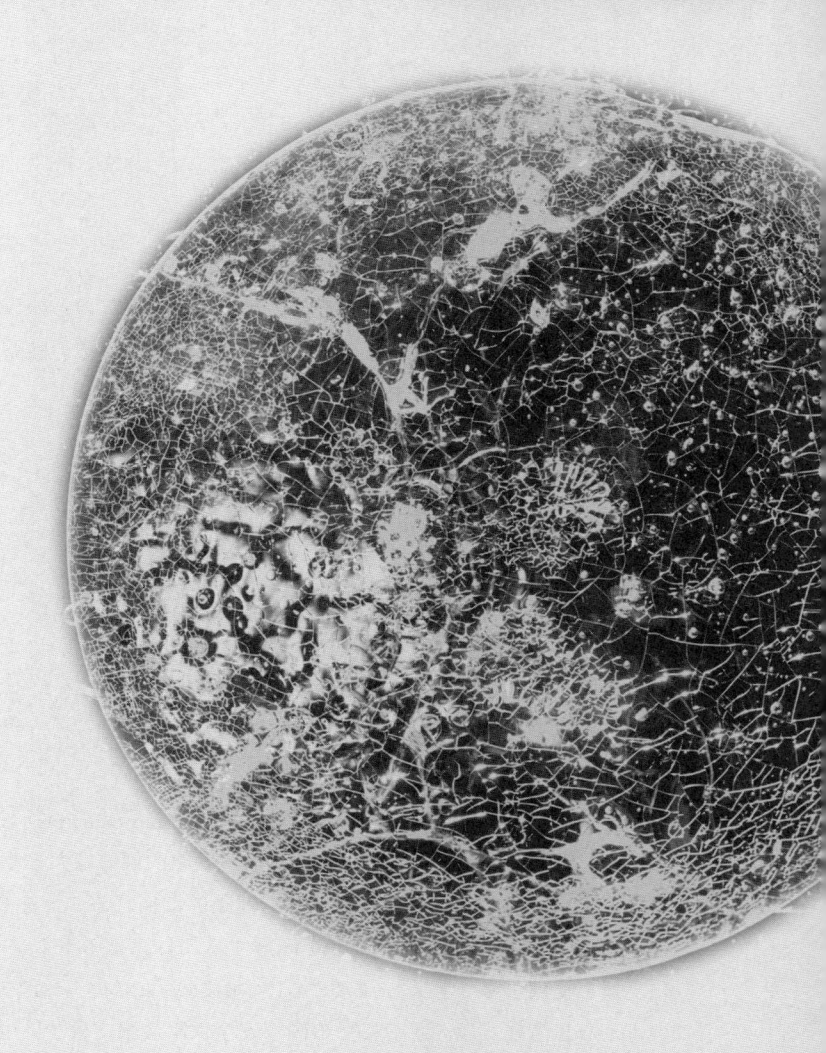

第IV部
外交と情報

第7章

コミットメントの罠
現状維持の覚悟と錯誤

石田　淳

1 はじめに：問題の所在

　戦略家にとっての最大の敵は，その妄想である。どれほどの分析能力を持ち合わせようとも，戦略状況を正確に認識できなければ，その戦略は本来の意図に反する結果をもたらすものにもなりかねない。この意味では，才気も狂気も紙一重である。
　1954年4月7日，当時の米国大統領アイゼンハワーは，インドシナの戦略的価値に関して記者から質問を受けて，

> ドミノを一列に並べておいて，先頭のドミノを倒せば，列の最後尾のドミノも，間違いなくすぐに倒れることになります。ですから，ドミノが1つ倒れることは，この上なく深刻な結末をもたらす瓦解の始まりを意味するかもしれないのです。

と応じた。この発言は，「**ドミノ理論**（falling domino principle）」の表明として知られる。特定のドミノそれ自体に内在する戦略的価値は大きくなくても，そのドミノが倒れることは，他のドミノも連鎖的に倒れることを意味するなら，一連のドミノがすべて倒れることを回避するには，どのドミノも倒れないように支援を提供する（さらに，必要に応じて増援を約束する）ほかない。米国のこのような思考様式は，すでにその国家安全保障会議文書124/2（1952年6月

25日）の中に表れていた。そこには，東南アジアにおいて，いずれか一国でも中ソブロックに寝返れば，他の諸国も，遠からず共産主義に屈服するなり，それと提携するなりするだろうと述べられていたのである。冷戦の文脈において，なぜ米国の**コミットメントの肥大化**（over-commitment）が生じたのかを，この観点から考察してみたい。

　第二次世界大戦後，冷戦対立の文脈において米国は，英国やフランスの国際的なコミットメントを肩代わりしていく。具体的には，東地中海から撤退する英国に代わり，1947年にトルーマン・ドクトリンを打ち出してギリシャやトルコにそのコミットメントを拡大した。また，北緯17度線を境にヴェトナムを南北に分断した1954年のジュネーヴ協定の後，インドシナから撤退するフランスに代わり，ヴェトナムにそのコミットメントを拡大した。同年9月には，米国のイニシアティヴの下に，米，英，独，豪，ニュージーランド，フィリピン，タイ，パキスタンから成る東南アジア条約機構（SEATO）が設置された。この同盟の設置目的は，東南アジアにおける中ソの勢力拡大を阻止しようとする米国の政治的決意を表明することにあった。

　冷戦対立とは，東西両陣営間の政治・経済の体制選択をめぐるイデオロギー的対立と，権力政治的対立とが複合する対立であったと一般化できるだろう。なかでも，この2つの対立の連動は，脱植民地化の局面において顕著であった。

　ジュネーヴ協定後のヴェトナムをめぐる冷戦対立について，それを図式的に整理すれば，停戦ラインを挟んで，その北と南に，左派のヴェトナム民主共和国と，右派のヴェトナム共和国が対峙し，さらに後者の内側では，政権を掌握した右派と，反政府勢力（南ヴェトナム解放民族戦線）の左派が対峙するというものだった。米国は，この南ヴェトナムの政権側を支援するかたちで，上記の冷戦対立の構図に関与することになったのである。

　いかに超大国の米国とはいえ，対外行動のために利用できる資源には限界がある。それゆえに，冷戦対立の文脈において，左派政権の成立を阻止するためならば，いつ，どこにでもそのコミットメントを拡大できるというものではない。それゆえに，米国は，その支援対象を米国の国家安全保障にとって死活的に重要な友好国に限定するべきで，それ以外に支援を拡大するのは，国益を損なうだけだからそれを慎むべきだ，とするのが1つのリアリズムであった。

実際，モーゲンソーやケナンといった当時の代表的なリアリストたちは，このような観点から，米国のヴェトナムへの関与に反対の論陣を張った。これとは対照的に，キッシンジャーは，米国には「選択的信頼性 (selective reliability)」の政策をとる余裕はない，すなわち，特定の友好国に対するコミットメントを実行に移さずに，それを撤回するならば，その他の友好国に対する米国のコミットメントの説得力は不可逆的に失われると論じた (Jervis 1979, p. 319)。この意味において，いずれの友好国に対するコミットメントも死活的に重大であるとしたのである。

現実の米国は，いずれか一国における政治的現状の変更（たとえば南ヴェトナムにおける南ヴェトナム解放民族戦線の勝利）は，ドミノ倒しのように周辺諸国における政治的現状の変更の連鎖をひきおこすとの認識に基づき，その対外政策の目的に，「**米国のコミットメントの保全** (the integrity of the American commitment)」を掲げた。いわばドミノ理論に基づき，ヴェトナムにおいては小規模の軍事顧問団派遣から戦闘部隊の大量投入へと，徐々にその介入を拡大したのである (Jentleson 1989, p. 676)。その結果，周辺国への際限なき波及効果を懸念しなければ，コミットしたとは考えにくい友好国の政治的現状（非共産主義体制）の防衛に，深くコミットするにいたったのである。本章では，このようなコミットメントの肥大化の政治メカニズムを，非協力ゲーム理論の手法を用いて解き明かしたい。

本章の構成は以下の通りである。第2節において，そもそも関係国の間では，威嚇 (threats) の断行，あるいは約束 (promises) の履行といった意図の伝達がなぜ困難なのかを，簡単なモデルを用いて考察する。続いて第3節においては，相手国の意図の伝達と，当該国の意図の伝達とが交錯する局面において生まれる錯誤という観点から，コミットメントの肥大化を説明するモデルを示す。最後に第4節においては，コミットメント論の系譜を整理し，政治学へのコミットメント論の浸透は戦争原因論を超えて広い範囲に及んでいることを確認する。

2 現状維持勢力と現状変更勢力の対立

◆ 戦争の不合理と外交の課題

　国家間の現状について，関係国の評価は必ずしも一致しない。現状に満足し，それを維持しようとする勢力（defenders of the status quo）と，現状に満足せず，それを変更しようとする勢力（challengers of the status quo）との間において，関係国の同意を確保することによって現状の維持を図る，あるいはその変更を図る試みが展開する。この《関係国の同意に基づく政治的現状の維持あるいは変更》こそ，国際政治である（モーゲンソー 1998，第 3 章）。

　交渉を通じた価値配分がいかなるものであれ，戦争を通じた価値配分は，戦争に訴えることなく交渉を通じて実現した同一の価値配分と比較すると，戦争がもたらす人的犠牲や戦争に要する財政的費用を勘案するならば，戦争の敗者にとってのみならず勝者にとってすら好ましいものではない。この意味において戦争による価値配分は関係国にとって「共通の不利益」である（Fearon 1995, p. 383）。

　この不合理にもかかわらず，なぜ事前の交渉を通じて戦争を回避できないのだろうか。なぜならば，関係国の言明する意図（すなわち，コミットメント）が相手国に対して説得力を持たないからである。意図の言明とは，言ってみれば相手国の行動選択を条件とする当該国の将来行動の予告であって，それはたとえば相手国の行動次第では相手国にとって好ましくない行動を断行する威嚇というかたちをとったり，逆に相手国にとって好ましくない行動を自制する約束というかたちをとったりする（シェリング 2008，第 5 章；Baldwin 1971, p. 23）。「威嚇型のコミットメント」と「約束型のコミットメント」として区別することもできるだろう（石田 2010）。

　この相手国の行動次第では反撃も辞さないという威嚇や，当該国からは先制を自制するという約束も，その意図が正確に相手国に伝わらなければ，伝わっていれば回避できるはずの戦争をひきおこしかねない（Jervis 1976, pp. 58-67, 78, 84, 96-97；石田 2010，363 頁）。この意味において，意図の伝達（Schelling 1966, p. 35）を通じた政治的現状の維持の失敗，すなわち，《外交の破綻》は

《戦争の原因》となりうるのである。

　安全保障とは，現状に対する脅威の縮減であると考えるならば（Wolfers 1952, pp. 484, 485, 492），外交の目的は，意図の伝達を通じて戦争の不合理を回避し，安全を確保することにあると言うこともできるだろう。一口に，外交の破綻が戦争を惹起するとは言っても，正確を期せば，戦争につながる外交の破綻は以下の通り二分される。すなわち，攻勢国が守勢国の反撃の意図を過小評価する場合と，守勢国が攻勢国の攻撃の意図を過大評価する場合である。前者に戦争の原因をみるのが**強制外交論**であり，後者に戦争の原因をみるのが**安心供与外交**論である（Snyder 1971, p. 82; Jervis 1976, p. 86; Stein 1992, p. 165; Lebow 2001）。

　以下，次項で威嚇の断行，その次の項（188 頁）で約束の履行という場面において，関係国の間では意図の伝達がなぜ困難なのかを，簡単なモデルを用いて考察する。

◆ 強制外交の破綻

　図 7.1 のように，国家 X と国家 Y とが，一定の価値[1]の配分をめぐって対立しているとしよう（この価値をパイと呼ぶ）。現状においては，互いの力関係を反映するようなかたちで，両国は大きさ 1 のパイを分割していると想定する（$0 < p < 1$ として，X のシェアが p, Y のシェアが $1 - p$）。

　これら二国をプレイヤーとするゲームにおいて，いずれのプレイヤーも現状変更の自制（"not act" を NA と略記）と現状変更の実行（"act" を A と略記）という 2 つの行動の選択肢を「戦略」として持つとしよう。まず，いずれのプレイヤーも，現状変更の自制を選択すれば，《現状》というアウトカムが生じる（X の利得は p, Y の利得は $1 - p$）。これに対して，両者ともに現状変更を実行すれば，《戦争》というアウトカムが生じると考えよう。戦争の期待利得は，X については $p - c$, Y については $1 - p - c$ とする（いずれの国家も一定の戦勝確率〔ここでは，それが現状におけるパイのシェアに等しいと考える〕において戦争

---

[1] 視覚的にイメージしやすい極端な例を挙げるとすれば領土かもしれないが，一方にとってより好ましい配分が，他方にとってより好ましくない配分となるような性格を持つ価値である限り，どのようなものでもよい。

図 7.1 政治的現状をめぐる対立

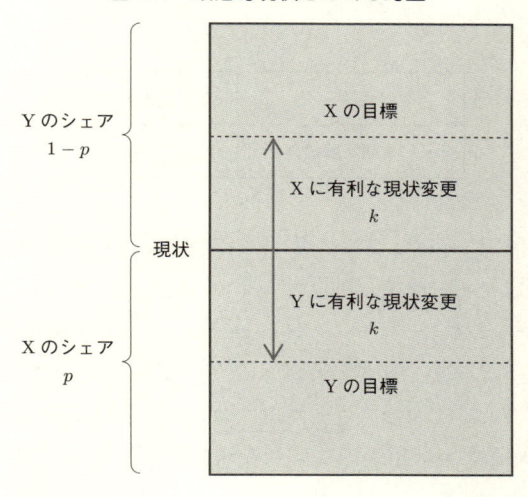

```
Yのシェア    { Xの目標
 1−p       {─ ─ ─ ─ ─ ─ ─
           { Xに有利な現状変更
現状       {         k
           {───────────────
           { Yに有利な現状変更
Xのシェア   {         k
 p         {─ ─ ─ ─ ─ ─ ─
           { Yの目標
```

に勝利して，サイズ 1 のパイを独占する——すなわち，勝者総取を仮定する——としよう。したがって，たとえば，X の場合には，p の確率で勝利してパイを独占し，$1-p$ の確率で敗北して取り分はゼロとなる。ただし，いずれの場合も戦争のコスト $c > 0$ が生じる）。これに対していずれか一方だけが，現状変更の実行（パイのシェアを $k > 0$ だけ拡大する）を選択すると，《X あるいは Y（現状変更を実行したプレイヤー）に有利な現状変更》というアウトカムが生じ，そのプレイヤーの利得が現状よりも k だけ増大し，現状変更を自制したプレイヤーの利得は k だけ減少すると考える（X に有利な現状変更の場合，X の利得は $p+k$，Y の利得は $1-p-k$，逆に Y に有利な現状変更の場合，X の利得は $p-k$，Y の利得は $1-p+k$）。

両国の間には，戦略的な相互依存関係がある，すなわち，二国はゲーム的状況下にある。言い換えれば，表 7.1 に示したように，二国の間でどのような事態（アウトカム）が生じるかは，各国の行動選択に依存すると考える。

X と Y には，それぞれ 2 つのタイプがあると考える。そのタイプを分けるのは，戦争のコストの評価である。戦争のコストを k よりも大きいと評価するタイプと，k よりも小さいと評価するタイプがあると考える。前者の戦争のコストを $\bar{c}$，後者の戦争のコストを $\underline{c}$ と表記する（したがって，$\underline{c} < k < \bar{c}$ が成り立つ）。前者のタイプは，表 7.1 に示された 4 つのアウトカムについて，好ましさの順序という観点から序列化するならば，《当該国に有利な現状変更》≻

表 7.1 強制外交

	Y: NA	Y: A
X: NA	現状	Y に有利な現状変更
X: A	X に有利な現状変更	戦争

《現状》≻《相手国に有利な現状変更》≻《戦争》という選好を持つ（利得の大小関係については，たとえば X に関して，$p+k > p > p-k > p-\bar{c}$ が成り立つ）。これは，いわゆるチキン・ゲーム（chicken game）が想定する選好にほかならないので，このタイプを CH 型と呼び，X^{CH}，Y^{CH} と表記する。これに対して，後者のタイプは，4つのアウトカムについて，《当該国に有利な現状変更》≻《現状》≻《戦争》≻《相手国に有利な現状変更》という選好を持つ（利得の大小関係については，たとえば X に関して，$p+k > p > p-\underline{c} > p-k$ が成り立つ）。これは，いわゆる囚人のジレンマ・ゲーム（prisoners' dilemma game）が想定する選好にほかならないので，このタイプを PD 型と呼び，X^{PD}，Y^{PD} と表記する。というのも，X^{CH}，Y^{CH} のような選好を持った両国が対峙して表 7.1 型のゲームを行えば，その利得構造はチキン・ゲームの利得構造になり，X^{PD}，Y^{PD} のような選好をもった両国が対峙して表 7.1 型のゲームを行えば，その利得構造は囚人のジレンマ・ゲームの利得構造になるからである。

関係国の意図の伝達の問題を分析するために，X がまず行動を選択し，それを Y が観察したうえで，自らの行動を選択する状況を想定しよう。両国の置かれた戦略環境を展開型のゲームとして図示したのが図 7.2 である。

ここで X については，CH 型であると仮定しよう。この CH 型の X に対して，Y は戦争も辞さない（A を選択する）と威嚇することによって，X に現状変更を自制させて（NA を選択させて），現状を維持することができるだろうか。この場合，図 7.2 の 3 つのアウトカムのうち，《戦争》は CH 型の X にとって最悪のアウトカムであり，《現状》は，いずれのタイプの Y にとっても最善のアウトカムである。このように，相手国に最悪事態をもたらす行動を断行するという威嚇によって，当該国に最善事態をもたらす行動の選択を相手国に迫ることを目的とする政策を「強制（coercion）」と呼ぶ。とくに，当該国に最善事態をもたらす相手国の行動が，「不作為」である場合は，「抑止（deterrence）」

図 7.2 強制ゲーム

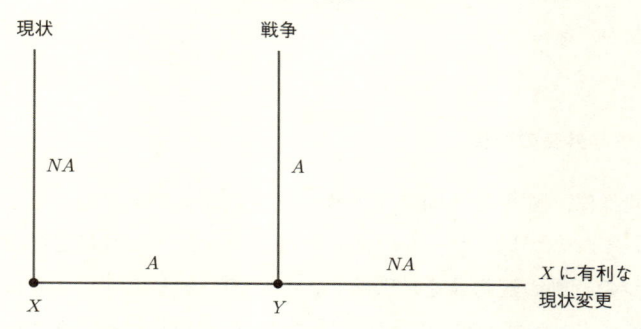

```
現状           戦争
 |              |
 |              |
NA             A
 |              |
 |     A        |      NA
 •——————————————•————————————→ X に有利な
 X              Y               現状変更
```

政策に相当する (これに対して,「作為」である場合は,「強要〔compellence〕」政策に相当する。なお, "compellence" はシェリングの造語である〔Schelling 1966, p. 71〕)。

まず, Y の意図について, X が正確に認識しており, Y のタイプについての情報が両者の間で共有されているとしよう。この場合, Y も CH 型であれば, X^{CH} と Y^{CH} の戦略の組合せ (A, NA) がこのゲームの部分ゲーム完全均衡であり, Y は PD 型であれば, X^{CH} と Y^{PD} の戦略の組合せ (NA, A) がこのゲームの部分ゲーム完全均衡である。このように, 部分ゲーム完全均衡において CH 型の X を抑止できるかどうかは Y のタイプに依存する (部分ゲーム完全均衡における X の行動は, X と Y の間に戦略的相互依存関係があるために, Y の選好によって左右される)。具体的には, CH 型の Y は X による現状変更の実行を抑止できないのとは対照的に, PD 型は X による現状変更の実行を抑止できるのである。

次に, Y のタイプについての情報が両者の間で共有されていないとすれば, どのようなことが起こるだろうか。この場合には, 現状が, いずれのタイプの Y にとっても最善のアウトカムであるために, PD 型の Y のみならず, CH 型の Y もまた, X が現状変更の実行を選択すれば戦争も辞さない, と威嚇する誘因を持つ。したがって, Y が表明する意図 (威嚇型のコミットメント) は X にとっては説得力を欠く。それゆえに, 意図の誤認が発生する余地が生まれるのである。

とくに PD 型の Y を, CH 型が偽装したものであると X が誤認すれば, PD 型の Y と CH 型の X との間で戦争が生じる。しかし, この戦争よりも, 関係

両国にとっては現状のほうが好ましいので,戦争は,両国が回避するべき共通の不利益なのである。

◆ 安心供与外交の破綻

前項と同様に,国家 X と国家 Y とが,一定の価値の配分をめぐって対立しており,いずれのプレイヤーも現状変更の自制(NA)と現状変更の実行(A)という2つの行動の選択肢を「戦略」として持つとしよう。さらに,いずれのプレイヤーも,現状変更の自制を選択すれば,《現状》というアウトカムが生じる(X の利得は p,Y の利得は $1-p$)。これに対して,両者ともに現状変更を実行すれば,《戦争》というアウトカムが生じると考えよう。戦争の期待利得は,X については $p-c$,Y については $1-p-c$ とする。

ただし,前項とは異なり,いずれか一方だけが,現状変更の実行(パイのシェアを k だけ拡大する)を選択すると,《X あるいは Y(現状変更を実行したプレイヤー)に有利な戦争》が発生する。戦争の期待利得は,X に有利な戦争の場合,X については $p+k-c$,Y については $1-p-k-c$ であり,Y に有利な戦争の場合,X については $p-k-c$,Y については $1-p+k-c$ である(ここでは,現状変更を実行したプレイヤーは,そのプレイヤーに有利な現状変更を確実に実現できるものの,戦争という手段に訴える以上は,戦争のコスト c が生じると考える)。

X と Y には,前項と同様に,2つのタイプがあると考える。そのタイプを分けるのは,戦争のコストの評価である。2つのタイプとは,戦争のコストを k よりも大きいと評価するタイプと,k よりも小さいと評価するタイプである。前者の戦争のコストを $\bar{c}$,後者の戦争のコストを $\underline{c}$ と表記する(したがって,$\underline{c} < k < \bar{c}$ が成り立つ)。前者のタイプは,表7.2に示された4つのアウトカムについて,好ましさの順序という観点から序列化するならば,《現状》≻《当該国に有利な戦争》≻《戦争》≻《相手国に有利な戦争》という選好を持つ(利得の大小関係については,たとえば X に関して,$p > p+k-\bar{c} > p-\bar{c} > p-k-\bar{c}$ が成り立つ)。これは,いわゆる鹿狩りゲーム(stag hunt game)が想定する選好にほかならないので,このタイプを SH 型と呼び,X^{SH},Y^{SH} と表記する。これに対して,後者のタイプは,4つのアウトカムについて,《当該国に有利な戦争》≻《現状》≻《戦争》≻《相手国に有利な戦争》という選好

表 7.2 安心供与外交

	Y: NA	Y: A
X: NA	現状	Y に有利な戦争
X: A	X に有利な戦争	戦争

図 7.3 安心供与ゲーム

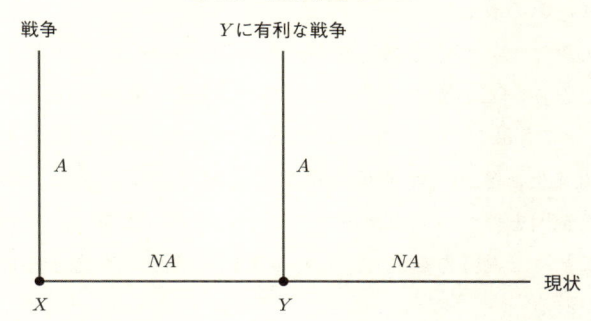

```
戦争          Y に有利な戦争
 |               |
 | A             | A
 |      NA      |      NA
 •───────────────•────────────── 現状
 X               Y
```

を持つ(利得の大小関係については,たとえば X に関して,$p+k-\underline{c}>p>p-\underline{c}>p-k-\underline{c}$ が成り立つ)。これは,いわゆる囚人のジレンマ・ゲーム (prisoners' dilemma game) が想定する選好にほかならないので,このタイプを PD 型と呼び,X^{PD},Y^{PD} と表記する。

ここでは,関係国の意図の伝達の問題を分析するために,X がまず行動を選択し,それを Y が観察したうえで,自らの行動を選択する状況を想定しよう。両国の置かれた戦略環境を図示したのが図 7.3 である。

ここで X については,SH 型であると仮定しよう。この SH 型の X に対して,Y は現状の変更を自制する (NA を選択する) と約束することによって,X の不安を払拭し,X に現状変更を自制させて (NA を選択させて),現状を維持することができるだろうか。この場合,図 7.3 の 3 つのアウトカムのうち,《Y に有利な戦争》は SH 型の X にとって最悪のアウトカムであり,《戦争》は,いずれのタイプの Y にとっても最悪のアウトカムである。このように,相手国に最悪事態をもたらす行動を自制するという約束によって,当該国に最悪事態をもたらす行動の選択を相手国に自制させることを目的とした政策を「安心供与 (reassurance)」と呼ぶ。

まず,Y の意図について,X が正確に認識しており,Y のタイプについて

の情報が両者の間で共有されているとしよう。この場合，Y も SH 型であれば，X^{SH} と Y^{SH} の戦略の組合せ (NA, NA) がこのゲームの部分ゲーム完全均衡であり，Y は PD 型であれば，X^{SH} と Y^{PD} の戦略の組合せ (A, A) がこのゲームの部分ゲーム完全均衡である。このように，部分ゲーム完全均衡において SH 型の X に安心供与できるかどうかは Y のタイプに依存する。具体的には，SH 型の Y は X に安心供与できるのとは対照的に，PD 型の Y は X に安心供与できないのである。

次に，Y のタイプについての情報が両者の間で共有されていないとすれば，どのようなことが起こるだろうか。この場合には，《戦争》が，いずれのタイプの Y にとっても最悪のアウトカムであるために，SH 型の Y のみならず，PD 型の Y もまた，X が現状変更の自制を選択すれば，同様に現状変更の自制を約束する誘因を持つ。したがって，Y が表明する意図（約束型のコミットメント）は X にとって説得力を欠く。それゆえに，意図の誤認が発生する余地が生まれるのである。

SH 型の Y を，PD 型が偽装したものであると X が誤認すれば，SH 型の Y と SH 型の X との間においてすら戦争が生じる。そして，この戦争は，関係両国にとって現状ほど好ましいものではないという意味において，両国が回避するべき共通の不利益なのである。

以上の議論を整理すると，前項（184 頁）で説明したように，威嚇の意図が相手に伝わらないために戦争が勃発するのだから，戦争を回避するには威嚇に説得力を持たせる必要があるとするのが強制外交論である。これに対して，本項で説明したように，約束の意図が相手に伝わらないために戦争が勃発するのだから，戦争を回避するには約束に説得力を持たせる必要があるとするのが安心供与外交論である。当該国から相手国に対する（モデルの文脈においては Y から X に対する）意図の伝達の手法については，石田（2010）において詳しく論じているので参照されたい。次節では，もう 1 つ別の問題として，当該国と相手国の意図（X の意図と Y の意図）の伝達とがどのように絡みあうのかという問題について考察したい。

3 コミットメントの罠：ゲーム理論による分析

◆ シェリングの洞察

《現状の維持》を意図する行動も，《現状の変更》を意図する行動として誤認されるかぎり，相手国の不安をかき立てることなく，当該国の不安を拭うことはできない (Herz 1950, p. 157)。これが《安全保障のジレンマ》にほかならないが，これを拡張すれば，シェリングの洞察に行きつく。

すなわち，《制限された現状変更》を意図する行動（たとえば，1回限りの現状変更）も，《制限されない現状変更》を意図する行動（たとえば，際限なき現状変更の連鎖）の第1段階として誤認されれば，相手国に不安を与えずにはおかないために，威嚇を背景とした現状の変更（強要）は現状の維持（抑止）以上に困難である。なぜなら，一定の現状変更を受諾しない相手国には武力行使も辞さないと威嚇することによって譲歩を引き出すには，この威嚇の説得力に加えて，ひとたび一定の現状変更を実現できたときには，それ以上の現状変更を迫りはしないとする約束の説得力も必要だからである。これは，シェリングの古典的な洞察としてよく知られている (Jervis 1976, pp. 79, 112; Schelling 1966, pp. 74-75)。このような威嚇と約束のトレードオフは，関係国の同意を確保する技術としての政治における難題中の難題なのである (Luard 1967, pp. 185-186; Snyder 1971, p. 82; 石田 2010, pp. 387-388)。

このシェリングの洞察は，基本的に，当該国から相手国に対する意図の伝達の局面において，当該国の言明する2つの意図に潜む矛盾を，威嚇型のコミットメントと約束型のコミットメントとの間の《トレードオフ》として端的に捉えたものである。

それに対して本章では，視点を変えて，当該国から相手国への意図の伝達と，相手国から当該国への意図の伝達がどのように絡みあうのかという問題を，威嚇型のコミットメントと約束型のコミットメントとの間の《相互依存》として考察したい。冷戦期に典型的にみられたコミットメントの肥大化を理解するには，コミットメントの抑止効果に対する過信がなぜ生まれたのか，を分析する必要があると考えてのことである。

図 7.4 威嚇の信頼性

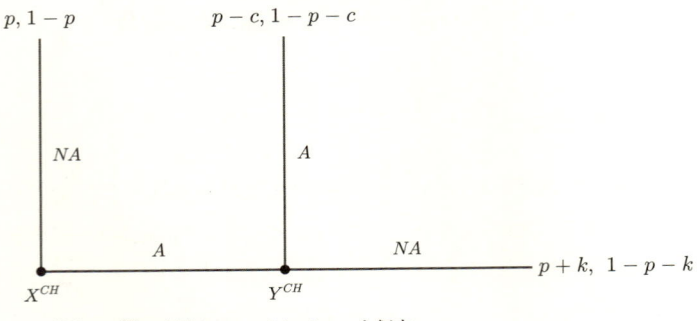

```
p, 1-p            p-c, 1-p-c


     NA                │ A
                       │
                       │
                       │
       A               │      NA
     ●─────────────────●──────────────── p+k, 1-p-k
    X^{CH}            Y^{CH}
```

（注）Y^{CH} の利得については，$k<c$ を仮定。

◆ 威嚇の信頼性と約束の信頼性：コミットメントの相互依存

　X の意図と Y の意図とがどのように絡みあうのか。まず，第 2 節の「強制外交の破綻」(184 頁) の項で論じたように，図 7.4 型のゲームにおいて，Y^{CH} は X^{CH} を抑止できないということを確認しておこう。すなわち，X^{CH} と Y^{CH} の戦略の組合せ (NA, A) は，ゲームのナッシュ均衡ではあるものの，Y^{CH} の威嚇は説得力を持たない（したがって，それは部分ゲーム完全均衡ではない）。チキン・ゲーム型の Y^{CH} については，$k<c$ を仮定しており，Y^{CH} には，現状変更の実行 (A) という威嚇を実行に移す誘因はないからである。

　Y から X に対する意図の伝達は，Y の意図についての情報を持たない X の行動選択の前に，Y に行動の機会を与えて，その意図について X にシグナルを送る（すなわち，Y の意図について X が持つ認識に影響を与える）ことによっても可能になる（外交におけるシグナリング・ゲームについては，石田〔2010〕）。しかし，ここでは，このような対立が 2 回繰り返されることによって，Y の威嚇に説得力が生まれる論理を明らかにしたい。

　先回りして結論を述べれば，Y^{CH} が X^{CH} を抑止できるかどうかは，この対立の構図が将来において繰り返されるかどうかに依存する。そこで，同様の構図において対立のラウンドが 2 回繰り返される状況を想定してみよう。

　注意を要するのは，第 1 ラウンドの結果，《X^{CH} に有利な現状変更》がなされたのち，第 2 ラウンドにおいて，《戦争》が生じた場合に，双方の利得をどのように仮定するかという問題である。第 2 節の「強制外交の破綻」の項

では，いずれの国家も一定の確率（ここでは，それがパイのシェアに等しいと考える。）において戦争に勝利するとの仮定を置いたことを想起し，この仮定を崩さずに，第2ラウンドにおいては，たとえばXの場合には，$p+k$の確率で勝利してパイを独占し，$1-p-k$の確率で敗北して取り分はゼロとなるとしよう。したがって，第2ラウンドにおける戦争の期待利得は，Xについては$p+k-c$，Yについては$1-p-k-c$とする。

第2節の「強制外交の破綻」の項で説明したとおり，第2ラウンド（X^{CH}の2回目の手番から始まる部分ゲーム）においては，Y^{CH}はX^{CH}を抑止できない。したがって，ひとたび第2ラウンドへと進めば，X^{CH}が確実に現状をさらに有利に変更することになるという予想が，関係国双方に成り立つ。しかしながら，そうであるがゆえに，$c<2k$という条件の下では，ゲーム全体の部分ゲーム完全均衡は，$(NA-A, A-NA)^2$となる（$c<2k$という条件の設定は，恣意的なものであると感じられるならば，より一般的に，両者の対立のラウンドが，$k<c<nk$という条件を満たすn回繰り返されると考えればよい）。したがって，このゲームの部分ゲーム完全均衡において現状が維持されるのである。

なぜだろうか。Y^{CH}は2回目の手番においてAを選択する誘因を持たない。したがって，X^{CH}はその2回目の手番において，Aを選択する誘因を持つ。第2ラウンドにおけるこのような展開を予想できるY^{CH}には，その1回目の手番において，Aを選択する誘因が生まれる（なぜならば$c<2k$の仮定により$1-p-c>1-p-2k$であるから）。よって，第1ラウンドにおけるY^{CH}の威嚇型のコミットメントに説得力が生まれるために，X^{CH}にNAを選択する誘因が生まれる。すなわち，X^{CH}を抑止できる。つまり，図7.5のゲームは部分ゲームにおける均衡経路を用いると図7.6に縮約できるので，対立のラウンドを2回繰り返すことは，図7.4のゲームを図7.6のゲームに転換し，譲歩（NAの選択）がY^{CH}にもたらす利得を小さくする効果を持つと言えるのである（図7.5のゲームの縮約版である図7.6のゲームについて，図7.4のゲームとの異同に着目されたい）。その結果，譲歩を拒む（Aを選択する）とするY^{CH}の威嚇に説得力が生まれるために，部分ゲーム完全均衡におけるY^{CH}の利得は大き

2　カッコ内は，コンマの左がX^{CH}の戦略，右がY^{CH}の戦略である。なお，それぞれに2回ずつ手番があるので，ハイフンの左は1回目の手番における行動選択，右は2回目の手番における行動選択である。

図 7.5 威嚇の信頼性と約束の信頼性：コミットメントの相互依存

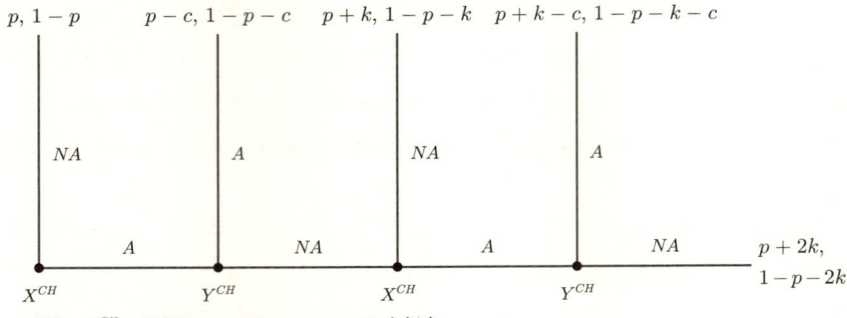

$p, 1-p$　　$p-c, 1-p-c$　　$p+k, 1-p-k$　　$p+k-c, 1-p-k-c$

　　　　NA　　　　　　A　　　　　　　NA　　　　　　　　A

X^{CH}　　A　　Y^{CH}　　NA　　X^{CH}　　A　　Y^{CH}　　NA　　　$p+2k, 1-p-2k$

（注）Y^{CH} の利得については，$k<c<2k$ を仮定。

図 7.6 ドミノ倒しの不安と抑止力の過信（図 7.5 のゲームの縮約版）

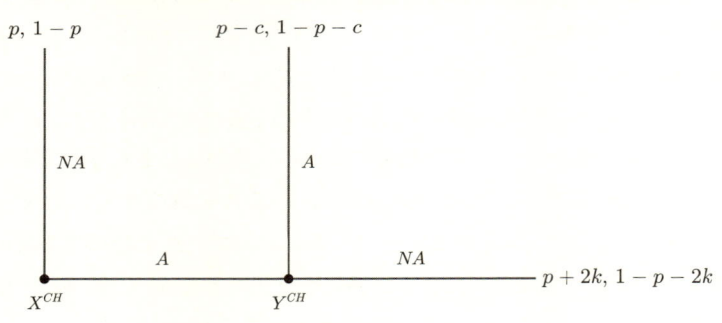

$p, 1-p$　　　　　　$p-c, 1-p-c$

　　NA　　　　　　　　A

X^{CH}　　A　　Y^{CH}　　NA　　$p+2k, 1-p-2k$

くなるのである（この論理については，本章の第 4 節〔196 頁〕において言及するシェリングの仕掛線論〔石田 2010, 370-371 頁〕も参照のこと）。

なお，図 7.5 の Y^{CH} の 1 回目の手番から始まる部分ゲームでは，時間の経過に伴い Y^{CH} の戦争の期待利得が低下する[3]と仮定しているとも言える。この点において，この部分ゲームは，Y^{CH} の予防戦争（preventive war）に訴える動機を説明するモデルと同型である（予防戦争のモデルについては，Fearon 1995）。

このゲームにおいて，X^{CH} が，2 回目の手番が回ってきたら現状変更を自制する（NA を選択する）つもりであるとその意図を事前に言明し，Y^{CH} がそ

---

[3] すなわち，Y^{CH} にとって，将来の戦争（2 回目の手番において A を選択することによって勃発する戦争）の期待利得は，現在の戦争（1 回目の手番において A を選択することによって勃発する戦争）の期待利得よりも小さい。

の約束に説得力があると認識するならば，X^{CH} は現状を有利に変更することができる。しかしながら，この X^{CH} の《約束型のコミットメント》に説得力はない。そうであるからこそ，1 回目の手番において A を選択するという Y^{CH} の《威嚇型のコミットメント》に説得力が生まれるのである。このように，関係国の言明する意図の説得力の間には相互依存関係があると言えるだろう。

◆ コミットメントの肥大化：抑止力の過信

前項のゲームの分析から何を読み取れるだろうか。

第1ラウンドで譲歩して第2ラウンドに進めば，さらに譲歩を迫られることになるだろうという Y^{CH} の不安は，第1ラウンドにおいて断固として譲歩を拒むという覚悟を示す誘因を Y^{CH} に与える。それのみならず，そのように決然たる姿勢をとる誘因が Y^{CH} にある（すなわち，譲歩を拒む意図を持つ）ことは X^{CH} にも明らかである以上は，X^{CH} も現状変更を自制するだろうという抑止力への確信が Y^{CH} に生まれるのである。

冷戦対立の文脈のなかで，米国がベトナムで譲歩すれば，一枚岩の共産主義陣営は，さらに周辺国の政治的現状の変更を際限なく断行するだろうと（すなわち，図 7.5 の図式で）戦略環境を捉える限り，この認識の下では米国のベトナムへの関与はまったく合理的なものであったと言える。敵は南ベトナムにおける南ベトナム解放民族戦線という勢力ではなく，「共産主義」というイデオロギーあるいは一枚岩の共産主義陣営であると認識する限り，特定の友好国における政治的現状をめぐる対立の帰趨(きすう)は，一枚のドミノの命運のみならず，それに続く一連のドミノたる周辺諸国の命運を決するとの認識を生み出すだろう。この認識から生まれるのは，周辺諸国への際限なき波及効果を懸念しなければ，必ずしもコミットしたとは考えにくい友好国（それ自体に内在する戦略的価値を持たない友好国）の政治的現状の防衛にまで深くコミットするという姿勢にほかならない。これが，「コミットメントの罠（commitment trap）」である。

しかしながら，一枚岩の共産主義陣営という認識は米国の誤認であり，米国が直面したのは，共産主義のインターナショナリズムではなく，ベトナムの

ナショナリズムであったとすれば，ゲームは図7.5（194頁）ではなく，あくまでも図7.4（192頁）で捉えるべきものである。第2ラウンドのないゲームについて，第2ラウンドはない（図7.4のゲーム的状況に置かれている）と正確に認識するXと，第2ラウンドの影を恐れ，第2ラウンドはある（図7.5のゲーム的状況に置かれている）と誤認するYは，どのように行動するだろうか。Xにとっても，Yにとっても，その合理的な選択は現状変更の実行となる。第2ラウンドがあるという誤認に基づくYの覚悟（反撃も辞さないという威嚇の言明）は，第2ラウンドのないゲームにおいては錯誤に過ぎず，それに基づく抑止力への過信は，戦争の不合理をもたらすだけなのである。

4 おわりに：戦争原因論を越えて

　米国は，その支援対象を米国の国家安全保障にとって死活的に重要な友好国に限定するべきだが，ヴェトナムはそれにはあたらないとするリアリストの批判にもかかわらず，ヴェトナムに関与した。共産主義勢力は一枚岩であるという認識に基づいて，米国のコミットメントの保全の覚悟を説いた政権と，共産主義勢力が一枚岩であるというのは誤認であるとして，コミットメントの保全のためにヴェトナムに関与するのは錯誤であるとした批判勢力。本章の目的は，この政策論争の構図を，当該国の威嚇型のコミットメントと相手国の約束型のコミットメントとの相互依存関係という理論的観点から解き明かすことにあった。

　コミットメントの説得力に関する従来の研究は，当該国の意図について相手国が持つ認識をどのようにコントロールするかという問題を分析の焦点としてきた。

　たとえば，当該国から相手国に対する2つのコミットメント（威嚇型のコミットメントと約束型のコミットメント）の間のトレードオフを考察する研究（Schelling 1966）がそれにあたる。ほかに，当該国の特定相手国に対する威嚇あるいは約束型のコミットメントと，他の相手国に対する威嚇あるいは約束型のコミットメントとの間の相互関係を考察する研究（経済学におけるSelten〔1978〕の古典的研究の応用）も十分に可能であろう。

本章は，上に述べたように，当該国の威嚇型のコミットメントと相手国の約束型のコミットメントとの相互依存関係を分析の焦点とするものである。XとYとのゲームにおいて，XからYへの意図の伝達と，YからXへの意図の伝達が互いにどのように影響しあうのかという問題について，政治学において認識はされているものの，管見ではこれを正面から論じた研究はない（この問題は，名誉革命体制における議会と国王との関連を分析した North and Weingast〔1989, pp. 816-817〕において認識されている）。この点に本章の考察の独自性があると考える。

なお，国家間の意図の伝達をめぐる政治過程は，ここに素描したものに限られるものではない。そこで最後に，コミットメント論の広がりを概観して，本章を結びたい。

コミットメント論の第1の展開は，対外的に言明された意図に説得力を与えるのは，どのような国内政治体制なのかという論点をめぐるものだった。これには，2つの系譜がある。

第1の系譜は，国内の民主体制は民主主義国の対外的な威嚇に説得力を与えるとする議論である。シェリングの**仕掛線論**（Schelling 1966, 47；石田 2010, 370-371 頁）がその典型であろう。シェリングによれば，冷戦期における米軍兵力の平時・常時（戦時・一時ではない）欧州駐留は，米国の拡大抑止に説得力を与える。すなわち，米国の反撃の威嚇によって，米国の同盟国へのソ連軍による攻撃を自制させることができる。なぜならば，ソ連軍が攻撃を実行すれば，必ず駐留米軍に犠牲が発生するため，民主体制の下にある米国大統領には，国内諸勢力の反発を無視して反撃を断念する選択肢はないからである。この意味において，図 7.2（187 頁）の文脈で考えるならば，Y に A という選択肢しかなければ，Y は X を確実に抑止できるが，Y には NA という選択肢があるために，X を抑止できない。この意味では，行動の選択肢が限られていて行動選択の裁量の余地が小さいほうが，部分ゲーム完全均衡における Y の利得は大きくなるのである。兵力の欧州駐留は，NA を選択することによって Y が得る利得を引き下げる（実質的には Y から譲歩の選択肢を奪う）効果を持つ。このように，政治体制が威嚇の説得力に与える影響こそが，民主主義国の拡大抑止の鍵であるとシェリングは捉えたのである。

この議論は，交渉者の裁量の余地が小さいほど，交渉者の交渉力は大きくなるとしたシェリング自身の逆説の系譜に連なる。この《行動の自由》の逆説（シェリング 2008, 28-29 頁）こそが，1980 年代の 2 レベル・ゲーム論と 1990 年代の国内観衆費用論に着想を与えるものであったことは言うまでもない（とくに Putnam〔1988, p. 440〕および Fearon〔1994, p. 587〕はまさにこのシェリングの逆説に言及しており，それが 2 レベル・ゲーム論と国内観衆費用論にとって着想の原点であったことを明確に示している）。

第 2 の系譜は，国内の民主体制は民主主義国の対外的な約束に説得力を与えるとする議論である。具体的には，国際的な権力濫用の自制の約束が持つ説得力は，主導国の国内政治体制に依存し，ことに，国際的な立憲秩序の構築においては民主体制が優位性を持つという議論はアメリカにおいて根強い（アイケンベリー 2012, 234-237 頁）。というのも，民主体制の下で制度的に保障される政治的競争が，主導国の政府に対外的な約束を確かに履行する国内的誘因を与えるからである。

コミットメント論の第 2 の展開は，民主体制への「**交渉による移行**（negotiated transition）」や，内戦の「**交渉による解決**（negotiated settlement）」に必要なのは，訴追の威嚇か，あるいは恩赦の約束か，という論点をめぐるものである（Akhavan 2009; 石田 2011）。本章第 2 節において，関係国にとって共通の不利益としての戦争の勃発を回避するには何が求められるかという問題をめぐり，強制外交論者は説得力のある反撃の威嚇を挙げ，安心供与論者は説得力のある先制の自制の約束を挙げたことを説明したが，理論的には同一の問題が，まったく別の文脈においても論じられているのは，はなはだ興味深い。

体制移行以前，あるいは（国内武力）紛争終結以前の残虐行為について，体制移行期に，あるいは紛争終結期に正義の実現を目的として講じられる諸措置（加害者の訴追，公職追放，被害者の賠償，真実究明，和解，軍・警察の改革など）については，いわゆる「**移行期正義**（transitional justice）」論として，学際的な研究が近年積み重ねられている（この分野の研究の嚆矢として，Herz〔1978〕。とりわけ，残虐行為に責任のある個人に対する刑事責任の追及は，体制の移行にどのような効果を持つのだろうか。残虐行為を一掃するために求められるのは，それに責任のある個人の訴追の威嚇によって残虐行為の実行を抑止することなのか，それともそれに責任のある個人に対する恩赦の約束によって，権力

者を権力の座にしがみつかせる不安を解消することなのか。

そもそも訴追の有無を決定するのは，旧体制下の体制派と反体制派との勢力分布であると考えるリアリストは，処罰の対象になるのは，力の優位を失って政権の座から降ろされた旧体制のリーダーであって，力の優位を失わずに自発的に権力の座から降りた旧体制のリーダーではないと断言する（ハンチントン 1995）。そのうえでリアリストは，この議論を裏返して，「恩赦」の約束は体制の交渉による移行を促進するが，訴追の威嚇は逆にそれを困難にすると論じているのである（Goldsmith and Krasner 2003, p. 51; Snyder and Vinjamuri 2004, p. 14）。

このように，現状維持勢力と現状変更勢力との間において，政治的現状をいかに交渉によって維持したり，変更したりするかという問題は，国際政治のみならず，それを含む政治の諸局面において立ち現れる。その意味において，この問題は政治学の基本問題であると言えるだろう。そして，その基本問題を解く鍵は，威嚇や約束というかたちで交渉当事者が言明する意図（コミットメント）の説得力にある。

◆ さらに読み進む人のために ──────────

シェリング，トーマス（2008）河野勝監訳『紛争の戦略──ゲーム理論のエッセンス』勁草書房。
1960 年に原著が出版されたこの本の 28〜29 頁を開いてみよう。そこでシェリングは言う。「国家を対外的に代表する交渉者は，その行動の自由が制度的に制約されているほど，譲歩の余地がないことが交渉相手にも明らかになるために，国際交渉の席で相手から譲歩を引き出し，好ましい合意に到達できる」と。原著の出版からすでに半世紀余りの歳月が過ぎたが，この洞察（行動の自由の逆説）ほど米国の国際政治学史において後続の研究にインスピレーションを与え続けてきた一節がほかにあるだろうか。

竹田茂夫（2004）『ゲーム理論を読み解く──戦略的理性の批判』ちくま新書。
戦争の結果としての停戦ラインに，あらかじめ交渉の席で関係国が合意することができれば，それに越したことはない。にもかかわらず，この戦争の不合理を

関係国はなぜ回避できないのだろうか。このようなかたちで戦争論と外交論とを架橋したフィアロン（本章の第 2 節〔183 頁〕参照）の知見も，ミクロ経済学の定番の借用に過ぎないと一刀両断にする竹田の議論を，その定番とともにあわせ読むことを勧めたい（竹田 2004，254-258 頁）。

中西寛・石田淳・田所昌幸（2013）『国際政治学』有斐閣。
　政治とは，特定の価値配分に対する関係者の同意確保の過程であり，外交は，意図の伝達を通じた政治である。『国際政治学』の第 3 章「対外政策の選択」は，まさにこの観点から外交（強制外交および安心供与外交）を論じている。

第8章

グローバリズムとリージョナリズムの交差
東アジア通貨危機と会議外交

鈴木 基史

1 はじめに：複合化する国際関係

　グローバル化が進む現代国際関係において，地域制度の役割がかつてないほど高まっている。東アジア，欧州，米州などの地域において，貿易，通貨，環境，人権などの政策領域に関わる多種多様の地域制度が構築・運用され，地域の繁栄や安定に寄与している。その一方で，世界貿易機関（WTO），国際通貨基金（IMF），オゾン層保護を目的としたモントリオール議定書，国際人権レジームなど，地域を越えて多数の国々が参加するグローバル制度もほぼ同様の政策領域で広く普及している。かくして，グローバリズムとリージョナリズムが併存する逆説的とも思える複合的な現象が現代国際関係の特徴となっている。

　通常，地域制度の構築には，**調整**（coordination）と呼ばれる難しい問題が内在する[1]。たとえ地域制度の必要性が域内諸国によって強く認識されていても，適切と考えられる制度の構造や内容は国家間で異なる。たとえば，一部の国々は法的拘束力をもって参加国の行動を規制する強力な制度を好むが，その他の国々は主権をできる限り制約しない非拘束的な制度を好むかもしれない。また，一部の国々はグローバル制度と連携した地域制度を好むが，その他の

---

[1] 本書の第1章でも制度の構築を扱っているが，同章は集合行為問題が制度構築を妨げると想定している。対照的に本章は，利益の非対称性に関わる調整問題に焦点を当てている。

国々は連携していない地域独自の制度を好むこともあろう。こうした非対称な選好を持った国々の間で共通の地域制度を構築するには，国々の選択を特定の制度内容に調整することが必要となる。さらに，すべての関係国が制度に関わる高度な専門知識を持っているとも限らないため，制度設計には関係国の間で情報を共有するためのコミュニケーションの充実も不可欠となる。しかし，調整問題と情報問題はしばしば混在するため，制度構築の国際合意を目指す外交交渉は難航することが予想される。

　モーゲンソー（1998）やキッシンジャー（1996）らによって論じられた伝統的な外交は，国家のパワーを明示的・暗示的に用いながら，国家の安全という国益の追求を目的として行われる**強制外交**と位置づけられるものであった。これと対照的に，本章で焦点を当てる外交は，情報・調整問題を解決しながら，関係国から合意を取り付けて国際的約束事を締結することを目的とした**会議外交**である。このような会議外交であっても，国々が少しでも自国の利益に資するように約束事を形成しようとする点は強制外交に似ている。しかし，対話や情報提供などという非強制的な手段で交渉相手国の同意を確保しようとする点で決定的に異なる。ブル（Bull 1977, p. 164）によれば，国際合意は，原則的に，関係国の利益が重複するところで可能となるが，たとえ実質的に重複していなくても関係国が重複していると認識することで合意は可能となる。したがって，合意形成を目指す外交官の役割は，説得や情報提供を通じて，利益が重複していることを相手に認識させ，自国利益の合理的追求のテコとして約束事への同意が適切であることを知らしめることである。この意味で外交は「芸術（art）」的な要素を有するのである。

　本章で焦点を当てる情報と調整は，重複利益の認識を促し，合意を達成する外交過程に関わるものである。ところが，外交官が情報と調整という複合的問題をうまく解決できないならば，制度の構築は見送られ，国々は独力またはその他の方法で自国の安全や繁栄を確保せざるをえなくなる。本章は，東アジアにおける通貨制度の形成過程を事例として参照しながら，外交交渉に関わる複合的問題を解析し，グローバル制度と地域制度の関係性について理解を深めることを目的とする。

2 東アジア通貨外交と国際関係理論

◆ 東アジア通貨危機からチェンマイ・イニシアティブへ

　東アジアにおいては，現代国際秩序として知られるウェストファリア秩序の基本的規範である主権国家原則，主権平等原則，内政不干渉原則に対する国々の固執が強く，有効な地域制度の構築が困難であるとされてきた。東アジア諸国の多くは，植民地主義や大国による権力政治を経験したため，国家社会から外国の影響を排除する目的で上記の原則を強く主張してきたという経緯がある。これらの原則への固執はグローバル制度の構築を妨げる要因ともなり，その結果として，東アジアは他地域に比べて，地域制度の整備が遅れてきたと一般的に考えられてきた。ところが，こうした制度アレルギーに反して，東アジアでも1990年代初頭から，貿易，投資，通貨・金融，安全保障などという政策領域において地域制度が次々と構築されるようになってきた。東アジア地域制度研究が耳目を集めるようになってきたのは，地域制度構築に向けての協調関係の深化だけでなく，東アジア主権国家体制における変化の可能性があるところにその理由がある。

　地域制度の構築が遅れていた点は事実であるが，その間，制度構築のための国々の対話がまったくなかったというわけではない。定期的な地域間会合でも，1990年代頃から，東アジアサミット（EAS），ASEAN地域フォーラム（ARF），アジア太平洋経済協力（APEC），アジア・ヨーロッパ会議（ASEM）など数多くの国際会議が開催されてきた。それにもかかわらず，近年まで，それらの会合から実体のある地域制度が創設されたケースは意外に少なかった。そのため，欧米の皮肉っぽいメディアは，実績の上がらない東アジアの会議外交を「写真撮影の機会」や「トーキング・ショップ」などと揶揄し，政治リーダーが自国民に対して，外国の首脳とも対等に取引できる有能な人物であるというメッセージを発することが唯一の目的であると解し，十分な関心を払ってこなかった[2]。

　このような批判が的を射ているとするならば，東アジア諸国は対外的に意義の薄い会議外交をなぜ繰り返し行ってきたのだろうか。もし会議外交が内

政目的のものであるとしても，遅かれ早かれ何らかの実質的成果を上げなければ，国内向けのメッセージさえも空虚なものになってしまう。したがって，意義のある会議外交とは何か，それはどのように可能なのかについて考察することが東アジア国際関係への理解を深めることとなる。本章は，会議外交の具体的成果の1つとして，ASEANプラス3（APT，東南アジア諸国連合プラス日中韓の三国）という地域フォーラムから生まれた，チェンマイ・イニシアティブ（CMI）と呼ばれる中央銀行間の外貨融通制度に焦点を当てる。CMIは，グローバル通貨管理制度としてのIMFとの連携あるいは対立を内包しているため，本章の課題であるグローバリズムとリージョナリズムの関係性を考えるうえで格好の事例となる[3]。

　CMI形成の発端は，1997年に発生した東アジア通貨危機にさかのぼる。危機以前，東アジア諸国の多くは，海外市場への輸出を経済成長の柱とみなして，主に米ドルにペッグしたバスケット制の為替制度を敷き，国際金融機関からの短期融資を利用してインフラ整備，技術移転，工業化を推進してきた。その結果，高度経済成長を達成してきたが，それに伴う膨大な国際投資の流入にもかかわらず，資本市場の透明性や金融機関の健全性を確保する制度を十分に整備してこなかった。1994年，通貨危機に陥ったメキシコに対して，米国クリントン政権が大規模な金融支援を行った際，こうした米国政府の破格な支援がIMF規律を乱し，脆弱な資本市場を持つ東アジア諸国に，救済を期待しながら無謀な通貨金融政策をとるという**モラル・ハザード**（moral hazard，倫理の欠如）問題として波及するのではないかと懸念された。こうした心配は日本の旧大蔵省（現財務省）にも共有され，元財務官の行天豊雄を中心とした研究チームが，東アジアにおける通貨危機を防止することを目的とした地域通貨管理制度の創設を提言した「行天イニシアティブ」をまとめ，東アジア諸国政府に提示したとされる（Lipscy 2003）。しかし，当時，高い経済成長を遂げていた東アジア諸国の潜在的な金融健全性問題は表面化していなかったため，行天

　2　たとえば，『ニューヨーク・タイムズ』紙のコラム（Donald K. Emmerson, "APEC Governments and Unity: Dreaming the Impossible Dream," *New York Times*, November 22, 1995.）。

　3　ここでのCMIに関する記述は，黒田（2003），榊原（1998），Grimes（2009）を参照にしている。

イニシアティブが受け入れられることはなかった。

　ところが，1997年，東アジア諸国の経済ファンダメンタルズが良好であったにもかかわらず，米ドルの高騰によって，自国通貨をドルにペッグしていた東アジア諸国の輸出が急減し，その反動で同諸国の通貨が暴落するという東アジア通貨危機が発生した。危機はタイと韓国を皮切りに，インドネシア，マレーシア，シンガポールなどにも波及し，地域全体の重大な経済問題に発展した。各国の対応は異なるが，タイ，韓国，インドネシアは国際収支の改善を図るためIMF調整融資の受け入れを決断し，その条件として，国民にとって大変厳しい構造改革を断行することを余儀なくされた。対照的に，マレーシアは資本規制を導入して外国資本の流入を抑制しながら，自律的な回復を目指した。

　危機前から東アジアの通貨問題に強い関心を払っていた日本政府は，危機後も，当時の宮澤喜一大蔵大臣が中心となって東アジアの通貨管理体制を強化することを目的としたアジア版通貨基金（AMF）の創設を提案した。これがいわゆるAMF構想である。東アジア諸国は，自国の通貨システムの強化に迫られていた半面，通貨危機に対するIMFの対処の不備に不満を感じていたことから，通貨防衛の手段として地域通貨管理制度の構築を望むようになっていた。一方，IMFと米国は，AMFが創設され，IMFと一線を画した通貨管理制度が整えられるようになれば，IMF体制の規律が乱れるとして，IMFとの制度連携（IMFリンク）を外したAMFを容認しなかった。加えて，東アジア経済における主導権をねらうまでに成長を遂げていた中国も，AMFの導入により日本の影響力が拡大することを嫌って同構想に反発した。

　AMF構想が頓挫した後も，日本政府は，新宮澤構想を提示して，通貨危機に見舞われた東アジア諸国に対する経済支援に取り組んだ。具体的には，国際金融資本市場の安定化を図るため，早急に支援策を講じていく必要があるとして，直接的な公的資金協力による支援（東アジア諸国への旧日本輸出入銀行〔輸銀，現国際協力銀行〕による融資の供与，東アジア諸国の発行するソブリン債の輸銀による取得，東アジア諸国への円借款の供与），東アジア諸国の実体経済回復のための中長期の資金支援として150億ドル，これらの諸国が経済改革を推進していく過程で短期の資金需要が生じた場合の備えとして150億ドル，あわせて

全体で 300 億ドル規模の資金支援スキームを用意した。

　1999 年 11 月に開催された APT 非公式首脳会議（2000 年から公式・定期化）では，通貨・金融分野の協力につき APT の枠組みを通じた東アジアにおける自助・支援メカニズムを強化することが合意された。そして，2000 年 5 月の APT 財務相会議では CMI に基づく中央銀行間の外貨スワップ協定が合意された。同協定は，あらかじめ決められた準備金の枠内で，外貨不足に苦心している締約国に外貨（主に米ドル）を融通し，通貨危機の深刻化を防ぐことを目標にした。協定の詳細は，2001 年 5 月の APT 財務相会議で策定されることになり，日本と韓国，タイ，マレーシアの間で総額 60 億ドルの通貨交換（スワップ）協定を締結することで合意した。一方で，同協定は，当初，自前の監視装置を持たないため，IMF と制度上連携し，IMF の監視制度やコンディショナリティを利用しながら，モラル・ハザードを防止する工夫を凝らした。これは，ある締約国が資本の流出などによって国際収支の悪化に遭遇した際，CMI の準備金のうち 10% までを IMF との合意なしで拠出してもらえるが，10% を超える場合，IMF との協議・合意および被融資国に対する IMF の監視を必要とするものである。その後の交渉で 10% 枠は 20% に引き上げられて IMF リンクは縮小されたが，CMI における IMF の影響はいまだに大きい[4]。

　CMI 創設に関する関係国の思惑は決して一枚岩でなく，おおよそ以下のようである。米国は，IMF 理事会において拒否権を有する唯一の加盟国であり，IMF の政策に対して強い影響力を持つことから，米国と IMF は一体として考えていい。米国と IMF は最終的に CMI を受け入れたのだが，東アジア通貨危機のような危機を防止するために IMF 体制自体を強化することは制度的に困難で実現性に乏しいと判断していた。CMI を否定すれば，東アジアの脆弱性を野放しにするだけでなく，東アジア諸国から反発を買って米国と IMF に対する不信感を強めるだけである。CMI は地域通貨管理制度への第一歩か

4　加えて，CMI は，アジア債券の発行を促し，債券市場の制度整備を推進する項目も網羅している。こうしたアジア金融市場の近代化は，アジアへの進出を企図しながらも，市場の制度整備が遅れていることが理由で二の足を踏んでいた日本の民間金融機関に有利に働くことが期待されていた。

もしれないが，それが進化してIMFとのリンクを大幅に縮小するようであれば，その際に拒否すればよい。したがって，CMIに米国が直接参加しないものの，高いレベルのIMFリンクを包含している限り，IMF体制に準拠したものとして受容可能であると結論づけ，受け入れた。

　タイ，韓国，インドネシアなどという危機の当事国は，通貨危機の再発を防止する制度を強く望むようになったが，IMF主導の構造改革による苦い経験から，IMFというグローバル制度とできる限り距離を置き，不足している流動性の確保に資する地域制度の構築を望んでいた。しかしながら，十分な外貨準備を持たない国々は，再度危機が発生した際に融資を受ける側に立つ可能性が高く，新たな制度構築交渉で強い影響力を発揮することは困難であった。一方，中国は，AMF構想に対しては日本の影響力が強まることを警戒して反対したが，CMIに対しては，IMFとの連携や日中の出資を半々にするなどという取り決めによって日本の影響力を抑えることができ，東アジア諸国との経済取引が増大し，外貨準備も飛躍的に拡大するなかで新たな通貨危機に対処する制度の重要性を認識して受け入れたと考えられる。

　最後に，日本政府はCMI設立に重要な役割を演じたが，危機後の日本の立場は意外にも不透明であった。そのため，海外から見た日本政府の思惑の解釈には少なくとも次の2つがある。1つは，日本の選好は東アジア諸国のそれと近似しており，自律性のある地域制度の構築を望んでいたとするものである。その証左として，危機前からすでに日本はAMF構想を提案していたように，地域制度の構築に前向きであったことが挙げられる。成長が続き，相互依存が増す東アジア経済には，関係国の経済政策を調整する地域制度が必要であることは広く認識されていた。さらに日本政府としては，東アジアでの主導権を確固たるものとしたいという考えがあり，そのためには，アジア諸国の期待に応えながら，できる限りIMFと連携していない自律的な地域制度の構築に対してイニシアティブを発揮することを重要視していた（Hughes 2000）。

　もう1つの日本の思惑の捉え方は，1990年代後半，中国が急成長を遂げていたがまだ安定的な債権国でなかった状況で，日本が東アジア唯一の安定的な債権国であり，必然的に債務国に対して融資を供与する立場にあった事実を重視するものである。通貨危機によってあらわとなった東アジア経済の脆弱性

に鑑みると，グローバル制度とデリンク（分離）し，緩やかな規則しか持たない地域制度を立ち上げれば，通貨金融規律が弛緩するというモラル・ハザードが発生しかねず，最大の債権国である日本に対する融資負担が高まるという懸念があった。そのため，日本政府には，IMFとのリンクを維持し，その監視制度やコンディショナリティを活用できる地域制度を構築することによって，東アジア諸国における通貨金融規律を強化したいという思惑があった（Grimes 2009, chap. 3）。

日本の協調行動にこうした2通りの解釈があることは，日本の真意がわかりにくかったという不確実性が内在していたことも同時に示している。これは，CMI設立の際に日本政府が発信したメッセージが日本の選好を明示したものでないこと，言い換えると，メッセージが**自己識別的**（self-signaling）ではなかったことを暗示している。CMIの設立過程を振り返ると，地域制度創設に伴うグローバリズムとリージョナリズムの交差を理解するうえで，関係国の選好，地域主要国の役割，主要国とその他の地域諸国との調整，情報不確実性の影響などについて考察しなければならないことがわかる。

次の項では，国際関係学の諸理論が地域制度についてどのような見解を示しているかを垣間見，各理論の限界について指摘する。

◆ 国際関係理論による考察

グローバリズムとリージョナリズムが相克するなかでの制度構築に関して，国際関係学の諸理論は，調整問題の解決を図って制度構築の道を開く複数の政治過程を論じている[5]。

第1に，**リアリズム**は，国際制度の構築に関わる調整問題を克服するうえで，説得や強制を通じて制度の構築を主導できる経済力，軍事力，政治力などからなるパワーを持ったリーダーシップが必要であると論じてきた（Krasner 1991）。互恵的な制度を構築することによってすべての関係国を益することができるのだが（パレート改善），制度設計の方法によっては，特定の国のみに有

---

[5] 東アジア通貨問題について，グライムス（Grimes 2009）がリアリズム，リベラル制度論，コンストラクティビズムに依拠した仮説を提示し，その妥当性を比較検討している。

利になるという分配的効果が生じてしまう。そのため、パワーが制度設計を含めた、あらゆる国際的帰結の決定因となる状況では、大国が自国の利益を最大化させる国際制度の創設を目指して、説得や強制を通じて他国との調整を図ることになる。グローバルな国際関係においては、覇権国が国際制度の構築を主導し、覇権国のパワーがグローバル制度の有効性を支えてきた（キンドルバーガー 2009）。その裏返しとして、覇権国の衰退はグローバル制度の弱体化を導くため、それを補うためにリージョナリズムが台頭してくる（Mansfield and Milner 1999）。地域に、有効なリーダーシップを発揮できる大国が存在するならば、上記の論理に従って同国の主導によって地域制度は構築される。ところが、地域に深刻な対立があり、有効なリーダーシップが存在しない場合、主導権をめぐる国々の対立などによって地域制度の構築は難しくなる。この推論に反し、リーダーシップ不在の場合でも、東アジアでCMIが創設されたように地域制度がまったく構築されないわけではなく、そのような制度はどのようにして構築されたのか、疑問が残る。

第2に、**リベラル制度論**は、貿易や金融取引などの増大によって深化する国家間の相互依存関係は、パワーの影響力を低減させると同時に、制度構築に関わる調整問題を解決する鍵も握っていると考える（コヘイン＝ナイ 2012）。相互依存が深化すると、自国の利益を追求する目的でとった政策でも他国に不利益をもたらすという負の外部効果の問題が深刻化するため、国々の政策を調整して負の外部効果を縮小してくれる制度の構築に対する要請は高まる[6]。安定的な政策調整は、不完備情報や取引費用によって阻まれやすいため、それらを除去する制度によって、国々の共通利益に適った政策協調を継続的に図ることができる（コヘイン 1998）。WTOやIMFなどのグローバルな国際経済制度もこうした理由で創設・維持されてきたのである。ただ、地域によって、域内相互依存がとくに深く、グローバル制度で対処できない状況が繰り返されるならば、地域特有の制度を構築しなければならない。ところが、制度の構築それ自体も不完備情報や取引費用の悪影響を受けるため、それらが解消されている場合に限り、地域制度は構築されることになる。東アジアにおいては、前述した通貨危機後の外交に見られるように、不完備情報や取引費用の問題が深刻であ

---

[6] 金融政策の国際的相互依存に関わるゲーム理論分析は、浜田（1982）による先駆的研究がある。国際政治学への応用として、Suzuki（1994）などがある。

ることから，それらの問題がどのように克服されて地域制度構築に関わる調整が図られたのかという疑問がリベラル制度論につきまとう。

　第3に，**コンストラクティビズム**と称される国際関係理論は，制度は，行動の意味や文脈を与える社会的事実を含むマクロ社会構造の1つであり，特定の価値や規範の伝播を通じて国々の認識やアイデンティティが収れん・共有された結果として醸成される共同体の上に成り立つものであると解する（Ruggie 1998）。地域によっては，宗教，言語，文化などが域内の多くの国で共有され，地域共同体が構築される場合がある。このように，マクロ社会構造を重視するコンストラクティビズムからは，認識やアイデンティティが十分に共有されていない東アジアのような地域において地域制度の構築は難しいという推論が必然的に導き出される。これに反して，資本主義の拡大や通貨危機などによって東アジア諸国の経済的認識は共有されつつあると論じられなくもないが，とりわけ通貨問題に関しては，上述したように国々の利益認識は多岐にわたるため，制度構築に結びつく意味のある共有認識が存在していたかどうか疑問が残る。したがって，コンストラクティビズムは，共有認識によって支えられているとは思えないCMIのような東アジアの地域制度に対する説明に苦慮する。

　要約すると，既存の国際関係諸理論は，制度構築に関わる調整問題を解決するうえで有効となる要因として，①パワーとリーダーシップ，②相互依存の深化と不完備情報や取引費用の解消，③共有認識と共同体，を指摘している。これらの理論を通じて東アジアを見ると，3つの要因が存在しないという地域特有の問題が制度構築を阻むだろうという消極論が浮上してくる[7]。

　次節では，これらの消極論に対して，東アジア地域制度について肯定的かつ合理的な説明を構築することを課題とする。明示的なリーダーシップがなく，情報が不確実で，関係国の認識や選好に相違がある状況を想定し，そうした逆境のなかで制度構築に関わる調整と情報という複合的問題がどのように解決さ

7　反面，地域制度が希薄な東アジアには，リーダーシップ，手続き，共有認識が豊富な地域（欧米）の国々が中心となって構築されたグローバル制度が，地域協調の方策の1つとして波及・浸透しやすかったのかもしれない。この仮説は本章第3節の後半（218頁）で検討する。

れるのかについて考える。その後，グローバル機関の関与を加えて分析を拡張する。第4節では，その分析結果が上述した国際関係理論に対してどのような意味を持つのかについて検討しつつ，グローバリズムとリージョナリズムについて再考して本章を締めくくる。

3 地域制度設計に関わる外交ゲーム

◆ 完備情報下の調整ゲーム

まず，JとMという2国が2つの選択肢を持って対峙するという簡単なゲームから考察を始めよう。Jは地域の主要国で，当該地域の他の国々に対して強制を発動しないが，地域制度の構築に関わる情報を提供する役割を演じるものとする。地域にはたいてい多数の国々があるため，地域制度に関わる合意は多数国間交渉に委ねられるはずであるが，次の理由で2国間ゲーム分析によって多数国間交渉の帰結を把握できると考えられる。まず，合意は多数決方式で行われると想定すると，Mは交渉における中位投票者（国）となり，中位投票者の定理により，Mの選好が議決を左右するようになる。対照的に，もし合意が全会一致方式で行われるならば，すべての関係国が拒否権を持つことになり，MはJの理想点から最も離れた理想点を持つ国家となる。どちらの方式でも地域制度の構築はJとMによる2国間ゲームとなり，本章の分析は意味を持つ[8]。

地域制度の設計に関しては，明確で，拘束力のあるルールで関係国の行動を規律する厳格な制度（H）と，曖昧で，拘束力の低いルールを持つ緩やかな制度（S）という2つの選択肢があるとしよう。このゲームでは，JとMは，HとSという制度のなかから，1つを選択する。ゲーム理論にならって，それぞれの選択肢を戦略と呼ぶ。ここでの地域制度設計ゲームでは，JとMは地域内に何らかの制度を構築しなければならないという点で一致するが，どのような内容の制度を構築するのかという点では異なる選好を持っている。具体的に

---

8 この点について本書第6章を参照されたい。

表 8.1　制度構築の調整ゲーム（Ⅰ）

		M	
		厳格な制度 (H)	緩やかな制度 (S)
J	厳格な制度 (H)	b / a	0 / 0
	緩やかな制度 (S)	0 / 0	a / b

（注）　$a > b > 0$

は，地域の主要国である J は，安定した地域の秩序を重んじ，緩やかな制度 S では制度の濫用を容認してしまう恐れを危惧し，その恐れの少ない厳格な制度 H を好む。対照的に，M は経済成長を望む新興国を代表しているとし，自国に政策的裁量を与えてくれる緩やかな制度 S を好むとしよう。このような非対称な調整ゲームは，**男女の闘争ゲーム**（battle of the sexes）と呼ばれ，表 8.1 の利得表からなる戦略型ゲームとして表記できる。

各プレイヤーが個別に意思決定するというゲームの手順では，相手の思惑あるいは選好はわかっているが，相手の選択がわからないまま自身が選択をしなくてはならない。このようなゲームは完備不完全情報ゲームである。この情報環境を有する表 8.1 のゲームで，各プレイヤーが相手プレイヤーの選択を所与として，自己の利得を最大化する戦略を確率 1 で選択するという**純粋戦略における最適反応**をとるとするならば，このゲームの帰結として 2 つの**ナッシュ均衡**が生じる。それらは，J と M がともに H を選択するというナッシュ均衡と，ともに S を選択するというナッシュ均衡である。どちらの均衡からも各プレイヤーは一方的に逸脱する合理的誘因を持たず，それぞれの均衡は安定している。ただし，ゲームに複数均衡が存在するということは，ゲームがどちらの均衡で終了するのか判断できないことを意味する。言い換えると，外交交渉に合意点が複数あり，関係国はそれらをめぐって錯綜することを余儀なくされ，外交の情報と調整の機能がうまくはたらかない可能性がある。

次に，J が M にメッセージを伝える機会を与えることとし，表 8.1 の戦略型ゲームを 2 段階ゲームに転換して考える[9]。まず第 1 段階として，J が自身

---

[9]　ここでの 2 段階ゲームは Farrell and Rabin（1996）からヒントを得た。

が好む制度のタイプをMに伝える。第2段階では，Jのメッセージを受けたMはHかSのどちらかを選択する。この2段階ゲームで，以下が唯一のナッシュ均衡となり，前述した複数均衡問題が解決される。

(1) JはHを好み，そのようにMに伝える。
(2) Mは，JがHを強く主張していることを知り，そうであるから，Hを選択する。

もしMがJのメッセージに上述のように応対するならば，Jは正確なメッセージを常に発信し，嘘を言うインセンティブを持たない。そのメッセージを受け取ったMは，それに合致した決定を行う。これらの戦略の組合せによる帰結はナッシュ均衡であり，両プレイヤーともその帰結から一方的に離脱するインセンティブを持たない。これは次のように確認できる。もしJがSを好むと嘘を言えば，Jは結果的にはHを選択するにもかかわらず，Mは間違ってSを選択してしまう。間違った選択は，JとM両者の利得を下げるものとなる。そのため，Hを好むJは，Sを好むとは決して言わない。その結果，Jのメッセージは，Jの選好を正確に明示した自己識別的なものとなる。この2段階ゲームに選好の相違は当然ながら残存するが，自己識別的なメッセージによって情報問題は解決される。こうしたJの自己識別的な情報提供によって，合意に必要となる利益重複を両者が認識できるのである。

ところが，表8.2のようにJの利得が変化したとするならば，プレイヤーの戦略は変わる。このゲームにおいてJは，表8.1のゲームのときよりも，制度の厳格性に対してやや弱腰でずる賢く，Mが厳格な制度Hを選択した場合において，Hと緩やかな制度Sの選択に対して中立となっている。表8.2の利得分布によって，Jは，2段階ゲームの第1段階でHのみを好むと言明して，MにHを選択させようとする。なぜならば，もしSもHと同等に好むと言って，MにSを選択させる余地を与えれば，Jはaより小さいbを得ることになってしまうからである。したがって，Jは自身の選好を隠し，Mへのメッセージを自己識別的なものとしない。このように情報は操作される。

表 8.2　制度構築の調整ゲーム（Ⅱ）

		M	
		厳格な制度 (H)	緩やかな制度 (S)
J	厳格な制度 (H)	a , b	0 , 0
	緩やかな制度 (S)	a , 0	b , a

（注）　$a > b > 0$

◆ 不完備情報下の調整ゲーム

今度は，クロフォードとソベル（Crawford and Sobel 1982）の**チープトーク・ゲーム**（cheap talk game）を参照しながら，選択肢が連続的というもう少し複雑なゲームを取り上げる[10]。ただし，引き続き J と M の 2 人ゲームを考え，問題となる地域制度を，その厳格さの程度を測る連続変数 f によって表すとしよう（$f \in [0,1]$）[11]。f の値が 1 に近ければ近いほど，明確で，拘束力のあるルールで関係国の行動を規律する厳格な制度を意味する一方，0 に近ければ近いほど，曖昧で，拘束力の低いルールを持つ緩やかな制度を意味する。既述したゲームと同様，J と M は何らかの地域制度を構築しなければならないという点で一致するが，どのような内容の制度を構築するのかという点では異なる選好を持ち，それぞれの選好が連続変数で示される。すなわち，M は緩やかな制度（w）を好み，J は厳格な制度（$w+c$）を好む。両者の選好の違いが変数 c で表され，c を J のバイアスと呼ぶことにする（$w \in [0,1], c \geqq 0$）。

さらに前提として，J は，M に比べ情報収集・分析の面で優れているとする。そのため，J は w を知っているが，M は w の本当の値を知らないという**情報非対称性**の状況が生じる。また，c は J と M の両者ともが知っている共有知識である一方，w は J の私的情報である。J は，自己の**私的情報**を利用し

---

[10] クロフォードとソベルのモデルの解説として，岡田（2011, 159-164 頁）がある。また，政治学において，チープトーク・ゲームは議会政治研究を中心に応用されてきた。その初期的な論文として，Gilligan and Krehbiel（1989）や Austen-Smith（1990）がある。国際関係学では，Sartori（2002）が言及している。

[11] $f \in [0,1]$ は，閉集合 $0 \leqq f \leqq 1$ を示す。$f \in (0,1)$ ならば，開集合 $0 < f < 1$ である。

て，創設される地域制度が自身の選好に近いものになるように，Mに示す提案rを操作する誘惑に駆られる。この情報操作がゲームに重要な影響を与える。ゲームは以下の手順でプレイされる。

(1) MとJの選好w，$w+c$が決まる（$w \in [0,1], c \geqq 0$）。
(2) Jは$w+c$に基づいて提案rをMに示す。
(3) Jの提案rを受けたMは，wと$w+c$を知らないまま，制度fを決める（$f \in [0,1]$）。
(4) MとJの利得が決まる。

Jの提案rを受けたMは，その内容にJのバイアスが入り込んでいると感じているため，容易に信じようとしない。ただし，Mはwを正確に知らないので，事前の信念とJの提案rを手掛かりに制度の厳格さの程度であるfの値の決定を行わなければならない。手順としてMが最終の制度決定を行うようになっているが，Jは提案rを通じてfに影響を与えることができる。この意味においてJとMは対等である。wは0と1の間に一様に分布しており，Mはwの一様分布を知っているとする（$w \in [0,1]$ に対応する密度関数$h(w) = 1$）。一様分布がwに関するMの事前信念となり，Jが発信する情報（提案r）によって更新される。

両者の利得関数は，以下の2次損失関数で表示できる。

$$U_M = -(f-w)^2 \tag{8.1}$$

$$U_J = -(f-(w+c))^2 \tag{8.2}$$

Jのバイアスが0という場合（$c = 0$），JとMはまったく同じ利得関数を持つことになる。この場合，Jに嘘を言うインセンティブはなく，Jはwを正確に反映した提案r^*（$r^* = w$）を示す。一方で，Mは$c = 0$を知っているため，Jの提案に忠実にf値を選択する（$f = r^* = w$）。このように選好が対称のケースでは，どちらのプレイヤーも当該均衡から一方的に逸脱することはない[12]。

---

[12] この均衡は，異なるwの値に対してJがそれを正確に明示するという点で分離均衡である。

(1) バブリング均衡

ところが，$c>0$ ならば，J と M の選好は異なるため，J は自己の利得を一方的に最大化するように提案を行おうとする。J が情報を操作する可能性を知っている M は，$[0,1]$ 区間で J が特定の提案 r_0 を提示しても，それを疑問視し，その通りに受け入れない。このように M は J の提案 r_0 を必ず無視するが，w は $[0,1]$ 区間で一様に分布しているという事前信念をもとに，真の w の合理的な予測としてその中間点を選び，決定の対象である f の値を $1/2$ として選択する（この証明および均衡利得の導出は補論1「バブリング均衡」〔224頁〕を参照）。

J がどのような提案をしても M に無視される。そのため，真の w の値に関係なく，$[0,1]$ 区間のすべての提案が J にとっての最適戦略となる。J の提案の内容を M は確認できないため，J が自己の選好を明示することはなく，J の提案は自己識別的でなくなる。言い換えると，w の値がどうであろうと，J は同様の提案を示すことになる。こうした均衡は**一括均衡**であり，意義のある情報の伝達が行われないという**バブリング均衡**（babbling equilibrium）である。この均衡で情報と調整という外交の役割は十分機能せず，合意が達成されたとしても，それは無意味なものとなる。

(2) チープトーク均衡

バブリング均衡は次の問題を孕む。たとえ J が正確な情報を発信しようとしても，M によって信じてもらえず，両者の間で効率的な調整ができない。こうした私的情報の問題に対して，クロフォードとソベルが提案した解決法は，提案の範囲を区分するというものである（crawford and sobel 1982）。有意義な区分によって得られる均衡は，**チープトーク均衡**（cheap talk equilibrium）と呼ばれ，バブリング均衡よりも効率的な調整が期待できる。区分数は J のバイアス（c）に左右されるが，以下では最も簡単な2区分のケースを扱う（区分の条件については補論2「区分の条件」〔224頁〕を参照）。

区分点 w_1 で分割された提案範囲を持つゲームは，次のようにプレイされる。基本的に，特定の区間で J の提案を受けた M は，提案にバイアスが含まれていることを疑いつつも，それを利用して**事前信念** $h(w)$ を**事後信念** $h'(w)$ に更新させて，f の値を決める。具体的には，もし w が 0 以上，w_1 未満なら

第 8 章　グローバリズムとリージョナリズムの交差　217

図 8.1　利得関数と均衡

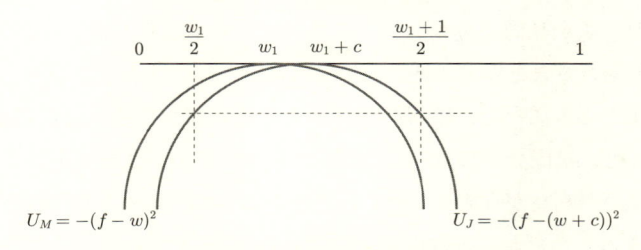

$$0 \quad \frac{w_1}{2} \quad w_1 \quad w_1+c \quad \frac{w_1+1}{2} \quad 1$$

$U_M = -(f-w)^2 \qquad U_J = -(f-(w+c))^2$

（注）　$w_1 = 1/2 - 2c$（補論 2「区分の条件」〔224 頁〕参照）．

ば，すなわち $w \in [0, w_1)$ ならば，J はその区間内の提案 r_1 を提示する．これに対して，M は，[0, 1] 区間で一様に分布しているという事前信念を更新させ，$[0, w_1)$ 区間で一様分布にある変数の合理的期待値として中間値 $f_1 = w_1/2$ を選択する（証明は補論 3「チープトーク均衡」〔225 頁〕を参照）．同様の観点から，$w \in [w_1, 1]$ ならば，同区間の J の提案 r_2 に対して，M は $f_2 = (w_1 + 1)/2$ を選択する．この M の反応を受けて，J は，$w \in [0, w_1)$ ならば，$r_1 = w_1/2$ を提案し，$w \in [w_1, 1]$ ならば，$r_2 = (w_1 + 1)/2$ を提案してもよいが，J が各区間内でその他の提案をしても M の事後信念と選択は変わらない[13]（図 8.1 参照）．

上述の結果によって，チープトーク均衡での M の利得 U_M^C は，以下のように求められる．

$$U_M^C = \int_0^{w_1} -(f-w)^2 h'(w)dw + \int_{w_1}^1 -(f-w)^2 h'(w)dw \qquad (8.3)$$

$w \in [0, w_1)$ の場合の J の提案 r_1 に対して，M は $f_1 = w_1/2$ を選択する一方，$w \in [w_1, 1]$ の場合の J の提案 r_2 に対して，M は $f_2 = (w_1 + 1)/2$ を選択する．$0 \leq c < 1/4$ であるとすると，このチープトーク均衡での M と J の利得は，それぞれバブリング均衡の利得よりも大きい（補論 1「バブリング均衡」〔224 頁〕，補論 3「チープトーク均衡」〔225 頁〕を参照）．それゆえ，提案範囲を区

---

[13] 本文に記した J の提案が均衡であることは次のように確認できる．たとえば，$w \in [0, w_1)$ の場合，J が区間外の $r_3 = (w_1 + 1)/2$ という提案をすると，M の事後信念は $h'(w|r_1) = 0$ となる．これによって，M は w を $1/2$ と推測し，ゲームはバブリング均衡で終結する．バブリング均衡の J の利得はチープトーク均衡のものに比して低いので，J は均衡提案 r_1 から一方的に逸脱する誘因を持たない．

分することによって，バブリング均衡に比して，J は，完全に自己識別的でないが，それに近い情報を提供して，利益重複の認識を促し，自己と M の利得を向上させられることができる。

　区分するということは，情報の整理，または詳細な議題の設定を意味する。言い換えると，国際会議において外交官が情報提供の方法を効率化することによって，互いの利益が重複するところを相手にうまく認識させ，調整を進めることができる。ただし，選好の差が大きい $c \geqq 1/4$ の場合，この調整作業に限界があることも事実である。また，差が比較的小さい $c < 1/4$ の場合でも，区分を設けなければ，効率的な情報伝達はできなくなる。

　これらの結果から判断すると，東アジアにおいて CMI の創設以前，会議外交から有意義な地域制度が構築されなかった事態は，関係国の選好が過度に異なったものであったのか，国際会議の議題が詳細に設定されていなかったのかのどちらかまたは両方に原因があると推測できる。こうした可能性に鑑み，次項では，グローバル制度を考慮した分析を試みる。

◆ グローバル機関の関与

　地域制度の構築の失敗は，必ずしも地域協力の欠如を意味しない。実際にも東アジアでは，有効な地域制度が不在であった 1990 年代でも，平均して，東アジア諸国は世界の他地域の国々よりも高い経済成長率を記録し，地域内経済取引もほぼ順調に拡大していった。アジア開発銀行（Asian Development Bank 2009）によれば，東アジアの域内貿易比は，1980 年に約 35% だったが，2006 年には 54% に上昇している。これは，欧州連合（EU）15 カ国の 64% には満たないが，北米自由貿易協定（NAFTA）圏の 46% を上回っている。また，2001 年から 2010 年までの 10 年間の国内総生産（GDP）成長率（年平均）では，世界全体の 3.3% に対して，東アジアは 5% を記録している。地域内協調が低調であれば，これらの域内貿易の拡大や経済成長は達成できなかったはずである。したがって，東アジアの協調は，地域制度の構築とは異なる方法で行われたという可能性が浮上する。

　代替的な協調方法の 1 つとして，グローバル制度を管轄するグローバル機関（G）に委任する，またはグローバル機関の関与を要請するというものがあ

る。プリンシパル・エージェント研究で知られているように，**委任** (delegation) は協調の一類型である（伊藤 2003）。グローバル機関は，特定の政策問題に関する専門知識を豊富に持ち，地域制度の設計に際して，自らが管理する国際法や関連制度（IMF であれば，IMF 協定や融資・監視制度）を参照して制度提案をしてくれることも期待できる。ところが，グローバル機関にしても多かれ少なかれバイアス (g) を有していることから，グローバル機関の関与を仰いでも制度設計からジレンマを一掃できるわけではない。ただし，国家 J と違って，グローバル機関である G は，加盟国との会合や政策報告書の作成などを通じて透明性を確保し，さまざまなルールによってその行動を規制されている。そのため，G は，情報を操作しない**非戦略的プレイヤー** (nonstrategic player) であり，地域制度設計の要請を受けた G の提案 r_G（$r_G = w + g$）は自己識別的なものとなる。

本章では，情報を豊富に持つ J が G の関与を認めるかどうか判断できる唯一の主体である。そのため，J が M と地域制度の構築に向けての調整を行う前に，G への委任を認めるかどうかを決める[14]。これによって，ゲームの手順は以下のように書き換えられる。

(1) M と J，G の選好 w, $w+c$, $w+g$ が決まる（$w \in [0,1], c \geqq 0, g \geqq 0$）。
(2) J は，c と g を比較して，G に委任するかどうかを決める。

[委任する場合]
(3) J が G への委任を決めたならば，G は提案 r_G（$r_G = w + g$）を M に示す。
(4) G の提案を受けて，M は，$w+g$ をもとに制度 f を決める（$f \in [0,1]$）。
(5) M と J の利得が決まる。

[委任しない場合]
(3)′ J が G への委任を選択しないならば，J は $w+c$ に基づいて提案 r を M に示す。
(4)′ J の提案 r を受けた M は，w と $w+c$ を知らないまま，制度 f を決め

---

[14] Dessein (2002) や Krishna and Morgan (2008) の分析では，受信者であるプリンシパル（本章では M）が，エージェントたる送信者（J）か，または第三者のどちらかに情報発信を要請する選択問題を分析している。

る（$f \in [0,1]$）。

(5)′ MとJの利得が決まる。

JがGへの委任を選択するならば，MはGの提案を地域制度の設計に役立てる（$f = w + g$）。この委任のケースにおけるMの利得は $U_M^D = -g^2$，Jの利得は $U_J^D = -(g-c)^2$ となる。一方でJが委任を選択しないならば，ゲームは前述した不完備情報モデルと同じ手順（ここでは(3)′〜(5)′）をたどる。

手順(2)におけるJの委任に関わる選択は次のようになる。まず，Gに委任する場合のJの利得と自らが提案する場合の利得（補論3「チープトーク均衡」〔225-226頁〕を参照）が同値となる閾値 $\bar{g}$ を算出し（補論4「グローバル機関への委任に関わる閾値 $\bar{g}$」〔226頁〕），この閾値 $\bar{g}$ とGとJのバイアスの関係を基準にして，下記の3つのケースを求める。

ケース1： $g < c < \bar{g}$
ケース2： $c < g < \bar{g}$
ケース3： $c < \bar{g} < g$

ケース1において，Gのバイアス g がJのバイアス c を下回るため，Jは，地域制度に関する調整問題に対してGへの委任を選択する。その結果，ケース1では，グローバリズムが台頭し，リージョナリズムが影を潜める状態が発生する。これは，通貨危機前，東アジアがIMF体制というグローバル制度に依存し，独自の地域制度を持たなかったことに相当する。

注視すべきはケース2である。同ケースでは，Gのバイアスがjのそれを上回るが，閾値 $\bar{g}$ よりも小さい。したがって，Jは自らが提案するよりもGに委任して，Mとの調整問題を解決しながら制度設計するほうが利得上合理的になる。Jの提案は不完備情報の下で操作されている可能性があるとMに認識されるため，Mとの調整は非効率となり，その結果，Gのバイアスが多少大きくてもGの提案を受け入れるほうがJにとって合理的となる。これは，グローバル機関の透明性プレミアム，あるいは地域主要国の透明性の赤字の結果とも理解することができる。東アジアでは，通貨危機によってIMF体制の不備があらわとなったなかでも，結果的に，地域の主要国である日本がIMF

体制と強く連関したCMIの構築を主導するという協調行動をとった点はケース2と合致する。

最後のケース3において，GのバイアスはJのそれを上回り，かつ閾値$\bar{g}$より大きいので，Jは自らMと調整して地域制度の設計を主導したほうがGに委任するよりも合理的になる。これに即するように，CMIを構築した東アジア諸国は，徐々にCMIのIMFリンクを縮小させ，2008年グローバル金融危機後，二国間制度であったCMIを多国間化させて強化を図った。このCMIの自律化は，東アジア通貨危機やグローバル金融危機に対するIMFの対応のまずさによって，東アジア諸国が地域制度の強化に踏み切った結果であり，その裏では，地域の主要国が積極的に情報発信を行ったとも推測できる。

現時点で，CMIにおけるIMFの影響はまだ相当程度あるが，今後，IMFの管理能力が低減し，東アジア諸国が感じるIMFのバイアス（gに相当）が一層拡大すれば，IMFリンクを一層縮小した地域制度が創設されるかもしれない。近年，IMFに対するアジア諸国の出資割当額が拡大され，幹部ポストにアジア出身者が多く登用されるようになってきたが，これらの動きはIMFの選好をアジア諸国の選好に近づけて（gの縮小），CMIの自律化をけん制し，IMFの影響力を維持しようとする試みであると解することもできよう[15]。

4 外交と国際関係

既存の国際関係理論は，有効なリーダーシップ，完備情報や廉価な取引費用，共通認識という要因が存在しない東アジアのような地域において，制度の構築は困難であるという消極論を展開してきた。こうした見方に対して，本章は，チープトーク・ゲームの理論を適用して，以下の知見を導き出し，外交の情報・調整機能による制度構築の可能性を論じてきた。

第1に，不完備情報や取引費用の問題が深刻な場合，制度構築は困難であると論じるリベラル制度論に対して，本章は情報伝達を効率化し，情報を自己識別的なものに近づける情報領域の区分が有用であるという具体的知見を示し

---

15 本章の分析では委任は二者択一となっている。委任の程度を連続変数とする分析は今後の発展的研究に委ねられる。

た。この意味で，東アジア諸国が行う会議外交から実体のある地域制度が創設された原因として，1990年代後半からAPTという地域フォーラムが定着・制度化・専門化され（鈴木 2006），情報伝達の効率化を図るための情報整理がうまく執り行われ，重複利益の認識が可能になったことを指摘できる。

　第2に，有効なリーダーシップが存在しない地域では，調整問題は放置され地域制度は構築されないと推論するリアリズムに対して，本章はリーダーシップは，経済力，軍事力，政治力で裏打ちされた説得や強制というハードパワーに関わるものでは必ずしもなく，制度設計に必要な情報を提供するという情報リーダーシップによっても制度構築に関する調整問題は解決できることを示した。これは，ナイ（2004）が提起しているソフトパワーと近似したものである。ナイによると，情報化時代において，軍事力や経済力というハードパワーよりも，情報，文化，芸術，学術，価値などというソフトな要素に関わる発信力が外交を行ううえで重要となり，ソフトパワーを豊富に持つ国がリーダーシップを発揮するようになっている。

　第3に，認識を共有する国々からなる共同体の存在を制度形成の前提とするコンストラクティビズムに対して，本章は認識を選好と置き換えつつ，制度構築には完全な認識共有が必要でないことを示し，情報提供を通じて選好を変えることはできないが，選好の異なる国々の間で利益重複を認識させ，調整を図ることは可能であることを示した。この点は，ブルが論じた「外交の芸術」（art of diplomacy）に証左を与えることとなっている。

　ただし，情報と選好の厳しい制約の下で，外交が果たす調整努力にも限界があることも同時に明確にした。その際，グローバル機関の関与を仰ぐことも主要国は考慮に入れなければならない。この制度選択には，主要国の利益がはたらく部分があると認められるが，このような選択が可能であるからこそ，主要国が自発的に情報を発信する合理的誘因を持ち，地域における最低限の共通利益を達成することができる。かくして，さまざまな制約の下で繰り広げられる外交が，グローバリズム，あるいはリージョナリズムという国際関係の態様として結実するのである。

◆ さらに読み進む人のために ──────────

　岡田章（2011）『ゲーム理論（新版）』有斐閣，第5章。
　　チープトーク・モデルを含めた不完備情報モデルの理解に有用。

　ブル，ヘドリー（2000）臼杵英一訳『国際社会論──アナーキカル・ソサイエティ』岩波書店，第7章。
　　認識を重視した外交論を展開。

　モーゲンソー，ハンス（1998）現代平和研究会訳『国際政治──権力と平和（新装版）』福村出版，第10部。
　　パワーを重視した外交論を展開。

　ニコルソン，H.（1968）斎藤眞・深谷満雄訳『外交』東京大学出版会。
　　外交の理論と実践の古典。

第8章補論

1. バブリング均衡

バブリング均衡における制度選択は以下のように求められる。w は $[0,1]$ 区間で一様に分布しているという初期信念以外に有意義な情報がないなかで，M は自己の期待利得を最大化するように f 値を定める。

$$\mathrm{EU}_M^B = \int_0^1 -(f-w)^2 h(w)dw$$

上式を解くと，

$$\mathrm{EU}_M^B = -f^2 + f - \frac{1}{3}$$

一階条件により，

$$\frac{d\mathrm{EU}_M^B}{df} = -2f + 1 = 0$$

したがって，$f = 1/2$ となる。

バブリング均衡における M の利得 U_M^B は，(8.1) 式（215 頁）と $f = 1/2$ によって以下のように求められる。

$$U_M^B = \int_0^1 -(f-w)^2 h(w)dw = \int_0^1 -\left(\frac{1}{2} - w\right)^2 dw = -\frac{1}{12}$$

この結果と本文の (8.2) 式（215 頁）から，J の利得は以下のように求められる。

$$U_J^B = -\left(\frac{1}{12} + c^2\right)$$

2. 区分の条件

本文にあるように，J は，f 値の範囲（$f \in [0,1]$）を二分する区分点 w_1 を定め，それぞれの区間で提案を行う。すなわち，$[0, w_1)$ 区間では提案 r_1，$[w_1, 1]$ 区間では提案 r_2 を提示する。J の利得を表す 2 次損失関数は，J の理想点 $w_1 + c$ を軸として相似形（シンメトリー）をなしている。2 区分のケースにおける J の 2 つの提案が均衡であるためには，両提案が J に同程度の利得を与えるものでなくてはならない（本文の図 8.1〔217 頁〕参照）。すなわち，J にとって，r_1 を提案して引き出せる f_1 の値と J の理想点である $w_1 + c$ の差，r_2 を提案して引き出せる f_2 の値と J の理想点である $w_1 + c$ の差がそれぞれ同じでなくてはならない。こうした条件が成り立たなければ，J は期待利得の高い提案のみを行うため，区分の合理的理由はなくなる。したがって，以下の等式

が成り立つことが区分の条件となる。

$$w_1 + c = \frac{1}{2}\left(\frac{w_1}{2} + \frac{w_1 + 1}{2}\right)$$

上式を組み替えると，J のバイアスで規定された w_1 が以下のように求められる。

$$w_1 = \frac{1}{2} - 2c$$

区分を可能にするには，必ず $w_1 > 0$ でなければならず，$c < 1/4$ でなければならない。J のバイアスを示す c が閾値 1/4 に近づけば近づくほど，区分点 w_1 は 0 に近づき，$[w_1, 1]$ 区間は，当初の区分なしの範囲 $[0, 1]$ と違いがなくなる。$c \geqq 1/4$ ならば，区分ができなくなる。反対に，バイアスがゼロに近づけば，w_1 は 1/2 となって最も多くの区分ができ，最も濃密な情報伝達が可能になる。この論証は本章の論旨と直接関係ないため省略するが，岡田（2011，159-164 頁）を参照されたい。

3. チープトーク均衡

まず，M の w に関する事前信念の更新は次のようになる。M は，w は 0 と 1 の間に一様に分布しているという事前信念を持っている。この事前信念は密度関数 $h(w) = 1$ で表記できる。ここで，w が 0 以上，w_1 未満の場合 $w \in [0, w_1)$，J が同区間内の提案 r_1 を提示した後，事前信念は，以下のように，ベイズ公式により事後信念となる密度関数 $h'(w|r_1)$ に更新される。

$$h'(w|r_1) = \frac{h(w)\Pr(r_1|w)}{\Pr(w \in [0, w_1])}$$

$[0, w_1)$ 区間においても，更新前の事前信念は，$h(w) = 1/w_1$ である。その一方，J は必ず提案 r_1 を提示するため，$\Pr(r_1|w) = 1$ となり，真の w は同区間内にあるので，$\Pr(w \in [0, w_1]) = 1$ である。これらを上式に挿入すると，$h'(w|r_1) = 1/w_1$ を得る。$w \in [0, w_1)$ 以外では，$h'(w|r_1) = 0$ となる。

同様に，$w \in [w_1, 1]$ ならば，J は提案 r_2 を提示し，M の事後信念は，$h'(w|r_2) = 1/(1 - w_1)$ となる。$w \in [w_1, 1]$ 以外では，$h'(w|r_2) = 0$ となる。

次に，2 区分のチープトーク均衡における M の選択を求める。まず，$w \in [0, w_1)$ の場合の J の提案 r_1 に対して，M は自己の期待利得を最大化するように f_1 値を決めることから，M の期待利得を以下のように表す。

$$\mathrm{EU}_M^C = \int_0^{w_1} -(f_1 - w)^2 h'(w) dw$$

これを解くと，

$$\mathrm{EU}_M^C = -f_1^2 + f_1 w_1 - \frac{1}{3}$$

一階条件により，

$$\frac{dEU_M^C}{df_1} = -2f_1 + w_1 = 0$$

したがって，$f_1 = w_1/2$ となる。

同様の手順で，$w \in [w_1, 1]$ の場合の J の提案 r_2 に対する M の選択 $f_2 = (w_1+1)/2$ も求めることができる。これらをもとに，M の利得を表す本文の（8.3）式（217 頁）は次のように解くことができる。

$$U_M^C = \int_0^{w_1} -\left(\frac{w_1}{2} - w\right)^2 h'(w)dw + \int_{w_1}^1 -\left(\frac{w_1+1}{2} - w\right)^2 h'(w)dw$$
$$= -\frac{1}{48} - c^2$$

続いて本文の（8.2）式（215 頁）より J の利得は次のように求められる。

$$U_J^C = -\frac{1}{48} - 2c^2$$

4. グローバル機関への委任に関わる閾値 $\bar{g}$

ここでは，J にとって，G に委任する場合の利得（$U_J^D = -(g-c)^2$）と自らが提案する場合の利得（$U_J^C = -1/48 - 2c^2$）が同値となる閾値 $\bar{g}$ を求める。$\bar{g}$ は以下のようになる。

$$g \geqq c \text{ の場合,} \quad \bar{g} = \sqrt{\frac{1}{48} + 2c^2} + c$$

$$g < c \text{ の場合,} \quad \bar{g} = -\sqrt{\frac{1}{48} + 2c^2} + c$$

第9章

合理的な秘密
危機外交のシグナリング・ゲーム

栗崎 周平

1 はじめに

　国際紛争において，政府は世論に訴えるために危機外交を公然化させることもあれば，秘密裏に処理することもある。危機交渉のゆくえを左右する重要な局面で秘密外交が行われる事例も国際政治史において少なくはない。しかし，これまでの国際政治研究では秘密外交が，戦争と平和に対しどのような影響を及ぼすのか明らかにされてこなかった。むしろ，秘密外交は国際紛争の帰結に影響を与えることはないとの理解が支配的であった。

　本章では，危機外交を，政府が国内政治観衆の面前で行うシグナリング・ゲームとして分析することで，秘密外交の仕組みとその効果を解き明かすことを目的とする。本章の分析は，秘密外交は公然化させた外交よりも効率的に国際紛争を解決する仕組みを与えることを明らかにする。秘密外交は国際危機の平和的（非軍事的）な解決をより広範囲の条件下で可能とし，武力衝突の回避に貢献する。こうした秘密外交がもたらす「公的な」利益は，政府ないし政治指導者の「私的な」政治利益を損なわないという点で「合理的な秘密」なのである。

2 国際紛争・シグナリング・秘密外交

　1962年10月，キューバ危機に際し，ジョン・F. ケネディ大統領は，米国市民に向けた緊急テレビ演説を行い，ソ連がキューバに核ミサイルの発射基地を建設している事実を明らかにしつつ，米国政府はこの脅威に対し，海上封鎖，さらには武力行使をも視野に入れた断固とした対応をとることを表明した。このテレビ演説は米国市民への告知という形式をとると同時に，この外交案件についての米国政府からソ連政府に対する第一声でもあった。このように国際危機を自国民を巻き込むかたちで公然化することで，ケネディ政権は，ミサイル排除のためには軍事力行使をも厭わないという強い政治的意思を，非常に鮮明なかたちでソ連の指導者とくにフルシチョフ議長に伝達することとなった。結果的に，このテレビ演説は，キューバ危機におけるその後の駆け引きに深く影響し，米国にとって有利なかたちで危機を収束させる原動力になったと言えよう。

　その8年後，米ソの核戦略の重心がICBM（大陸間弾道ミサイル）からSLBM（潜水艦発射弾道ミサイル）へと移行した頃の1970年，ソ連が原子力潜水艦の基地をキューバのシエンフエゴス湾に建設中であることを米国政府は発見した。ニクソン大統領とキッシンジャー大統領補佐官は，キューバ危機におけるケネディ大統領の対応とは対照的に，この「シエンフエゴス危機」を秘密外交を通して解決した。後年，キッシンジャーは「ソ連が外交的な屈辱を受けることなく撤退できる機会を与えるためには，1962年のようなドラマチックな対立よりも，静かな外交のほうが適切だと考えた」と回顧している（Kissinger 1979, p. 651）。当時の核戦略におけるSLBMの意義や戦力バランスにおけるカリブ海という地政学的な重要性を考えれば，シエンフエゴス危機は第二のキューバ危機に発展する可能性もあった。にもかかわらず，ニクソンとキッシンジャーの秘密外交は，1962年のように事態を緊迫化させることなく，戦争の危険を回避し，なおかつソ連の譲歩を引き出すことに成功したのである。

　ここで問題なのは，戦争原因や国際紛争に関する国際政治研究において近年の有力な説となっている合理主義モデルに従えば，シエンフエゴス危機のように，秘密外交が国際危機において有効に機能し，平和的解決も達成することな

ど理論的にはありえないことである。裏を返せば，シエンフエゴス危機に限らず，国際政治における秘密外交の仕組みや役割は，これまで理論的に解明されておらず謎に包まれているのである。

◆ 国際紛争についての通説：観衆費用モデル

国際政治学研究では，不確実性や情報の不完備性が戦争の根本的な原因の1つであると長年考えられてきた（石黒 2010）。すなわち，紛争当事国の間で武力行使についての各々の政治的意思や軍事的能力に関する情報が共有されていないことが紛争の平和的解決を困難とし，結果として武力衝突の遠因となっていると考えられている。そこで，各国（ないしその政府）が武力行使あるいは平和的解決へのコミットメントを確立し，それを相手国に確実に伝達（**シグナル**）することが，武力衝突を回避するためには必要だと考えられてきた（Powell 2002）。ここで，コミットメントをシグナルするための有力な方策として，**自己拘束メカニズム**（tying-hands mechanism）を発動することで政治的ないし軍事的な私的情報を開示することがよく知られている（Schelling 1966）。そして自己拘束メカニズムの具体的な手段として近年着目されているのが，いわゆる**観衆費用**（audience costs）である（Fearon 1994）。

観衆費用モデルは，一義的には，政府や政治指導者が戦争を（それが好まない戦争であったとしても）合理的に選択してしまう仕組みを，国内政治における説明責任との関連から説明するものである。また，このモデルは危機交渉をコミットメント伝達のための**シグナリング・ゲーム**とみなすことから，国際紛争に際して政府が強制外交に訴えたり，政治的・軍事的な対立を公然化させる（つまり政治利用する）誘因を持つにいたる理由をも，統一的に説明する。すなわち，政府は国際紛争におけるコミットメントを国内政治化し「公約」とすることによって，コミットメントを撤回することが政治的に不可能な環境を整えることで，相手国に対するコミットメントの信憑性を高めようとするのである。その意味で，キューバ危機においてケネディ大統領がソ連政府に対する米国政府の政治的意図の伝達の手段として米国市民に向けたテレビ演説を選択したことで，彼自身のその本心はどうであれ，この軍事的な危機を政治劇場型の強制外交へと転換した。さらに，強硬手段を用いてでもキューバからソ連の

核ミサイルを駆逐するという対外的なコミットメントを国内政治における「公約」としたのである。この公約化は，コミットメントを撤回した場合に国内で政治的コスト（つまり観衆費用）を負う（かもしれない）という政治的状況を自ら作り出すことを意味するので，国際紛争の文脈ではコミットメントからの退路を絶つことを意味する。その結果として，ソ連政府に対する軍事的な威嚇とミサイル撤退という外交要求の信憑性を高め，政治圧力を強めることによって，フルシチョフ議長を屈服させることにつながった。危機交渉を公然化させることは外交的勝利を獲得し，武力衝突の回避も可能になるのである（Fearon 1994, 1997）。

この観衆費用モデルの論理に従えば，危機交渉における秘密外交とは，すなわち国際紛争においてコミットメントを隠ぺいし，政府をコミットメントの縛りから解放する余地を残すことを意味する。その結果，秘密外交はコミットメントに対して政治的拘束力を付与する仕組みを持ち合わせないことになる。このようにして，秘密外交やより広範な通常の外交交渉は，コミットメントを信憑性のあるかたちでシグナルできないため，国際危機交渉の展開やその帰結に対しては何ら効果を持ちえないという結論につながるのである。これが合理主義モデルの有力説となっていた（Fearon 1994, 1995）。

◆ 国際危機における秘密外交：パズル

1970年のシエンフエゴス危機など秘密外交による危機解決の成功例は国際政治史に少なくないが，こうした事例は観衆費用モデルの要となる自己拘束メカニズムの論理に逆行する。しかし，ニクソン大統領やキッシンジャー補佐官の回顧録によれば，彼らはこの危機を国内政治化し，米国（およびソ連）の市民を危機に「巻き込む」ことは，結果的にソ連政府に対する軍事的・政治的な圧力を高め，そして危機をエスカレートさせ戦争の危険を高めることにつながることを理解していた。そのため彼らはシエンフエゴス危機を公然化・政治化せず，非公開の外交努力によって解決を図ることが望ましいと判断したのである。

合理主義モデルの論者のなかには，こうした秘密外交の事例は，国際政治における「例外」として考え，軽視する向きもある（Fearon 1994）。一方で，国

際危機への秘密外交の適用やその成功例は知られている以上に頻繁に起きており，ただそれが公になりさらに歴史として記述されていないと考えることも自然である。もし，そうした「隠れた」事例の数が無視できない規模に上るのであれば，表面化した事例だけに基づいて構築された国際政治理論は，国際政治の本質を見失うことになろう。事実，本章の分析は，政府は国際危機を公然化するという決定を非常に戦略的・政治的に決定していることを強く示唆している。

ここで従来の理論的な説明とシエンフエゴス危機に代表されるような経験的な事実との間に明らかな矛盾が出てくる。戦争原因についての有力説である観衆費用モデルによれば，国際危機において，ケネディ大統領のように強硬策を公然と実施することで，危機外交を自国にとって有利に展開しつつ，危機の非軍事的な解決を達成するという2つの利益が期待される。それにもかかわらず，なぜニクソン大統領らは，このような利益を放棄してまで，危機外交を秘密裏に穏便に進めたのであろうか。

さらに国際政治史を見渡してみると，外交における秘密性は，古来より現代にいたるまで，安全保障のジレンマを克服する紛争解決の仕組みとして，外交制度や慣行の中核を担ってきたことが明白である（ニコルソン 1954）。であるならば，このような秘密外交の歴史は「例外」とみなされるべきものではなく，国際危機の公然化と同様に，戦争や強制外交といった国際政治の基本的な現象と整合性をもって合理的に説明されるべきである。

秘密外交を整合的に説明するためには，なぜ国際紛争において危機外交を公然化しなければならないと考えられてきたのか，その仕組みを理解する必要がある。観衆費用モデルに関して注意すべき重要な点は，そのモデルの中核である自己拘束メカニズムが両刃の剣だということである。つまり，国際危機における軍事的威嚇などを通してコミットメントを公然化することは，一方で私的情報の顕示やコミットメントの伝達を促進するという「情報効果」を持ち，他方で戦争の危険を高めるという「エスカレーション効果」をも持つのである[1]。だからこそ，観衆費用モデルは表面上あまり関係のなさそうな2つのパズル，

---

1 筆者はこの負の外部効果を民主主義と危機外交の文脈で「合理性のパラドックス」と呼んだ（栗崎 2005）。

(1) なぜ政治的説明責任が求められる国（たとえば民主主義国）は，そうでない国（たとえば非民主主義国）よりも効率的に私的情報を開示しコミットメントを伝達することができるのか（Fearon 1994），

(2) 政府は，きわめてコストの高い（非効率な）戦争をなぜ合理的に選び取ってしまうのか（Fearon 1995），

を統一的に説明できるのである。さらに，ここから秘密外交や国際危機における通常外交はチープトークであるとみなされ，その結果，情報効果もエスカレーション効果も持たず，したがって，国際政治において効果的な機能を持たないという結論に辿り着くのである。

しかし，自己拘束メカニズムがこのような二面性を持つならば，秘密外交の合理性を説明する糸口は，秘密外交の情報効果（の欠如）よりもむしろ，危機のエスカレーションや戦争勃発の危険が高まるという負の外部効果に見出されるはずである。直観的には，国際危機の公然化によるエスカレーション効果が，その情報効果から得られる利益を上回るとき，政府は危機交渉を公開せず秘密裏に紛争解決を図る動機を持ちうる。つまり，危機を公然化することは，事後的には非効率となりうることが，秘密外交による平和的解決の可能性を高めるのである。このことが，秘密外交が合理性を持つ原理となりうるのである。

ただし，秘密外交を選好すると指摘しただけでは，なぜ秘密外交が国際危機の行方に影響を持ちうるのか説明したことにはならない。そもそも，国際危機において秘密外交が成功するということは，武力行使あるいは平和的解決へのコミットメントを非公開で秘密裏に受け取った対立国が，そのコミットメントの信憑性を否定することなく真剣に受け止めて，さらにそれを秘密裏に処理することに合意しつつ，そして秘密裏に譲歩することを意味する。したがって，秘密外交の納得のいく説明とは，コミットメントを公開・非公開で伝達された場合に対するそれぞれの評価と，双方の局面における譲歩をめぐるインセンティブ構造を見極めるものではなくてはならない。

こうして得られる秘密外交の合理性と，国際危機の公然化の合理性は表裏一体の関係でなければ，国際政治における秘密外交の機構を整合的に説明することにはならない。国際危機が公然化された「公的な外交」と秘密外交が用いら

れた「私的な外交」が混成した国際政治史の統一的な説明とは，1962 年のキューバ・ミサイル危機と 1970 年のシエンフエゴス危機の両方を矛盾なく一貫した論理で説明することである。

以下の分析では，危機外交をシグナリング・ゲームと捉えて，このような直観を模索していく。本章で考慮されるモデルは，標準的な観衆費用モデルでも用いられる危機交渉ゲームを基礎としつつ，2 つの一般的な仮定を緩めることで，非常にシンプルな拡張を施している。このモデルで描かれる戦略的環境はこれまでの研究と共通のものであるため，過去の理論研究との比較も容易である。

3 危機外交ゲーム

危機外交ゲームでは，挑戦国（C）と現状維持国（D）との間のある財をめぐる紛争を想定する。この財の価値は両国ともに 1 に標準化し，現状（国際紛争前）では D に帰属するものとする。ここで，国際紛争は軍事的強制力（武力）の発動を背景に，C が D に対して財の譲渡を要求することで発生するものとする。また，この C による現状への挑戦には，軍事的な威嚇が伴うものとする。さらに，この国際紛争は両国の政治観衆の面前で繰り広げられるため，両政府の危機外交における行動やその結果について，それぞれの国内で説明責任を負う可能性がある。

◆ 手　番

危機外交ゲームの手番は図 9.1 に示した通りである。国際危機の冒頭，C は D に対して軍事威嚇・外交要求を行う際に，それを公開する（pub）か，秘密裏に行う（pri）か選択する。ここで，C が私的威嚇（秘密外交）を選択する誘因とその信憑性の条件が分析の焦点であるため，危機外交ゲームの冒頭で，C が現状維持（SQ）を選択する可能性は考慮しない[2]。C の威嚇を受けて，D は譲歩（CD）するか，抵抗（RS）するか選択する。ゲームの冒頭で C が D に対

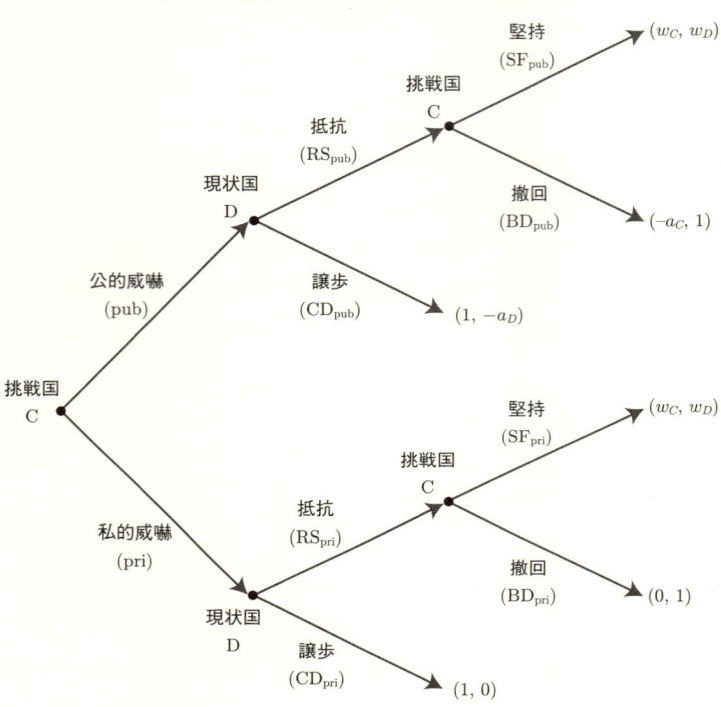

図 9.1　私的脅しと公的脅しを含む危機外交

挑戦国 C
- 公的威嚇 (pub) → 現状国 D
  - 抵抗 (RS$_{pub}$) → 挑戦国 C
    - 堅持 (SF$_{pub}$) → (w_C, w_D)
    - 撤回 (BD$_{pub}$) → $(-a_C, 1)$
  - 譲歩 (CD$_{pub}$) → $(1, -a_D)$
- 私的威嚇 (pri) → 現状国 D
  - 抵抗 (RS$_{pri}$) → 挑戦国 C
    - 堅持 (SF$_{pri}$) → (w_C, w_D)
    - 撤回 (BD$_{pri}$) → $(0, 1)$
  - 譲歩 (CD$_{pri}$) → $(1, 0)$

する挑戦・威嚇を公然化 (pub) せず秘密外交 (pri) を選択した場合，危機交渉は最後まで公開されることはないと仮定する。その結果，Cによる公的威嚇 (pub) に対する譲歩は常に国内政治観衆の面前で降伏する (CD$_{pub}$) ことを意味し，Cが私的威嚇をすればDは常に秘密裏に譲歩をする (CD$_{pri}$) ことになるため，国内政治観衆はその譲歩を観測することはないと仮定する[3]。DがCの挑戦に対し抵抗 (RS) した場合，Cはその威嚇を撤回 (BD) するか堅持 (SF) し武力行使を行うかを選択しなければならない。威嚇の公然化を冒頭で選択した後での撤回は公的な撤回 (BD$_{pub}$) となり，秘密外交では私的な撤

---

[2] この仮定を緩めても分析結果は変わらない。モデルの拡張と結果の頑強性については Kurizaki (2007) に詳しい。

[3] 現実には両国ともに危機交渉の公然化と秘密外交の間を行き来することもある。しかしそのような行動のパターンは本章で提示する均衡に収れんされる。

回（BD_{pri}）となる。Cが堅持を選択した場合，戦争が起こると仮定する。

◆ ゲームの結果と利得

Dが公的譲歩（CD_{pub}）をした場合，Cは財を獲得する一方，Dは財を失うばかりではなく，「外交的屈辱」（Fearon 1994）を受けるため観衆費用を負う。つまりCの利得は1となり，Dの利得は $-a_D \leqq 0$ となる。Dによる公的威嚇への抵抗（RS_{pub}）を受けてCがその公的威嚇を（政治観衆の前で）撤回（BD_{pub}）した場合，観衆費用 $-a_C \leqq 0$ を負い，Dは現状利得1を得る。Cによる私的威嚇（pri）に対してDが譲歩（CD_{pri}）しようが，Cが撤回（BD_{pri}）をしようが，いずれにとっても観衆費用は発生しない。したがってDが私的譲歩（CD_{pri}）をした場合，Cの利得は1，Dの利得は0となる。またCが私的威嚇を撤回（BD_{pri}）した場合あたかも初めから危機が起こらなかったかのようにゲームは終了するため，現状と同じくCの利得は0，Dの利得は1となる。戦争が起きた場合，Cの利得は自らの戦争への期待値 $w_C = p - c_C$ によって決まる。ここで $p \in [0,1]$ はCが戦争に勝利する確率，$c_C \geqq 0$ はCの戦争コストを表す。この戦争利得の定式化は，いわゆる**高コストなくじ**（costly lottery）という仮定に基づく。またCにとっての戦争コスト c_C は，争点となっている財のCの評価額に対する相対値として定義される。同様にDの戦争利得は $w_D = 1 - p - c_D$ として与えられる。

◆ 情報と信念

各国の戦争利得 $w_i \in [\underline{w}_i, \bar{w}_i]$ は各々にとって**私的情報**であるため，この危機外交ゲームは**不完備情報ゲーム**である。まずCが国際危機を起こす前に，**自然**（nature）が，各国の戦争コスト c_C と c_D を，それぞれ区間 $[0, \bar{c}_C]$ と $[0, \bar{c}_D]$ を持つ独立分布から無作為に選び取ると仮定する。この仮定はすなわち戦争利得 w_i が，累積分布関数 $F_i(x) = \Pr(w_i \leqq x)$ に従って分布していることを意味し，戦争利得の分布はCの場合は区間 $[p - \bar{c}_C, p]$，Dの戦争利得の場合は区間 $[1 - p - \bar{c}_D, 1 - p]$ となる。双方とも自国の w_i の値は観察できるが，相手国の戦争利得 w_j ($j \neq i$) の値は観察できない。ただし，戦争利得の確率分

布は**共有知識**なので両国とも w_j についての**事前信念**を持つ。ここで，C が軍事的威嚇を堅持し武力行使を厭わない**政治的決意** (resolve) を持つ場合，その軍事的威嚇は**信憑性**があるという。したがって，C の軍事的威嚇の信憑性についての D の事前信念は，威嚇が公的威嚇として公然化した場合には p_pub，私的威嚇として公然化されない場合には p_pri とそれぞれ定義する。

4 均　衡

　この危機外交ゲームにおける均衡は，各国の**タイプ**を定義する戦争利得 $w_i \in [\underline{w}_i, \bar{w}_i]$ における閾値によって表現できる。ここではまずこの閾値戦略を定義し，ついで具体的な均衡における行動を記述する。

　危機外交ゲームの最終ノードにおける C による威嚇の「堅持 (SF)」あるいは「撤回 (BD)」という選択は**部分ゲーム完全性**によって簡単に決まる。つまり，威嚇を堅持したときの (戦争) 利得が，撤回したときの利得を上回れば，堅持を選ぶ。したがって，C が威嚇を公然化した場合この条件は $w_C \geq -a_C \equiv \alpha$ のとき満たされる（ここで α は公的堅持と公的撤回について無差別である臨界タイプとして定義）。したがって，戦争利得 $w_C \geq \alpha$ を持つ C のタイプは公的威嚇の堅持 (SF_pub) を選好し (**決意型タイプ**)，戦争利得 $w_C < \alpha$ を持つタイプは公的威嚇の撤回 (BD_pub) を選好する (**非決意型タイプ**)。同様に，C が秘密裏に威嚇をした場合，この条件は $w_C \geq 0 \equiv \beta$ のとき満たされる（ここで β は私的堅持と私的撤回とについて無差別である臨界タイプとして定義）。したがって，$w_C \geq \beta$ のとき，C は私的威嚇の堅持 (SF_pri) を選好し (**決意型タイプ**)，$w_C < \beta$ のタイプは私的威嚇の撤回 (CD_pri) を選好する (**非決意型タイプ**)。

　C のもう 1 つの決定，つまり最初のノードにおける軍事威嚇を公然化させるか秘密裏に行うかの選択も同じように閾値で定義する。ここで，閾値 κ は，軍事的威嚇の公然化と非公然化について無差別であるタイプと定義する。したがって，戦争利得 $w_C \geq \kappa$ を持つ C のタイプは均衡では威嚇を公然化し，$w_C < \kappa$ のタイプは均衡では秘密裏に D を威嚇するものとする。

　D の戦略は 2 つの閾値で定義できる。まず閾値 γ は，公然化された威嚇に対して，抵抗 (RS_pub) するか譲歩 (CD_pub) するかに関して無差別である臨

界タイプと定義する。したがって，戦争利得 $w_D \geqq \gamma$ を持つ D のタイプは，均衡内では抵抗（$\mathrm{RS_{pub}}$）を選択し，戦争利得 $w_D < \gamma$ を持つ D のタイプは譲歩（$\mathrm{CD_{pub}}$）を選択する。同様に，閾値 δ は，私的威嚇に対して，抵抗するか譲歩するかに関して無差別であるタイプと定義する。したがって，戦争利得 $w_D \geqq \delta$ を持つ D のタイプは，均衡内では抵抗（$\mathrm{RS_{pri}}$）を選択し，戦争利得 $w_D < \delta$ を持つ D のタイプは私的撤回（$\mathrm{BD_{pri}}$）を選択する。

以上，C の戦略を定義する 3 つの閾値のうち，α と β は $\alpha \equiv -a_C$ そして $\beta \equiv 0$ として外生的に決定され $\alpha \leqq \beta$ の関係が成り立つ。一方で κ は均衡によって内生的に決定される。よって，これら閾値には次の 3 通りの配置が可能となり，各々に均衡を求めればよいことになる。

(1) $\kappa < \alpha < \beta$
(2) $\alpha < \kappa < \beta$
(3) $\alpha < \beta < \kappa$

以下の均衡分析では，(1)および(2)の場合（つまり $\kappa < \beta$ の場合）に得られるただ 1 つの均衡を公的均衡と定義し，(3)の場合に得られる均衡を私的均衡と定義する。この 2 つの均衡は，一定のパラメーターの条件下で共存するため，危機外交ゲームの解はただ 1 つではなく複数均衡を持つことが示される。

◆ 公 的 均 衡

公的均衡では秘密外交は危機外交ゲームの行方に何ら効果を持たない。すなわちすべての決意型タイプの C は，国際危機における軍事的威嚇を公然化することを選択するため，もし私的威嚇が選択された場合，それはすべて非決意型タイプによるものであることがわかる。したがって，D は私的威嚇は必ず撤回される（$\mathrm{BD_{pri}}$）ことを必ず見抜き，すべての私的威嚇に対して「抵抗（$\mathrm{RS_{pri}}$）」を選ぶ。その結果，C は秘密裏に国内政治観衆には気づかれないまま私的威嚇を撤回する（$\mathrm{BD_{pri}}$）ため，国際危機発生前の現状が維持されることになる。つまり，秘密外交は公的均衡においては機能しないため，そこに合

理性はないと言える。そのため、危機外交においてCがDから何らかの譲歩を勝ち取ることで現状を変更するためには、Cは危機外交を公然化させたうえで軍事的威嚇を発することが必要となってくる。ただし、Cが公的威嚇のかたちで危機外交を公然化させると、公的均衡における動学は、従来の観衆費用モデルの均衡でのそれと同じ結果となる（たとえば、Fearon 1997）。すなわち、軍事的威嚇を公然化させることで、Cは自国の政治観衆の注意を喚起し、その結果、自己拘束メカニズムを発動し威嚇の信憑性を高めることができる。ただし、危機外交の公然化は、観衆費用 $-a_C$ という政治的な不利益に自らをさらすことになるため、その危険を回避するために無益な戦争を引き起こすなどといった副作用を引き起こす危険性が高まる。

命題 1 危機外交ゲームでは、$\kappa < \beta$ のとき、以下の均衡戦略で構成される**完全ベイジアン均衡**が成立する。Cは、$w_C \geqq \kappa^*$ のとき公的威嚇を出し、$w_C < \kappa^*$ であれば私的威嚇を出す。Cはさらに $\kappa^* \geqq \alpha$ であれば、公的威嚇を堅持（$\mathrm{SF_{pub}}$）し、$\kappa^* < \alpha$ であれば撤回（$\mathrm{BD_{pub}}$）する。Dは軍事的威嚇に対し、それが私的威嚇であれば必ず抵抗し、公的威嚇であれば $w_D \geqq \gamma^*$ なら公的脅しに対して抵抗する[4]。

証明 命題1およびその他の結果の証明は章末の補論にて示す（258-261頁）。

この均衡における危機外交の展開とその帰結はCの観衆費用 $-a_C$ の相対的な大きさによって決まる（その意味で「観衆費用モデル」なのである）。Cの観衆費用が高いとき（$\alpha > \kappa^*$）、国内政治における観衆費用が抑止メカニズムとして働き、戦争利得が相対的に低い非決意型タイプ（$w_C < \alpha$）が自らのタイプを偽る誘因を打ち消す作用を持つ。その結果、図 9.2(a) が示すように、$\alpha < \kappa$ のとき公的均衡では決意型タイプのみ威嚇を公然化させ、非決意型タイプのみ

---

[4] この均衡を定義するのに必要な**信念**および κ^* や γ^* は章末の補論にて明示する。またCの均衡戦略は信念とは無関係に**部分ゲーム完全性**によって決まるため、Cの事後信念は割愛する。また、公的均衡の存在条件やその証明については Kurizaki（2007, p. 556）に詳しい。

図 9.2 公的均衡

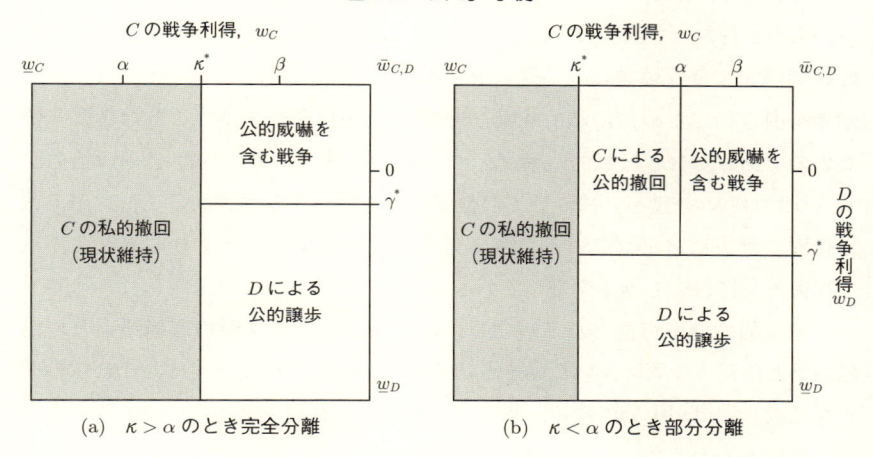

(a) $\kappa > \alpha$ のとき完全分離

(b) $\kappa < \alpha$ のとき部分分離

が秘密外交を用いることとなる。よって軍事威嚇というシグナルによって，Cの決意型タイプと非決意型タイプを完全に区別することができる。他方で，観衆費用が低いとき（$\kappa < \alpha$），一部の非決意型タイプ（$w_C < \alpha$）は軍事的威嚇を堅持し武力行使に訴える政治的決意がないにもかかわらず，自らのタイプを偽ることでDに譲歩を迫ろうという賭けに出る誘因を持つ。図 9.2(b) が示すように，もしDの戦争利得が相対的に低ければ（$w_D < \gamma^*$），Dは譲歩（CD_{pub}）を選ぶために，この賭けは成功する。しかし，Dの戦争利得が相対的に高ければ（$w_D \geqq \gamma^*$），Dは抵抗（RS_{pub}）するため，非決意型タイプの賭けは失敗し，余儀なく公的威嚇を撤回（BD_{pub}）することになり，外交的屈辱を味わうことになる。このようにして，この均衡では簡単な比較静学が得られる。つまり，Cの観衆費用 a_C が大きくなるにつれ，公的威嚇の信憑性は高くなり，それゆえに均衡においてDが公的威嚇に抵抗する確率が下がる[5]。

◆ 私的均衡

危機外交ゲームにおけるもう1つの均衡では，一定の条件下で秘密外交によってDに譲歩させることが可能となる。一般論として，秘密裏に軍事的威

---

[5] この比較静学の詳細は Kurizaki（2007）を参照されたい。

嚇や外交要求が伝達されたときは，**シグナリング・コスト**が発生しないため何ら拘束力を持たない。よって，このような私的に伝達されたシグナルには信憑性の問題が大きな障害になると考えられる。ところが，この均衡では，Dの譲歩を引き出すためには私的威嚇（シグナル）が信憑性を持つことは必要ではないのである。むしろ私的威嚇（シグナル）の伝達により，DはCの政治的決意（つまり威嚇の信憑性）についての信念を下方修正するのである。信念が上方ではなく下方にアップデートされるにもかかわらず，Dはより広範な条件下で秘密外交において譲歩するのである。

この私的均衡が可能となる理由は，Cの一部のタイプが均衡経路上と均衡経路外との双方で興味深い行動をとることにある。一口に言えば，これらのタイプは戦争利得が十分に高く，威嚇を堅持し武力行使を厭わない政治的決意を持つにもかかわらず（$w_C \gg \alpha$），均衡経路上では威嚇の信憑性を確保するために危機外交を公然化するという選択肢を見送り，逆にあえて秘密外交を選択するのである。こうした行動は，Dに秘密裏に伝達された威嚇であっても信憑性を持ちうる（$w_C \geq \beta$）ことを示唆し，結果的に秘密外交であってもDから譲歩を引き出すことに成功する。しかも後述するように，公然化された軍事的威嚇と同じ効力を持つ。次の命題2はこの私的均衡を要約したものであり，図9.3はそれを描写したものである。

> **命題2** 危機外交ゲームでは，$\alpha < \beta < \kappa$ のとき，以下の均衡戦略で構成される**完全ベイジアン均衡**が成立する。Cは，$w_C \geq \kappa^*$ のとき公的威嚇を出し，$w_C < \kappa^*$ であれば私的威嚇を出す。公的威嚇を出したときには，Cはそれを撤回する（BD_{pub}）ことはない。私的威嚇を出したときは，Cは $\kappa^* \geq \beta$ であればそれを堅持し（SF_{pri}）武力を行使し，$\kappa^* < \beta$ であれば秘密裏に撤回（BD_{pri}）する。Dは威嚇を受けたとき，それが私的威嚇であろうと公的威嚇であろうと，戦争利得が十分に大きく（$w_D \geq \delta^* = \gamma^*$），武力行使をも辞さない覚悟で危機外交に断固とした政治的決意を持つ場合は抵抗（RS_{pub} と RS_{pri}）し，そうでない場合には，秘密裏にではあっても降伏・譲歩（CD_{pub} と CD_{pri}）する[6]。

---

[6] この均衡を定義するのに必要な**信念**および最適な閾値（$\kappa^*, \delta^*, \gamma^*$）は章末の補論にて明示する。

図9.3 私的均衡

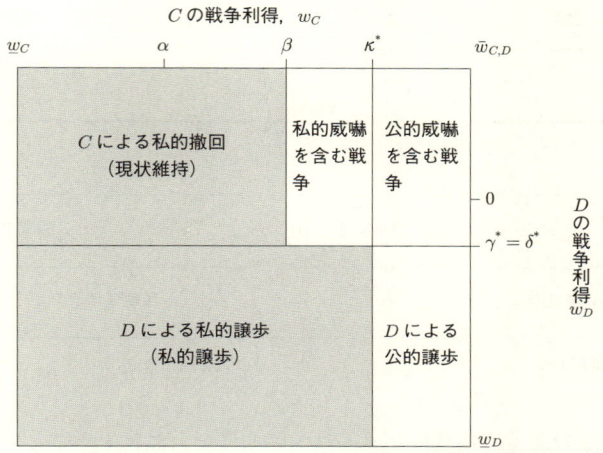

C の戦争利得, w_C

```
  w_C      α        β      κ*           w̄_{C,D}
  ┌─────────────────┬──────┬──────────┐
  │                 │      │          │
  │  Cによる私的撤回  │私的威嚇│ 公的威嚇 │
  │   (現状維持)     │を含む戦│を含む戦  │
  │                 │ 争    │ 争       │      0
  │                 │      │          │
  ├─────────────────┴──────┼──────────┤   γ* = δ*
  │                        │          │
  │                        │          │
  │     Dによる私的譲歩      │  Dによる  │
  │      (私的譲歩)         │  公的譲歩 │
  │                        │          │
  │                        │          │
  └────────────────────────┴──────────┘
                                        w_D
```

D の戦争利得 w_D

(注) グレーの部分は秘密外交によって得られる平和(非武力)解決を示す。

　さて,秘密外交がなぜ,どのように,そしていつ可能なのかを理解するために,この私的均衡を少し立ち入って吟味したい。まず私的均衡が「どのように」なっているのかを検討するために,均衡戦略を見てみる。私的均衡におけるこの閾値戦略はCのタイプを4組に分類し,そのうち3組のタイプは均衡経路上で秘密外交を選ぶ。これらの4組のタイプおよびその均衡戦略は図9.4にて図示する。

　まず戦争利得が $w_C \geqq \kappa^*$ のとき,Cは必ず公的威嚇を選択し,Dがそれにいかなる対応をしようとも,威嚇を撤回することはない。このタイプは武力行使すること自体に大きな利益を見出しており外交的解決などまったく念頭にないと解釈できる。このようなCのタイプ類型を**強硬派**と名づける。

　次に,戦争利得が $w_C \in [\beta, \kappa^*]$ の範囲にあるとき,Cは私的威嚇を均衡経路上で選択し,Dがそれに抵抗した場合は堅持する(SF$_{pub}$)。この範囲に属するタイプは**穏健派**と呼ぶ。というのも,このタイプ類型は,公然化された国際危機でも秘密外交においてのいずれであっても,軍事的威嚇を堅持し実力行使をする政治的決意を持ち合わせているにもかかわらず,戦争利得が比較的低く,軍事衝突のリスクを好まないタイプ ($w_D < \gamma^*$) のDに譲歩 (CD$_{pri}$) させる余地のある私的な外交ルートを選択するからである。ただし,$\kappa^* > \beta$ で

図 9.4 命題 2 の挑戦国のタイプ類型と均衡戦略

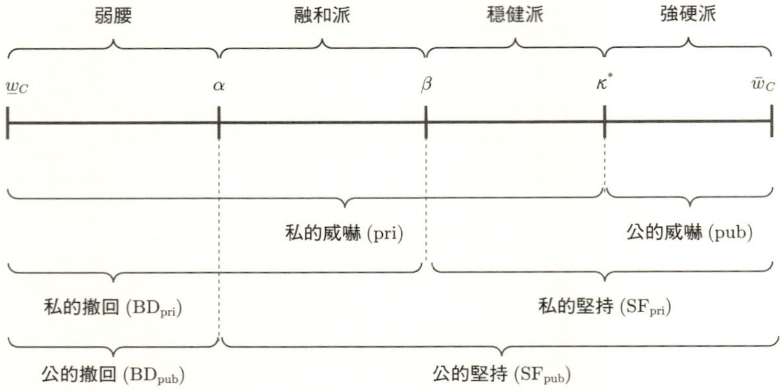

弱腰 — 融和派 — 穏健派 — 強硬派

$\underline{w}_C$ — α — β — κ^* — $\bar{w}_C$

私的威嚇 (pri) : $[\alpha, \kappa^*]$
公的威嚇 (pub) : $[\kappa^*, \bar{w}_C]$

私的撤回 (BD_{pri}) : $[\underline{w}_C, \alpha]$
私的堅持 (SF_{pri}) : $[\alpha, \bar{w}_C]$

公的撤回 (BD_{pub}) : $[\underline{w}_C, \beta]$
公的堅持 (SF_{pub}) : $[\beta, \bar{w}_C]$

あるため,このタイプ類型にとっては国際危機を公然化することで得られる利益はない。

　第 3 に,戦争利得が $w_C \in [\alpha, \beta]$ の範囲にあるとき,C は私的威嚇を選択し,D がそれに抵抗 (RS_{pri}) してきたときには撤回 (BD_{pri}) を選択する。このタイプ類型を**融和派**と呼ぶことにする。融和派は,**均衡経路上**では危機外交を公然化することはないが,均衡経路外では公的威嚇については堅持 (SF_{pub}) を選択するという戦略を持つ。つまり,戦争利得が十分に大きいことから,公開された危機外交では威嚇を堅持 (SF_{pub}) し武力行使を辞さないという政治的決意を持つ。他方,秘密外交ではあえて私的威嚇を堅持してまで武力行使する意思を持たないのである。言い換えれば,公然とコミットメントを撤回し観衆費用を払うつもりはないが,秘密裏であれば観衆費用を被ることはないので,あえて武力衝突を選ぶつもりもないというインセンティブ構造を持つわけである。

　最後に,戦争利得が $w_C < \alpha$ と低いタイプ類型は**弱腰**タイプとでも呼んでおこう。弱腰タイプは均衡経路上では融和派タイプとまったく同じように振る舞う——つまり,私的威嚇を出してそれを撤回 (BD_{pri}) する——が,均衡経路外では,もし D が公的威嚇に抵抗してきた場合は,堅持せずに撤回 (BD_{pub}) を選ぶ。

　次に,私的均衡が「なぜ」可能なのかを考えるうえで,まず私的均衡におい

ては，Dが威嚇に対して抵抗する場合，それが私的威嚇の場合と公的威嚇の場合とで同じ確率で抵抗することを命題2が示唆していることを確認したい。私的抵抗（RS_{pri}）と公的抵抗（RS_{pub}）の確率が同じであるということは，決意型タイプ（すなわち $w_C > \beta$ のすべてのタイプ）が私的均衡において公的威嚇と私的威嚇との間で無差別となることを保証する。さもなければ，すべての決意型タイプが公的威嚇を選択することになり，その結果，Dが（私的譲歩より）コストの高い公的譲歩（CD_{pub}）と確実に武力衝突を引き起こす公的抵抗（RS_{pub}）との間の選択をより高い確率で迫られることになるからである。しかし，すべての決意型タイプ（$w_C > \beta$）が公的・私的威嚇に関して無差別であれば，なぜ私的均衡はこれらタイプを閾値 κ^* を境にして2つのタイプ類型——穏健派は私的威嚇を選択し，強硬派は公的威嚇を選択する——に分割するのであろうか。ここに秘密外交の合理性の鍵がある。

この問題を考えるにあたってまず確認すべきことは，非決意型タイプだけでなく決意型タイプ（$w_C > \beta$）の一部も均衡経路上で秘密外交を選択するように閾値 κ^* が選び取られている点である。その結果，私的威嚇に対してDが抵抗（RS_{pri}）した場合，武力衝突の確率がゼロではなくなる（公的均衡では私的威嚇を行ったすべてのタイプが私的撤回するため秘密外交の帰結としての戦争の確率はゼロであった）。したがって，Dは私的威嚇に直面したとき，私的譲歩（CD_{pri}）と戦争リスクとの選択を迫られるため，公的均衡のように私的威嚇に対して常に抵抗（RS_{pri}）を選択することは最適反応ではなくなるのである。

ということは，閾値 κ^* が決意型タイプを分離するということは，Dに対して「私的抵抗（RS_{pri}）は戦争のリスクを発生させる一方で，私的譲歩（CD_{pri}）は観衆費用を発生させない」という状況認識をさせるようなメッセージを伝える役割を持つのである。つまり，閾値 κ^* による決意型タイプを分離するシグナルは，Dに対し私的譲歩（RS_{pri}）に合理性を与えるような<u>**事後信念**</u>を導き出すのである。つまり秘密外交に合理性があるとすれば，それは<u>Dの事後信念が秘密外交を合理化している</u>のである。

最後に，私的均衡が「いつ」成立するのか検討するため，まず次の命題3で私的均衡の存在条件を要約する。

命題3 私的均衡は，次の条件が満たされるときに成立する。

(1) 公的威嚇は常に信憑性を持つ（$\kappa^* > \alpha$）。
(2) Dが十分に大きい観衆費用を持つ（$a_D \geqq F_C(\beta)/(1 - F_C(\beta))$）。

条件(1)は，閾値の配置（$\alpha < \beta < \kappa$）から直ちに導かれる。つまり，強硬派タイプのみが公的威嚇を選択するため，私的均衡における公的威嚇はすべて信憑性がなければならない。また，この条件は信憑性のある公的威嚇が背景にあるときのみに秘密外交が国際危機で有効になることを示唆している。

条件(2)は，国内政治観衆の面前でCの威嚇や外交要求に譲歩したときに，Dは政治的不利益を被るが，その公的譲歩のコストが十分に高くなければ秘密外交は成立しえないことを示している。この条件は，Dの観衆費用に対する敏感性が私的均衡のもう1つの鍵であることを明示している。つまり，公的譲歩に十分に大きな観衆費用が伴う限りにおいて，Dは私的譲歩に魅力を感じるのである。それを受けて，Cは公的威嚇（という信憑性を確保する手段）を放棄することによって，Dをして私的譲歩を合理的に選択させることができるのである。ここで興味深い点は，私的均衡が成立するにはDの側には実効性ある国内政治観衆が必要であるものの，Cの側には必ずしも必要ではないことである（すなわち $a_D > 0, a_C \geqq 0$）。したがって，公的譲歩において観衆費用がDに発生しない場合（すなわち $a_D = 0$），Cの観衆費用の有無にかかわらず，私的均衡は存在せず，秘密外交は不成立となる。

さらに，a_D の下限についての条件(2)は，公的均衡と私的均衡は互いに排反でないことを示している。命題1では公的均衡の存在条件についてDの観衆費用 a_D にはなんら制限がなかった点を確認しておきたい。よって，私的均衡におけるDの観衆費用の下限が正である限り（$F_C(\beta)/(1 - F_C(\beta)) \geqq 0$），この危機外交ゲームは a_D の区間 $[0, F_C(\beta)/(1 - FC(\beta))]$ を除いて，私的均衡と公的均衡という複数均衡を持つことを意味する。

5 | 合理的な秘密

危機外交ゲームの均衡分析では，公的均衡と私的均衡という2つの均衡が存在することを示した。これらの均衡は，政府が危機外交においてコミットメ

ントを伝達する際の国際危機の公然化と秘密外交という2つの仕組みを描いている。

複数均衡が存在するということは，この危機外交ゲームそのものは，政府がこの2つの仕組みのいずれを選択するのか説明・予測できないことを意味する。しかし他方で，いずれの仕組みがより効率的な紛争解決メカニズムを提供するのか調べることはできる。この問いに答えるため，ここでは2つの均衡の**厚生的価値**を比較検討する。

これら均衡の**パレート効率性**を命題4で簡単にまとめた。すなわち，私的情報を受け取り自らのタイプを知る前の「事前段階」，および私的情報を受け取り自らのタイプは知るものの相手国のタイプは知らされていない「中間段階」という2つの観点（Holmström and Myerson 1983）において私的均衡は公的均衡に対して**パレート優位**である。

> **命題4［合理的な秘密］** CとDのいずれのタイプにとっても，私的均衡は事前段階でパレート最適である。Cの非決意型タイプ（$w_C < \beta$）とDのすべてのタイプにとって，私的均衡は公的均衡を中間段階で強くパレート支配する。Cの決意型タイプ（$w_C > \beta$）にとっては私的均衡と公的均衡は無差別である。

この結果は，一般に両国ともにタイプにかかわらず，公的均衡より私的均衡（が存在する場合）を少なくとも弱く選好することを示す。とくに，私的均衡は公的均衡を弱い意味で「中間段階」でパレート支配する一方で，Cの非決意型タイプ（$w_C < \beta$）は私的均衡を強く選好する。Cの決意型タイプ（$w_C > \beta$）が私的均衡と公的均衡とで無差別であるのはこれらのタイプにとっての戦争利得は観衆費用より常に大きいので，公的撤回（BD_{pub}）する心配はいらないためである。こうしたことからすべてのタイプが**共有知識**になる「事後段階」でも私的均衡が少なくとも弱くパレート最適になることがわかる。

命題4の重要な（規範的）含意は，秘密外交が国際危機で機能するとき，より広範な範囲で平和的解決が（両国にとって）合意が可能となることである。このことは図9.2（239頁）と図9.3（241頁）の比較からも明らかである。秘密外交の「平和効果」とでもいえるこの結果は，2つの要因に由来する。第1

に, (繰り返しになるが) 私的均衡においては, 秘密外交による私的譲歩 (CD_{pri}) を引き出すことが可能であるが, 公的均衡ではこのような私的譲歩は得られないのである。第2に, 秘密外交は国際危機を公然化した場合よりも, 戦争の事前確率を低くするのである。

ここで2つの均衡における戦争確率を比較するに際して, 私的均衡において戦争が発生するのは, Cの戦争利得が少なくとも現状利得より高い場合 ($w_C \geq \beta$) に限られるが, 公的均衡においてはCの戦争利得が比較的低い場合 ($w_C \geq \kappa^*$, ただし $\kappa^* < \beta$) であっても戦争は発生しうる点を確認しておきたい。さらに, 公的均衡においては, 公的威嚇は全体的にDの抵抗を高い確率で惹起させる点も重要である。こうした作用が重なり, いかなるタイプにとっても戦争の期待確率は私的均衡のほうが公的均衡よりも低くなるのである。次の系4.1はこの結果を要約したものである。

系 4.1 [戦争確率] 戦争の事前確率は公的均衡のほうが私的均衡よりも大きい。

命題4や系4.1は, 秘密外交はCとDの双方にとってもさまざまな点で有利であることを示している。まずCの観点からすると, 秘密裏に危機交渉を進めることで, あたかも何も起こらなかったように振る舞うことが可能となる。したがって, 国際危機の解決のために武力に訴える政治的意思を持たない非決意型タイプにとっては, Dが軍事的威嚇に抵抗するような場合に備え, そもそも威嚇を秘密裏に用いることで, 威嚇 (コミットメント) を撤回することに伴う国内の政治的コストを回避する手段を与える。さらに, 決意型タイプのCにとっては, 観衆費用がエスカレートしてしまった場合, 公然化された国際危機において威嚇 (コミットメント) から引き下がることは政治的に不可能となることから, 結果として, 戦争を好まないにもかかわらず, 武力行使を選択せざるをえない局面がありうる。秘密外交はこのように国内政治事情から開戦に駆り立てられてしまうような「罠」から政府を解放するセーフガードにもなりうる。

次に, Dの観点からの秘密外交のメリットとしては, 武力行使のリスクを冒すような政治意思のない非決意型タイプ ($w_D < \min\{\delta^*, \gamma^*\}$) にとっては,

政治的コストの高い公的譲歩から逃れる手段として機能する。また，決意型タイプのDにとっては，政治観衆の面前で威嚇に屈服し譲歩することで，政治的・外交的な不名誉を被ることを避けるために不要な戦争を選択せざるをえない局面がありうるが，秘密外交によって私的譲歩が可能となれば，このように無益な戦争を回避する手立てとなる。

歴史的には，秘密外交は政府の政治的面目を保つことで協調行動や緊張緩和を促進するために必要な戦術として用いられる傾向がみられる。たとえば，キューバ危機の最終段階で，ケネディ大統領は「ソ連にとって国家安全保障を損なわず，さらに政治的な辱めを受けないかたちで平和的な解決策を模索するために，彼らにあらゆる機会を与えること」に細心の注意を払ったとされる (Kennedy 1969, p. 81)。

民主主義の時代においては「政治の透明性」や「開かれた外交」が公益に適うと一般的に信じられている。しかし，本分析が明らかにする「合理的な秘密」のロジックは，これに反してすべてのプレイヤーのほぼすべてのタイプにとって私的均衡のほうが公的均衡よりも有益な政治的解決のメカニズムを提供することを示している。逆に，危機外交を「透明」にすることは，危機をエスカレートさせ無益な戦争の危険を高めかねないことを示唆している。このように，政治過程や交渉の公然化により政治アクターの功名心を刺激し，政治的決定が政治観衆へのアピールの場となることで非効率な政治的帰結を惹起することは，危機外交に限らず労使交渉や議会交渉など，あらゆる政治場面に偏在していることも指摘されている。

こうしたことから，秘密外交や国際危機における通常外交を，ただ単に「チープトーク」だという理由だけで，政府は合理的に無視することはできないはずである。外交における秘密性を使いこなすことは合理的であるのみならず（パレートの意味で）最適でさえもある。

6 「合理的な秘密」のメカニズム

危機外交ゲームにおける**公的均衡**は，従来の観衆費用モデルが描いてきた典型的な自己拘束メカニズムを記述する。そこでは，なぜ政府は国際紛争を公然

化し強制外交に訴えるのか，なぜ政治的コストの高いコミットメントの不遵守あるいは戦争といった非効率な結果へとつながる深刻な対立へとエスカレートするのかを説明するのである。他方，**私的均衡**では，秘密外交によるコミットメントの伝達は非常に限定的であるにもかかわらず，両国にとって**合意可能な平和的解決の範囲**を拡大させることで，パレート効率性を実現できるという新しい結果を提示した。この結果は従来の国際政治学研究に新しい地平をもたらす議論であるため，ここではより大きな観点からそのメカニズムが示唆する含意を検討する。

◆ 強制外交と情報効率性

国際危機における駆け引きや交渉は，一般的に軍事的威嚇を通じたコミュニケーション過程であると考えられている（Morrow 1989）。そのため，私的威嚇はある条件下で信憑性を獲得することで，秘密外交の合理性を担保するのではないかと推測できるかもしれない。しかしながら，本章のモデルは，私的威嚇の合理性はDの信念に影響を及ぼすという情報的な役割に由来するわけではないという点で，従来のアプローチとはまったく違った外交力学を提唱している。

この点を理解するために，いま一度，私的均衡において**穏健派**と**融和派**タイプは武力行使を厭わないという政治的意思を持ち合わせるため，国際危機を公然化することで，自らの軍事的威嚇の信憑性を高めることが可能である点を確認したい。公然化することでそれが可能であるにもかかわらず，これらのタイプは国際危機の公然化という「信憑性増大装置」を利用せず，あえてさらに難しいコミュニケーション媒体を利用するのである。実際，私的威嚇の選択を受けて，DはCの威嚇の信憑性についての信念（つまり武力行使を厭わないという政治的決意についての信念）を下方修正するのである。つまり，章末の補論で補足説明するように，事前信念を p_{pri}，事後信念を q_{pri} で与えたとき，$p_{\text{pri}} > q_{\text{pri}}$ が成り立つのである。この論点をより一般化するために，まず強制外交における威嚇の2つの特性を定義する。

定義 1 [情報効率性] 軍事威嚇を受けた際，その信憑性に関するDの

事後確率が事前確率より大きいとき，その威嚇は**情報効率**があるとする。つまり $q_j > p_j$ のとき，威嚇 j は情報効率的であるという。

定義 2［強制外交の有効性］　軍事威嚇を受けた際，D がより高い確率で譲歩したとき，その威嚇はより**有効**であるとする。つまり D が威嚇 i と j に対し抵抗する確率をそれぞれ r_i と r_j とで与え，$r_j > r_i$ のとき，威嚇 j は威嚇 i より有効であるという。

これら定義を用いて，次の 2 つの結果は，私的均衡において，私的威嚇は情報効率性を欠くにもかかわらず強制外交において有効であることを示す。

系 4.2［威嚇の情報効率性］　私的威嚇は私的・公的均衡のいずれにおいても**情報効率性**を持たないが，公的威嚇はいずれの均衡においても常に**情報効率的**である。

系 4.3［威嚇の有効性］　私的威嚇は私的均衡においては公的威嚇と同じ**有効性**を持つものの（$r_{\text{pri}} = r_{\text{pub}}$），公的均衡においてはまったく**有効**ではない（$r_{\text{pri}} = 1$）。

強制外交における威嚇の情報効率性と有効性に関するこれらの結果は，単に技術的な議論にとどまらず，重大な政策的含意を持つ。

　第 1 に，公的威嚇は情報効率性を常に持つ一方で，私的威嚇はまったく情報効率的ではないため，もし仮に C の危機外交における唯一の目的が政治的決意を相手国に顕示することであれば，C は危機外交を公然化し国内政治観衆を喚起することで，軍事的威嚇に信憑性を付与しなければならない。この点において，筆者は，既存の合理主義者の「静かな外交接触だけでは，敵国が本当はどこまで譲歩をする意思があるか知ることはできない」ため，「政府は危機交渉を『公然化』すること——軍隊の動員や公的威嚇などの行為——でこのジレンマを解決しようとする」（Fearon 1994, p. 586）という視点に同意する。

　外交史家も強制外交における軍事的威嚇の情報効果を強調してきた。たとえばローレンは「内在的に危険性があったにせよ，最後通牒という強制外交のき

わめて純粋な形態は，たとえば玉虫色表現の外交抗議よりも，政治的決意や緊急性を伝えるのに適している」と述べている（Lauren 1994, p. 25）。危機外交において，非最適な戦争のリスクを発生させてしまうような軍事動員や公的威嚇などといった挑発的・高圧的で高コストなシグナルに政府が頼ってしまう理由はおそらくここにある。というのも，こうした挑発的な措置は，武力行使への政治意思を相手国に伝達し，相手国をして譲歩させる明確で確実な手段として，一般的に理解されているからである。

この論点は，2003年のイラク戦争の前夜に，米国ブッシュ政権がイラク政府による秘密裏の外交的降伏の申し出を拒否したという事例に明確に見て取れる。開戦を回避するためにイラク政府が2003年3月に秘密裏の外交ルートで譲歩を申し出た際に米国政府がこれを拒否したと『ニューヨーク・タイムズ』紙が2003年11月に報じた[7]。この報道を受けホワイトハウスの報道官はこれを認め「表玄関が開放されているにもかかわらず，裏口から秘密裏に接触することは信憑性のある機会でも，信憑性のあるコミュニケーションであるとは，われわれ［ブッシュ政権：筆者注］は考えない」とその理由を説明した[8]。つまり，ブッシュ政権は秘密外交の情報効率性を問題にしたがために開戦回避の機会を逃したとも言える[9]。

第2に，従来の合理主義における有力な説に反して，系4.2と系4.3は私的威嚇の情報効率性の欠如は必ずしも強制外交における有効性を否定するものではないことを示唆している。このことは危機外交のあまり知られていないメカニズムを照らし出している。すなわち，危機外交における政府の唯一の目的が自らの政治的意思を誇示することではないことを鑑みれば，挑発的・高圧的で高コストな戦術を通して信憑性を確保するという従来的な強制外交（ないし力の外交）の発想は，実はまったく不必要なものであると考えられる。逆に信憑性に固執することは，国際危機をエスカレートさせ戦争の危険を高めることになる。他方で，本章の分析は，秘密外交（あるいはより広範に通常外交）は，信憑性の確保をその政策基準とはしないからこそ，無益な戦争や外交的屈辱とい

---

[7] *New York Times*, 2003年11月6日付 A1項。

[8] http://www.whitehouse.gov/news/releases/2003/11/20031106-5.html。

[9] しかし，そもそもブッシュ政権は軍事力による解決に強いコミットメントを持つ強硬派であったという解釈が一般的である。

った非最適な結末のリスクを上げることなく，強制外交と同じ政策目標を達成することが可能であることを示している。

◆ 第2の政治観衆とシグナルのカスタマイズ

　従来の観衆費用モデルは，シグナルの送り手のみが観衆費用を負いシグナリングという行為は受け手には直接影響を与えないことを暗に仮定していた。これらの仮定のため，従来のモデルはシグナルの受け手が負う政治的コストを考慮に入れなかったために，本章が解き明かしたような秘密外交の合理性や，挑発的・高圧的で高コストな戦術によって信憑性を獲得しようとすることの無駄を説明することはなかった。

　秘密外交の合理性の1つの鍵は，Dが政治観衆の面前でCの外交要求・軍事威嚇に屈服する際に支払う観衆費用の大きさにある。この点については，命題3でDの観衆費用がゼロ（$a_D = 0$）であるとき私的均衡は存在しないことを証明した。仮にDの観衆費用をゼロに設定した場合，本章の危機外交ゲームは，実質的に従来の観衆費用モデルと同じ結果となり，そこでは私的均衡は存在しえないことを確認しておきたい。つまり，秘密外交（ないし国際危機における通常外交）は国際政治においてあまり重要ではないという合理主義のこれまでの有力説は「政治観衆がDには存在しない」という仮定においてのみ成り立つ議論であることがわかる。

　穏健派や**融和派**タイプは，均衡経路上では観衆費用を支払うことはないため，これらのタイプが国際危機を公然化し潜在的な事後観衆費用を喚起したとするならば（実際にはしないが），その唯一の理由は信憑性の伝達にほかならないであろう（このように従来の観衆費用の説明もこのモデルのなかで確認できる）。そうであるならば，これらのタイプが実際には危機を公然化せず秘密外交を選択する唯一の理由は，Dの政治観衆という「眠れる獅子」を起こさないことで，Dは観衆費用を被ることなく危機外交で譲歩できるような政治環境を整えることである。したがって，もし仮にDに政治観衆が存在しなければ**穏健派**や**融和派**タイプは秘密外交を選択する理由がなくなる。

　このようなCのシグナリング行動——つまり，信憑性確立装置としての危機の公然化を放棄し秘密外交に訴えること——はCがDの**政治的面子**を保つ

ために、自らのシグナルをカスタマイズしていると解釈できる。このようにシグナルを調整することは複数の観衆の面前でなければ不可能である。つまりここでテスト可能な経験的含意として、D国において政府が政治的な説明責任を負わない場合、秘密外交が国際危機に影響を与えることはないことが予測できる。

7 アラスカ国境紛争

　最後に、本章で解き明かした秘密外交の合理性が、実際にどのように作用しているのか理解するために、1902年に発生したアラスカ国境紛争の事例分析を行う。この紛争の起源は、アラスカと隣接する太平洋沿岸部における英国領とロシア領の間の国境線を確定したアングロ・ロシアン条約（サンクトペテルブルク条約、1825年）にさかのぼる。この国境線は、険しい山々や複雑な海岸線によって囲まれており、当初、あまり重視されてこなかった。しかし、この地域における金の埋蔵が指摘されると、この国境線は戦略的な重要性を持つことになり、米国が突如この地域の領有を主張し始めた。最終的にこの国境紛争は米国に有利なかたちで解決されるが、その決着は、表面上はあたかも合理的な妥協案のような外見を持つ一方で、実際には、セオドア・ルーズベルト米国大統領が武力行使の威嚇を秘密裏に伝達することで、カナダに米国の要求を受け入れさせたのである。

　1902年3月、ルーズベルト大統領は、アラスカで金が発見された場合に備え、領土問題を抱える国境線で混乱が生じないように「可能な限り静かに、そして控えめに」アラスカ南部へ部隊を派遣することを指示した。その一方で、ルーズベルト大統領はカナダ政府に送付した書簡にて武力行使の可能性に言及しつつ暗に領土の割譲を要求した。ルーズベルトは問題の領域から部隊を撤退させる意図を持たないことを悟ったカナダのローリエ首相は、軍事的威嚇に屈服するかたちで領土を割譲する事態を招いた政治責任を問われ、自らの進退問題に発展することを恐れた。そこで、領土割譲という外交的敗北を隠ぺいし、せめてカナダ国民に対して面目が立つように、カナダ政府は秘密裏に譲歩する方策として仲裁者による調停案を提案した。このとき、ローリエ首相はこの件

に関し米国使節団トップのホワイトに対して「面子を立てさせてほしい」と懇願したと伝えられている（Nevins 1930, pp. 192-193）。

しかしルーズベルト大統領は，当初より調停による裁決はもとより，この領土問題の全面的な勝利以外は受け入れるつもりはなかった。しかしその一方で，領土さえ獲得できれば，譲歩する用意はあった。ローリエ首相との会談内容について報告を受けたルーズベルト大統領はヘイ国務長官に次の書簡を送った。

　　　彼ら［カナダ：筆者注］がこのように理不尽で弁解の余地のない主張をしているのであって，仮にわれわれに対する譲歩によって彼らが有権者と面倒なことになろうとも，そのことによってわれわれが補償したり領土要求で妥協しなければならない理由にはならない（Penlington 1972, p.64）。

そこで，調停というカナダ政府の要望を受け入れる代わりに，米国は裁判でこの問題を審議する特別法廷を設定した。ただし特別法廷は単に面目を保つための手段にすぎず，この領土問題の米国の一方的な決定をあたかも妥協の産物と見せかけ，さらにカナダ政府が米国の要求に屈服したことを隠ぺいすることが目的であった。実際に，この特別法廷の構成も米国が絶対に敗訴しないよう設計されており，6名の判事のうち3名は米国から，2名はカナダから，残りの1名は英国から任命された[10]。

英国はそもそもこの領土問題に強い関心があったわけではなく，むしろ1903年頃までにはフランス，ドイツ，日本，ロシアなどとの外交関係が悪化していたため，アラスカ国境問題で米国との関係を拗らせるわけにはいかなかったのである。

さて，6人の判事のなかで英国の代表者であるアルバストーン卿（英国首席裁判官でありこの特別法廷の議長）が，多数決を決定する位置にいたため，ルーズベルト大統領はカナダではなく英国に外交攻勢をかけた。とくに英国首脳に幾度となくメッセージを送り英国の国益はカナダではなく米国とともにあると

---

[10] カナダは1920年代まで外交における主権はなく，英国は宗主国としてこの紛争で影響力を行使していた。

説得を続け，仮に米国が法廷で負けることになれば，軍事力を行使して国境線を自らの手で引くと脅した。

ルーズベルト大統領はロッジ上院議員に「公式かつ正式」な指示書ではなく私的な書簡を手渡し，それをバルフォア英国首相，チェンバレン英国植民地大臣，ハーコート自由党党首，そしてアルバストーン判事など英国首脳に見せるよう指示した。この書簡は英国当局を恫喝するためのルーズベルト流の一連の脅しの一環であった。このなかでルーズベルト大統領が「米国勝利の決定的要素の１つ」と後に表現したのは，ホルムズ米国最高裁判事を通してチェンバレン植民地大臣に送った親書であった。親書の要旨は「解決か戦争か」であった。1903年7月25日の日付が記されたこの手紙でルーズベルト大統領はホルムズ判事に以下のように指示した。

> ……もしチェンバレンに会うことがあれば，もちろん，私的で非公式でなくてはならないが，これから私が言うことを遠慮なく伝えてほしい。もし意見の相違があれば，仲裁による調停などありえないばかりではなく，私自身の鉤の手［つまり軍事力：筆者注］でわれわれの意のままに国境線を引くための権限を議会が私に与えざるをえない状況を作り出す意図があることを，明確に理解していただきたい（Munro 1970, pp. 56-57）。

アラスカ国境問題において軍事力の行使を辞さないという威嚇が単なる脅しではないことを，英国とカナダに示す奇策として，ルーズベルト大統領は11月に一見無関係な公式声明を出した。その声明では，もしパナマで革命が起こらずコロンビアからの独立が成し遂げられなかった場合には，米国が武力を用いてパナマを接収することの正当性の主張をしたのである。このパナマ独立問題に関するルーズベルトの声明は，アラスカ国境問題に関しては見送られた公的威嚇，つまりカナダに対する強制外交を公然化させ部隊の動員も大々的に行うという軍事的威嚇は，信憑性を持ちうることをシグナルしたのである。このパナマ問題に向けられた米国政府の公的威嚇は，英国政府やカナダ政府に向けられた私的威嚇を補完し，領土割譲を迫るという目的であったと解釈できる。史料によると米国はこの時点で実際に軍事力を行使する用意があったことを

示している。たとえば，1903 年 6 月のホワイトハウスでの会合で，チョート駐英米国大使，ヘイ国務長官，ルート陸軍長官らは，特別法廷で米国寄り裁決が得られなかった場合に部隊を派遣するというルーズベルトの有事計画に同意していた。この有事計画は，本章のモデルにおける穏健派および融和派タイプによる均衡経路外の行動の好例である。さらに，このパナマ問題に関する声明は，武力行使をする政治的決意を一般的に持っていること，そして自らの観衆費用を喚起する用意もあることを示すためのシグナルであったと考えられる。だが無論，パナマとコロンビアに注目を向けることで，英国／カナダ側には観衆費用を発生させないようにカスタマイズされたシグナルでもあったと言えよう。

　最終的に，英国代表のアルバストーン卿は米国の主張に沿って国境を画定し，領土支配を認める決定を行った。当初，アルバストーン卿は妥協案を示しカナダに一定の領有権を認めることを主張していたものの，その後この主張を覆し，3 名の米国判事と裁定の調整を図った。一説によると，バルフォア首相もしくはチェンバレン外相が米国の要求を受け入れるようにアルバストーン卿に指示したとされる。

　この国境問題は表向きでは特別法廷を通じて解決されたことになっている。しかしその内実は，ルーズベルト大統領の度重なる水面下での軍事的な威嚇によって英国がカナダの領土を割譲したのであった。ここでは，軍事的威嚇や脅迫が公然とではなく秘密裏に行われたことで，カナダ政府が領土を譲渡しやすい政治環境が整ったのであった。

8 ｜「合理的な秘密」の意義と外交戦略

　本章では，戦争や国際紛争に関する合理的説明の有力説である観衆費用モデルを自然なかたちで拡張することで，国際危機が公然化されたときの交渉力学とあわせて秘密裏に繰り広げられる危機外交の仕組みを統一的に説明することを試みた。とくに，シグナルの受け手側が被るシグナリング・コスト（つまり D の観衆費用）を新たに導入することによって，国際紛争における双方の係争国内での政治環境や利害構造を危機外交の力学に組み込むことで，従来の公然

化された国際危機の構造を記述する「公的均衡」に加えて，秘密外交の仕組みを記述する「私的均衡」が存在することが確認できた。

この分析は，危機外交が秘密裏に行われる場合，そこで交わされるシグナルは非常に限定的な信憑性しか持ちえないことを示した。この結果は「静かな外交」は，挑発的な（公然化された）強制外交よりも情報効率性において劣ることを意味し，その意味で従来の合理主義的説明（たとえば，Fearon 1995）や外交史家の観察（たとえば，Lauren 1994）を確認するものである。しかしそれと同時に，本章での分析は，秘密外交の情報効率性の欠如は，必ずしも強制外交としての有効性の欠如を意味するものではなく，むしろ情報効率性を欠いた場合も，秘密外交は，常に情報効率性を発揮する公然化された軍事的威嚇と同程度の有効性を危機外交において発揮できることを論証した。さらに，秘密外交は自己拘束メカニズムを発動しないため，戦争や政治的に高コストな外交敗北といった非最適な帰結のリスクを高めることなく，危機外交の目的を達成できる。つまり，秘密外交は，パレートの意味でより効率的な紛争解決メカニズムを提供するのである。したがって，政府は，秘密外交には情報効率性がないとか信憑性を欠いているなどという理由だけでは，それを合理的に無視することは許されない。

このように秘密外交が合理性や効率性を持つ秘訣は，外交（あるいはより広範に政治的決着）において譲歩を迫られる側の政治環境やそこでの利得関係を，政治的に操作することにある。つまり，外交や政治における合意にはほとんどの場合，譲歩や妥協が不可欠である。暴力の回避や平和の維持といった国益の達成を，政治指導者らの私的な政治利益が阻害するのであれば，国益と私的政治利益を分断して前者の達成を試みるというのが秘密外交の合理性であると言えよう。はたして，このような合理性は，古来より現代にいたるまで外交慣行やその制度の持続的な特徴としてその中核に埋め込まれてきた。また，第一次世界大戦終結後のウィルソンの14カ条に見られるように，歴史的趨勢のなかで公開外交への圧力にさらされようとも，秘密外交の合理性は常に再発見されてきた[11]。

---

11 米国のウィルソン大統領は，第一次世界大戦の終結にあたり，講和や戦後秩序に関しての米国の主張を14カ条の原則にまとめた。その第1条に掲げたのが秘密外交の廃止であった。

ここで得られた洞察は，民主主義の時代における，秘密主義が非効率であるという一般的な認識に疑問を呈し，秘密外交が一定の条件の下でパレート最適な結果をもたらしうることを示す点で，外交戦略や平和への戦略的なアプローチを考えていくうえでの1つの理論的基礎となりえよう。

◆ さらに読み進む人のために ──────────────

　　Schultz, K. A.（2001）*Democracy and Coercive Diplomacy*, Cambridge University Press.
　本章のモデルの基礎ともなっている一般的な危機交渉モデルを拡張して，国際危機における民主主義国家の行動の特性を分析した研究書である。非常に読みやすく，とくに第2章では，危機交渉のシグナリング・ゲームについて大学院生向けの教科書のようにわかりやすく解説している。

　　Slantchev, B. L.（2011）*Military Threats: The Costs of Coercion and the Price of Piece*, Cambridge University Press.
　本章の分析，とくに私的均衡は，国際危機において軍事的手段の他に非軍事的な方策によって平和的解決を見出す仕組みに着目したものである。一方で，軍事的手段に着目するのが，この著書である。危機交渉モデルを精緻化することで，危機交渉におけるさまざまな論点を数理的に分析する研究書である。

　　Kydd, A. H.（2005）*Trust and Mistrust in International Relations*, Princeton University Press.
　国際政治研究へのシグナリング・ゲームの応用は，武力行使を背景とした強制外交に留まらない。本書は，冷戦期国際政治を題材として，国家間の協調とその失敗について，その国際政治研究で頻出する3つのモデルを用いて分析する研究書である。

第9章補論

命題1（238頁）の証明

私的威嚇を受けた場合のCが決意型タイプ（$w_C \geqq \beta$）であるというDの事後信念は，$\kappa < \beta$ であるため，$q_{\mathrm{pub}} = 0$ で与えられる。よって，Dは私的威嚇を受ける際，抵抗（$\mathrm{RS}_{\mathrm{pri}}$）を常に選好するので $\delta^* = \underline{w}_D$ を得る。公的威嚇の後，Cが決意型タイプ（$w_C \geqq \alpha$）であるというDの事後信念は，$\kappa > \alpha$ のとき $q_{\mathrm{pub}} = 1$ で与えられ，$\kappa < \alpha$ のときは，

$$q_{\mathrm{pub}} = \frac{1 - F_C(\alpha)}{1 - F_C(\kappa)} \tag{9.1}$$

となる。この信念の下でDが抵抗（$\mathrm{RS}_{\mathrm{pub}}$）を選択する条件は $\kappa > \alpha$ の場合，公的威嚇はすべて信憑性がある（つまり均衡経路上では決意型タイプのみが公的威嚇を選択する）ため，$w_D \geqq -a_D \equiv \gamma^*$ となる。同様にDが抵抗（$\mathrm{RS}_{\mathrm{pub}}$）する条件は $\kappa < \alpha$ の場合，$q_{\mathrm{pub}}(w_D) + (1 - q_{\mathrm{pub}}) \geqq -a_D$ となる。これに（9.1）式を代入して γ について解くと，

$$\gamma^* = \frac{F_C(\kappa)(1 + a_D) - F_C(\alpha) - a_D}{1 - F_C(\alpha)} \tag{9.2}$$

が得られる。

Cの閾値戦略のうち，α と β は直ちに導かれることを本文で述べた。κ については，逐次合理性により $w_C = \kappa^*$ を持つ臨界タイプは $\mathrm{EU}_C(\mathrm{pub}) \geqq \mathrm{EU}_C(\mathrm{pri})$ という無差別条件を満たさなければならない。$\kappa > \alpha$ の場合この条件は $((1 - F_D(\gamma))\kappa^* + F_D(\gamma) = 0$ となる。$\kappa > \alpha$ の場合は $\gamma^* = -a_D$ であるので，この条件を κ^* について解くと，

$$\kappa^* = \frac{-F_D(-a_D)}{1 - F_D(-a_D)} \tag{9.3}$$

が得られる。同様に，$\kappa < \alpha$ の場合，臨界タイプ $w_C = \kappa^*$ の無差別条件は $(1 - F_D(\gamma))\alpha + F_D(\gamma) = 0$ であるので，（9.2）式を代入し，κ^* について解くと，

$$\kappa^* = -F_D^{-1}\left[\frac{F_D^{-1}\left(\frac{a_c}{1+a_C}\right)[1 - F_c(\alpha)a_D] + F_c(\alpha) + a_D}{1 + a_D}\right] \tag{9.4}$$

が得られる。

最後に，$\kappa^* < \alpha$ に（9.4）式を代入すると，$\alpha \equiv -a_C$ であるから，

$$a_D < F_D^{-1}\left(\frac{a_C}{1 + a_C}\right) \Leftrightarrow a_C < \frac{F_C(-a_D)}{1 - F_C(-a_D)}$$

が得られる。また，$\kappa^* > \alpha$ に（9.3）式を代入すると，

第 9 章 合理的な秘密 | 259

$$\frac{-F_C(-a_D)}{1 - F_C(-a_D)} > -a_C$$

を得る。したがって，閾値配置が $\kappa < \alpha$ の場合と $\kappa > \alpha$ の場合は相互排他的であり，ともに公的均衡を構成することが確認できる。[証明終]

命題 2（240 頁）の証明

私的威嚇を受けた際の D の均衡経路上の事後信念は，

$$q_{\text{pri}} \equiv \Pr(w_C \geq \beta | w_C < \kappa) = \frac{F_C(\kappa) - F_C(\beta)}{F_C(\kappa)}$$

として与えられる。また，公的威嚇を受けた際の D の事後信念は，閾値の配置 $\alpha \leq \beta < \kappa$ という条件より，$q_{\text{pub}} = 1$ である。この信念の下で D が抵抗を選択する条件は，私的威嚇の場合は，$q_{\text{pri}} w_D + (1 - q_{\text{pri}}) \geq 0$ となる。これを整理すると，

$$w_D \geq \frac{q_{\text{pri}} - 1}{q_{\text{pri}}} \equiv \delta^*$$

が得られる。

同様に，公的威嚇の場合に D が抵抗（RS_{pub}）を選択する条件は，$w_D \geq -aD \equiv \gamma^*$ である。ここで D が公的威嚇と私的威嚇のそれぞれに抵抗する確率を，r_{pub} と r_{pri} とおくと，D の均衡戦略は以下のように書ける。

$$r_{\text{pub}} = 1 - F_D(\gamma^*) = 1 - F_D(-a_D) \tag{9.5}$$

$$r_{\text{pri}} = 1 - F_D(\delta^*) = 1 - F_D\left(\frac{F_C(\beta)}{F_C(\kappa) - F_C(\beta)}\right) \tag{9.6}$$

均衡では，D の最適化問題は，C の臨界タイプである $w_C = \kappa^*$ を公的威嚇と私的威嚇に関して無差別にならしめる戦略を選ぶことである。ここで，私的均衡では $\alpha < \kappa$ であることから，臨界タイプ $w_C = \kappa^*$ は均衡経路上では，公的堅持（SF_{pub}）と私的堅持（SF_{pri}）を選択するため，この臨界タイプの無差別条件は，$r_{\text{pri}}(w_C) + (1 - r_{\text{pri}}) = r_{\text{pub}}(w_C) + (1 - r_{\text{pub}})$ となり，つまり，

$$r^*_{\text{pri}} = r^*_{\text{pub}} \tag{9.7}$$

が得られる。

閾値 κ^* を導くために，(9.5) 式と (9.6) 式を (9.7) 式に代入して整理すると，

$$\kappa^* = F_C^{-1}\left(\frac{F_C(\beta)}{a_D}\right) \tag{9.8}$$

が得られる。最後に，C のシグナル戦略が逐次合理性であることを示す必要があるが，簡単に確認できるため，ここでは割愛する。[証明終]

命題3（243頁）の証明

まず最初に条件(2) $a_D \geqq F_C(\beta)/(1 - F_C(\beta))$ を証明する。私的均衡が成立するためには，$F_C(\kappa^*) < 1$ でなければならないことを確認したい。ここに (9.8) 式を代入すると $F_C(\beta) = F_C(\beta)/a_D < 1$ となる。ここから条件(2)が得られることは明白である。次に条件(1)であるが，$a_C \geqq 0$ という仮定があるので，$\kappa^* > 0$ であることを証明すれば足りる。ここで，逆に $\kappa^* \leqq 0$ を想定してみると，(9.8) 式より $F_C^{-1}(F_C(\beta) + F_C(\beta)/a_D) \leqq 0$ が得られ，これを整理すると，$F_C(\beta)/a_D \leqq 0$ となる。しかしながら，この最後の不等式は，$F_C(\beta) > 0$ や $a_D \geqq 0$ というモデルの仮定と矛盾し，成立しない。よって，条件(1)が得られる。［証明終］

命題4（245頁）の証明

「事前」段階での最適性について，命題1はCの公的均衡での期待利得は $\alpha < \kappa$ のときのほうが $\alpha > \kappa$ のケースよりも高いことを示唆することから，以下における公的均衡の期待利得の計算では $\alpha < \kappa$ のケースを用いる。

公的均衡と私的均衡での閾値 κ をそれぞれ κ_{pub} と κ_{pri} と書き，γ_{pub} と γ_{pri} も同様に定義すると，Cの「事前」段階での公的均衡と私的均衡のそれぞれの期待利得はそれぞれ $U_C^{\mathrm{pub}} = (1 - F_C(\kappa_{\mathrm{pub}}^*))[(1 - F_D(\gamma_{\mathrm{pub}}^*))w_C + F_D(\gamma_{\mathrm{pub}}^*)]$ と，$U_C^{\mathrm{pri}} = (1 - F_C(\beta)[(1 - F_D(\gamma_{\mathrm{pri}}^*))w_C + F_D(\gamma_{\mathrm{pri}}^*)]$ として得られる。命題1と命題2より，$\kappa_{\mathrm{pub}}^* < \beta < \kappa_{\mathrm{pri}}^*$ と，$\gamma_{\mathrm{pub}}^* = \gamma_{\mathrm{pri}}^* - a_D$ が成り立つことが確認できることから $U_D^{\mathrm{pub}} < U_C^{\mathrm{pri}}$ が得られる。

Dの「事前」段階での2つの均衡の期待利得を同様に調べると，$U_D^{\mathrm{pub}} < U_D^{\mathrm{pri}}$ が成り立つ。

次に，「中間」段階での最適性について，戦争利得 $w_C > \beta$ を持つすべてのCのタイプにとっては，公的均衡と私的均衡の期待利得が同値であることを示す。まずDが公的抵抗（$\mathrm{RS_{pub}}$）を選択する確率は2つの均衡ともに $r_{\mathrm{pri}}^* = r_{\mathrm{pub}}^* = -a_D$ である。したがってタイプ $w_C > \beta$ の双方の均衡での期待利得は $U_C^{\mathrm{pub}} = U_C^{\mathrm{pri}} = (1 - F_D(-a_D))w_C + F_D(-a_D)$ である。同様に，タイプ $w_C \leqq \beta$ にとっての公的均衡と私的均衡の期待利得はそれぞれ $U_C^{\mathrm{pub}} = (F_C(\beta) - F_C(\kappa_{\mathrm{pub}}^*))(F_D(\gamma_{\mathrm{pub}}) + (1 - F_D(\gamma_{\mathrm{pub}}))w_C)$ と $U_C^{\mathrm{pri}} = (1 - F_C(\beta)(F_D(\gamma_{\mathrm{pri}}^*) + (1 - F_D(\gamma_{\mathrm{pri}}^*))w_C)$ となる。ここで仮定により $w_C < 1$ であり，命題1と命題2より $\gamma_{\mathrm{pub}}^* = \gamma_{\mathrm{pri}}^* = -a_D$ であるから，それぞれの期待利得を整理すると，$U_D^{\mathrm{pub}} = U_D^{\mathrm{pri}}$ を得る。Dにとっての2つの均衡の期待利得も同様に検査することで，Dの全タイプは私的均衡において公的均衡より大きな期待利得を得る。［証明終］

系4.1（246頁）の証明

危機外交ゲームにおける戦争の均衡確率を π^* とおく。すると，私的均衡では $\pi_{\mathrm{pri}}^* =$

$(1-F_C(\beta))(1-F_D(\gamma_{\mathrm{pri}}^*))$ が得られ,公的均衡では,

$$\pi_{\mathrm{pub}}^* = \begin{cases} (1-F_C(\kappa_{\mathrm{pub}}^*))(1-F_D(\gamma_{\mathrm{pub}}^*)) & \alpha < \kappa_{\mathrm{pub}}^* \text{ の場合} \\ (1-F_C(\alpha))\left(1-F_D\left(\frac{q_{\mathrm{pub}}-1-a_D}{q_{\mathrm{pub}}}\right)\right) & \alpha < \kappa_{\mathrm{pub}}^* \text{ の場合} \end{cases}$$

が得られる。ここで詳細は省くが $\pi_{\mathrm{pri}}^* < \pi_{\mathrm{pub}}^*$ を証明するためには,

$$1-F_D(\gamma_{\mathrm{pri}}^*) < 1-F_D\left(\frac{q_{\mathrm{pub}}-1-a_D}{q_{\mathrm{pub}}}\right)$$

であることを示すだけで十分である。この不等式に,公的均衡における D の公的威嚇を受けての事後信念

$$q_{\mathrm{pub}} = \frac{F_C(\kappa_{\mathrm{pub}}^*)(1+a_D)-F_C(\alpha)-a_D}{1-F_C(\alpha)}$$

を代入し,整理すると,$F_C(\alpha) > F_C(\kappa_{\mathrm{pub}}^*)$ が得られる。仮定から $\alpha > \kappa_{\mathrm{pub}}^*$ であるため,この最後の不等式は常に成立することがわかる。よって,$\pi_{\mathrm{pri}}^* < \pi_{\mathrm{pub}}^*$ が得られる。
[証明終]

系 4.2(249 頁)の証明

公的均衡において,公的威嚇と私的威嚇のそれぞれの信憑性についての事前確率は $p_{\mathrm{pri}} = 1-F_C(\beta)$ と $p_{\mathrm{pub}} = 1-F_C(\alpha)$ とであり,事後信念は $q_{\mathrm{pri}} = 0$ と $q_{\mathrm{pub}} = 1$($\alpha > \kappa^*$ のとき)ないし $q_{\mathrm{pub}} = (1-F_C(\alpha))/(1-F_C(\kappa^*))$($\alpha < \kappa^*$ のとき)で与えられる。ここで,$p_{\mathrm{pub}} < q_{\mathrm{pub}}$ であることと $p_{\mathrm{pri}} > q_{\mathrm{pri}}$ であることが明らかである。よって公的均衡においては公的威嚇は情報効率性を持つものの,私的威嚇は効率的ではない。同様に,私的均衡において,公的威嚇と私的威嚇を受けての事後信念はそれぞれ $q_{\mathrm{pub}} = 1$ と $q_{\mathrm{pri}} = (F_C(\kappa_{\mathrm{pri}}^*)-F_C(\beta))/\kappa_{\mathrm{pri}}^*$ と表される。ここで,私的均衡における私的威嚇が情報効率性を持つと(逆に)想定してみよう。この想定では,

$$\frac{F_C(\kappa_{\mathrm{pri}}^*)-F_C(\beta)}{F_C(\kappa_{\mathrm{pri}}^*)} > 1-F_C(\beta)$$

が成り立つはずである。この不等式に(9.8)式を代入して変形すると $F_C(\kappa)_{\mathrm{pri}} > 1$ が得られる。しかし,この最後の不等式は,累積分布関数の定義域 $F_C(\cdot) \in [0,1]$ と矛盾する。したがって私的威嚇は私的均衡においても情報効率的ではない。[証明終]

系 4.3(249 頁)の証明

命題 1 と命題 2 により明らか。[証明終]

【付記】
　本章は，Shuhei Kurizaki(2007) "Efficient Secrecy: Public versus Private Threats in Crisis Diplomacy," *American Political Science Review*, 101(3): 543-558, を修正しその一部を翻訳したものである。木村和秀氏には非常に的確な下訳作業をしていただいた。

参考文献一覧

◆ 日本語文献

アイケンベリー，G. ジョン（2004）鈴木康雄訳『アフター・ヴィクトリー——戦後構築の論理と行動』NTT出版。(Ikenberry, G. J., *After Victory: Institutions, Strategic Restraint, and the Rebuilding of Order After Major Wars*, Princeton University Press, 2001)

アイケンベリー，G. ジョン（2012）細谷雄一監訳『リベラルな秩序か帝国か——アメリカと世界政治の行方（上・下）』勁草書房。(Ikenberry, G. J., *Liberal Order and Imperial Ambition: Essays on American Power and World Politics*, Polity, 2006)

アカロフ，ジョージ・A.＝レイチェル・E. クラントン（2011）山形浩生・守岡桜訳『アイデンティティ経済学』東洋経済新報社。(Akerlof, G. A. and E. K. Rachel, *Identity economics: How our Identities Shape Our Work, Wages, and Well-Being*, Princeton University Press, 2010)

足立研幾（2004）『オタワプロセス——対人地雷禁止レジームの形成』有信堂高文社。

飯田敬輔（2007）『国際政治経済』（シリーズ国際関係論 3）東京大学出版会。

飯田敬輔（2008）「法化と遵守——グローバル経済と国家主権の相克の観点から」『国際政治』第153号，15-29頁。

石黒馨（2007）『入門・国際政治経済の分析——ゲーム理論で解くグローバル世界』勁草書房。

石黒馨（2010）『インセンティブな国際政治学——戦争は合理的に選択される』日本評論社。

石田淳（1998）「政治制度の数理分析——『制度による均衡』と『均衡としての制度』」『オペレーションズ・リサーチ』第43巻7号，374-377頁。

石田淳（2010）「外交における強制の論理と安心供与の論理——威嚇型と約束型のコミットメント」法政大学比較経済研究所／鈴木豊編『ガバナンスの比較セクター分析——ゲーム理論・契約理論を用いた学際的アプローチ』法政大学出版局。

石田淳（2011）「弱者の保護と強者の処罰——《保護する責任》と《移行期の正義》が語られる時代」『年報政治学』2011-1号「政治における忠誠と倫理の理念化」，113-132頁。

伊藤秀史（2003）『契約の経済理論』有斐閣。

猪口孝（2007）『国際関係論の系譜』（シリーズ国際関係論 5）東京大学出版会。

今井晴雄・岡田章編（2002）『ゲーム理論の新展開』勁草書房。

ウォルツ，ケネス（2010）河野勝・岡垣知子訳『国際政治の理論』勁草書房。(Waltz, K. N., *Theory of International Politics*, McGraw-Hill, 1979)

ウォルト，スティーヴン・M.（2008）奥山真司訳『米国世界戦略の核心——世界は「アメリカン・パワー」を制御できるか？』五月書房。(Walt, S. M., *Taming American Power: The Global Response to U.S. Primacy* W. W. Norton, 2005)

大矢根聡（2005）「国際規範の遵守と国内政治——コンストラクティヴィズムによる日本・農産物検疫事件の分析」川瀬剛志・荒木一郎編著『WTO紛争解決手続における履行制度』三省堂，137-174頁。

岡田章（2005a）「地球温暖化阻止をめぐる国際交渉——京都議定書のゲーム理論的分析」『経済セミナー』5 月号, 31-34 頁.

岡田章（2005b）「データ検証問題とゲーム理論——核不拡散条約の事例」今井晴雄・岡田章編『ゲーム理論の応用』勁草書房, 267-300 頁.

岡田章（2008）『ゲーム理論・入門——人間社会の理解のために』有斐閣アルマ.

岡田章（2011）『ゲーム理論（新版）』有斐閣.

カー, E. H.（2011）原彬久訳『危機の二十年——理想と現実』岩波書店（岩波文庫）. (Carr, E. H., *The Twenty Years' Crisis, 1919-1939: An Introduction to the Study of International Relations*, 2nd ed., Macmillan, 1946, 1st ed., 1939.)

梶井厚志・松井彰彦（2000）『ミクロ経済学 戦略的アプローチ』日本評論社.

川島富士雄・飯田敬輔・内記香子（2005）「WTO 紛争解決勧告履行状況一覧」川瀬剛志・荒木一郎編著『WTO 紛争解決手続における履行制度』三省堂.

川瀬剛志・荒木一郎編著（2005）『WTO 紛争解決手続における履行制度』三省堂.

キッシンジャー, ヘンリー・A.（1996）岡崎久彦監訳『外交（上・下）』日本経済新聞社. (Kissinger, H., *Diplomacy*, Simon & Schuster, 1994)

ギボンズ, ロバート（1995）『経済学のためのゲーム理論入門』創文社. (Gibbons, R., *Game Theory for Applied Economists*, Princeton University Press, 1992)

ギルピン, ロバート（1990）大蔵省世界システム研究会訳『世界システムの政治経済学——国際関係の新段階』東洋経済新報社. (Gilpin, R., *The Political Economy of International Relations*, Princeton University Press, 1987)

キング, G. = R. O. コヘイン = S. ヴァーバ（2004）真渕勝監訳『社会科学のリサーチ・デザイン——定性的研究における科学的推論』勁草書房. (King, G., R. O. Keohane, and S. Verba, *Designing Social Inquiry: Scientific Inference in Qualitative Research*, Princeton University Press, 1994)

ギンタス, ハーバート（2011）成田悠輔ほか訳『ゲーム理論による社会科学の統合』NTT 出版. (Gintis, H., *The Bounds of Reason: Game Theory and the Unification of the Behavioral Sciences*, Princeton University Press, 2009)

キンドルバーガー, チャールズ・P.（2009）石崎昭彦・木村一朗訳『大不況下の世界 1929-1939（改訂増補版）』岩波書店. (Kindleberger, C. P., *The World in Depression, 1929-1939*, University of California Press, 1973)

クラウゼヴィッツ（1968）篠田英雄訳『戦争論（上・下）』岩波書店（岩波文庫）. (Clausewitz, C. von, *Vom Kriege*, 1832-34)

栗崎周平（2005）「民主主義的平和」河野勝・山本吉宣編『アクセス安全保障論』日本経済評論社.

グレーヴァ香子（2011）『非協力ゲーム理論』知泉書館.

黒田東彦（2003）『通貨外交——財務官の 1300 日』東洋経済新報社.

小寺彰（2004）『パラダイム国際法』有斐閣.

コヘイン, ロバート（1998）石黒馨・小林誠訳『覇権後の国際政治経済学』晃洋書房. (Keohane, R. O., *After Hegemony: Coorperation and Discord in the World Political Economy*, Princeton University Press, 1984)

コヘイン, ロバート = ジョセフ・ナイ（2012）滝田賢治監訳『パワーと相互依存』ミネルヴァ書房. (Robert O. K. and J. S. Nye, *Power and Interdependence: World Politics in Transition*, 3rd ed., Little, Brown, 2001, 1st ed., 1977)

榊原英資（1998）『国際金融の現場——市場資本主義の危機を超えて』PHP 研究所.

佐藤嘉倫（2008）『ゲーム理論——人間と社会の複雑な関係を解く』新曜社.

シェリング, トーマス・C.（2008）河野勝監訳『紛争の戦略——ゲーム理論のエッセンス』

勁草書房。(Schelling, T. C., *The Strategy of Conflict*, Harvard University Press, 1960)
篠田英朗 (2007)『国際社会の秩序』(シリーズ国際関係論 1) 東京大学出版会。
生源寺眞一 (2006)『現代日本の農政改革』東京大学出版会。
ジョージ, アレキサンダー=アンドリュー・ベネット (2013) 泉川泰博 (訳)『社会科学のケース・スタディ——理論形成のための定性的手法』勁草書房。(George, A. L. and A. Bennett, *Case Studies and Theory Development in the Social Sciences*, MIT Press, 2005)
進藤榮一 (2001)『現代国際関係学——歴史・思想・理論』有斐閣。
スガナミ, H. (1994) 臼杵英一訳『国際社会論——国内類推と世界秩序構想』信山社。(Suganami, H., *The Domestic Analogy and World Order Proposals*, Cambridge University Press, 1989)
鈴木早苗 (2006)「東アジア地域協力の制度的特徴——ASEAN+3（日中韓）を事例として」平塚大祐編『東アジアの挑戦——経済統合・構造改革・制度構築』アジア経済研究所。
鈴木宣弘・木下順子 (2011)『TPPと日本の国益』大成出版社。
鈴木基史 (2000)『国際関係』(社会科学の理論とモデル 2) 東京大学出版会。
鈴木基史 (2007)『平和と安全保障』(シリーズ国際関係論 2) 東京大学出版会。
鈴木基史 (2009)「現代国際政治理論の相克と対話——規範の変化をどのように説明するか」『国際政治』第155号, 1-17頁。
須藤季夫 (2007)『国家の対外行動』(シリーズ国際関係論 4) 東京大学出版会。
曽我謙悟 (2005)『ゲームとしての官僚制』東京大学出版会。
高木保興編 (2004)『国際協力学』東京大学出版会。
多湖淳 (2010)『武力行使の政治学——単独と多角をめぐる国際政治とアメリカ国内政治』千倉書房。
千葉大奈 (2006)「国際協定遵守問題の計量分析——WTO紛争における裁定履行の事例」『一橋法学』第5巻3号, 1091-1134頁。
ナイ, ジョセフ (2004) 山岡洋一訳『ソフト・パワー——21世紀国際政治を制する見えざる力』日本経済新聞社。(Nye, J. S., *Soft Power: The Means to Success in World Politics*, Public Affairs, 2004)
永久寿夫 (1995)『ゲーム理論の政治経済学——選挙制度と防衛政策』PHP研究所。
中山幹夫 (2005)『社会的ゲームの理論入門』勁草書房。
ニコルソン, ハロルド (1967) 広井大三訳『外交方式の変遷』時事通信社。(Nicolson, H., *The Evolution of Diplomatic Method*, Constable, 1954)
ニコルソン, ハロルド。(1968) 斎藤眞・深谷満雄訳『外交』東京大学出版会。(Nicolson, H., *Diplomacy*, Oxford University Press, 1963)
日本国際政治学会編／田中明彦・中西寛・飯田敬輔責任編集 (2009)『学としての国際政治』(日本の国際政治学 1) 有斐閣。
服部信司 (2004)『WTO農業交渉 2004』農林統計協会。
浜田宏一 (1982)『国際金融の政治経済学』創文社。
林光 (2009)「対人地雷禁止条約形成のゲーム論モデル」『国際政治』第155号, 41-60頁。
ハンチントン, サミュエル・P. (1995) 坪郷實・中道寿一・藪野祐三訳『第三の波——20世紀後半の民主化』三嶺書房。(Huntington, S. P., *The Third Wave: Democratization in the Late Twentieth Century*, University of Oklahoma Press, 1991)
ブエノ・デ・メスキータ, ブルース (2010) 田村源二訳『ゲーム理論で不幸な未来が変わる！——21世紀のノストラダムスがついに明かした破綻脱出プログラム』徳間書店。(Bueno de Mesquita, B., *Predictioneer's Game: Using the Logic of Brazen*

Self-Interest to See and Shape the Future*, Random House, 2009)
ブル, ヘドリー (2000) 臼杵英一訳『国際社会論——アナーキカル・ソサイエティ』岩波書店。(Bull, H., *The Anarchical Society: A Study of Order in World Politics*, 2nd ed., Macmillan, 1995, 1st ed. 1977)
松原望・飯田敬輔編 (2012)『国際政治の数理・計量分析入門』東京大学出版会。
ミアシャイマー, ジョン・J. (2007) 奥山真司訳『大国政治の悲劇——米中は必ず衝突する！』五月書房。(Mearsheimer, J. J., *The Tragedy of Great Power Politics*, W. W. Norton, 2001)
村瀬信也編 (2007)『自衛権の現代的展開』東信堂。
メイナード-スミス, J. (1985) 寺本英・梯正之訳『進化とゲーム理論——闘争の論理』産業図書。(Maynard Smith, J., *Evolution and the Theory of Games*, Cambridge University Press, 1982)
モーゲンソー, ハンス (1998) 現代平和研究会訳『国際政治——権力と平和（新装版）』福村出版。(Morgenthau, H. J., *Politics among Nations: The Struggle for Power and Peace*, 6th ed., McGraw-Hill, 1985, 1st ed., 1948)
森大輔 (2010)『ゲーム理論で読み解く国際法——国際慣習法の機能』勁草書房。
森肇志 (2009)『自衛権の基層——国連憲章に至る歴史的展開』東京大学出版会。
山岸俊男 (1998)『信頼の構造——こころと社会の進化ゲーム』東京大学出版会。
山下一仁 (2010)『農業ビッグバンの経済学』日本経済新聞出版社。
山田高敬・大矢根聡 (2011)『グローバル社会の国際関係論（新版）』有斐閣。
山本草二 (1994)『国際法（新版）』有斐閣。
山本吉宣 (2008)『国際レジームとガバナンス』有斐閣。
ラギー, ジョン・ジェラルド (2009) 小野塚佳光・前田幸男訳『平和を勝ち取る——アメリカはどのように戦後秩序を築いたか』岩波書店。(Ruggie, J. G., *Winning the Peace: America and World Order in the New Era*, Columbia University Press, 1996)
ラセット, ブルース (1996) 鴨武彦訳『パクス・デモクラティア——冷戦後世界への原理』東京大学出版会。(Russett, B. M., *Grasping the Democratic Peace: Principles for a Post-Cold War World*, Princeton University Press, 1993)
レイン, クリストファー (2011) 奥山真司訳『幻想の平和——1940年から現在までのアメリカの大戦略』五月書房。(Layne, C. *The Peace of Illusions: American Grand Strategy from 1940 to the Present*, Cornell University Press, 2006)
ローズクランス, リチャード (1987) 土屋政雄訳『新貿易国家論』中央公論社。(Rosecrance, Richard N. *The Rise of the Trading State: Commerce and Conquest in the Modern World*, Basic Books, 1986)

◆ 外国語文献

Abbott, K. W., R. O. Keohane, A. Moravcsik, A.-M. Slaughter and D. Snidal (2001) "The Concept of Legalization," in J. L. Goldstein, M. Kahler, R. O. Keohane and A.-M. Slaughter (eds.) *Legalization and World Politics*, MIT Press, 17-35.
Akhavan, P. (2009) "Are International Criminal Tribunals a Disincentive to Peace?: Reconciling Judicial Romanticism with Political Realism," *Human Rights Quarterly*, 31 (3): 624-654.
Asian Development Bank (2009) Asian Development Outlook.

Austen-Smith, D. (1990) "Information Transmission in Debate," *American Journal of Political Science*, 34, 124-152.
Avenhaus, R. and I. W. Zartman (eds.) (2007) *Diplomacy Games: Formal Models and International Negotiations*, Springer.
Avery, W. P. (1996) "American Agriculture and Trade Policymaking: Two-Level Bargaining in the North American Free Trade Agreement," *Policy Sciences*, 29 (2): 113-136.
Avery, W. P. (1998) "Domestic Interests in NAFTA Bargaining," *Political Science Quarterly*, 113 (2): 281-305.
Baker, J. A., III. (1995) *The Politics of Diplomacy: Revolution, War and Peace, 1989-1992*, Putnam.
Baldwin, D. A. (1971) "The Power of Positive Sanctions," *World Politics*, 24 (1): 19-38.
Bates, R. H. (1988) "Contra Contractarianism: Some Reflections on the New Institutionalism," *Politics and Society*, 16: 387-401.
Bennett, A., J. Lepgold, and D. Unger (1994) "Burden-Sharing in the Persian Gulf War," *International Organization*, 48 (1): 39-75.
Berman, F. (2004) "The Authorization Model: Resolution 678 and Its Effects," in D. M. Malone (ed.), *The UN Security Council: From the Cold War to the 21st Century*, Lynne Rienner, 153-165.
Boyle, A., and C. Chinkin (2007) *The Making of International Law*, Oxford University Press.
Brown, B. E. (2001) "What Is the New Diplomacy?" *American Foreign Policy Interests*, 23: 3-21.
Busch, M. L. (2000) "Democracy, Consultation, and the Paneling of Disputes under GATT," *Journal of Conflict Resolution*, 44 (4): 425-446.
Busch, M. L. and E. Reinhardt (2003a) "Developing Countries and General Agreement on Tariffs and Trade/World Trade Organization Dispute Settlement," *Journal of World Trade*, 37 (4): 719-735.
Busch, M. L. and E. Reinhardt (2003b) "Transatlantic Trade Conflicts and GATT/WTO Dispute Settlement," in E.-U. Petersmann and M. A. Pollack. (eds.) *Transatlantic Economic Disputes: The EU, the US and the WTO*, Oxford University Press, 465-485.
Busch, M. L. and E. Reinhardt (2006) "Three's a Crowd: Third Parties and WTO Dispute Settlement," *World Politics*, 58: 446-477.
Buzan, B. (1981) "Negotiating by Consensus: Developments in Technique at the United Nations Conference on the Law of the Sea," *American Journal of International Law*, 75, 324-348.
Cameron, M. A., R. J. Lawson and B. W. Tomlin (eds.) (1998) *To Walk without Fear: The Global Movement to Ban Landmines*, Oxford University Press.
Chapman, T. L. (2007) "International Security Institutions, Domestic Politics, and Institutional legitimacy," *Journal of Conflict Resolution*, 51 (1): 134-166.
Chapman, T. L. (2009) "Audience Beliefs and International Organization Legitimacy," *International Organization*, 63 (3): 733-764.
Claude, I. L. Jr. (1966) "Collective Legitimization as a Political Function of the United Nations," *International Organization*, 20 (4): 367-379.

Crawford, V. and J. Sobel (1982) "Strategic Information Transmission," *Econometrica*, 50 (6): 1431-1451.

Davenport, D. (2002) "The New Diplomacy," *Policy Review*, 116, 17-30.

Davis, C. L., and Y. Shirato (2007) "Firms, Governments, and WTO Adjudication: Japan's Selection of WTO Disputes," *World Politics*, 59 (2): 274-313.

Department of State (2000) "Telegram from the Office of The Secretary of Defense to the Commander in Chief, Middle East, South Asia and Africa South of the Sahara (Adams), July 15 1965," *Foreign Relations of the United States, 1964-1968*, Vol. XXV. GAO: 307-308.

Department of State (2005) "Minutes of Washington Special Actions Group Meeting, Washington, November 24, 1971, 9:29-10:05 a.m.," *Foreign Relations of the United States, 1969-1976*, Vol. XI. GAO: 548-554.

Department of State (2008) "Letter From the Deputy Secretary of Defense (Packard) to Saudi Arabian Minister of Defense and Aviation Prince Sultan ibn Abd al-Aziz al Saud, Washington, September 11, 1970," *Foreign Relations of the United States, 1969-1976*, Vol. XIV. GAO: 462-463.

Department of State (2011) "Transcript of Telephone Conversation between Secretary of State Kissinger and the Israeli Ambassador (Dinitz), Washington, October 24, 1973, 9:22 a.m.," *Foreign Relations of the United States, 1969-1976*, Vol. XXV. GAO: 704-705.

Dessein, W. (2002) "Authority and Communication in Organizations," *Review of Economic Studies*, 69: 811-838.

Evans, P., H. Jacobson and R. Putnam (1993) *Double-Edged Diplomacy: International Bargaining and Domestic Politics*, University of California Press.

Fang, S. (2008) "The Informational Role of International Institutions and Domestic Politics," *American Journal of Political Science*, 52 (2): 304-321.

Farrell, J. and M. Rabin (1996) "Cheap Talk," *Journal of Economic Perspectives*, 10 (3): 103-118.

Fearon, J. D. (1994) "Domestic Political Audiences and the Escalation of International Disputes," *American Political Science Review*, 88(3): 577-592.

Fearon, J. D. (1995) "Rationalist Explanations for War," *International Organization*, 49 (3): 379-414.

Fearon, J. D. (1997) "Signaling Foreign Policy Interests: Tying Hands versus Sinking Costs," *Journal of Conflict Resolution*, 41 (1): 68-90.

Freudenschuß, H. (1994) "Between Unilateralism and Collective Security: Authorizations of the Use of Force by the UN Security Council," *European Journal of International Law*, 5 (1): 492-531.

Garrett, G. and G. Tsebelis (1996) "An Institutional Critique of Intergovernmentalism," *International Organization*, 50, 269-299.

Gilligan, T. W. and K. Krehbiel (1989) "Asymmetric Information and Legislative Rules with a Heterogeneous Committee," *American Journal of Political Science*, 33 (2): 459-490.

Goldsmith, J. and S. D., Krasner (2003) "The Limits of Idealism." *Daedalus*, 132 (1): 47-63.

Goose, S. and J. Williams (2004) "The Campaign to Ban Antipersonnel Landmines: Potential Lessons," in B. McDonald, R. A. Matthew and K. R. Rutherford. (eds.) *Landmines and Human Security: International Politics and War's Hidden Legacy*, State University of New York Press.

Gray, C. (2008) *International Law and the Use of Force*, 3rd ed., Oxford University Press.

Grimes, W. W. (2009) *Currency and Contest in East Asia: The Great Power Politics of Financial Regionalism*, Cornell University Press.

Guzman, A. and B. A. Simmons (2002) "To Settle or Empanel? An Empirical Analysis of Litigation and Settlement at the World Trade Organization," *Journal of Legal Studies*, 31: 205-235.

Guzman, A. T. (2008) *How International Law Works: A Rational Choice Theory*, Oxford University Press.

Guzman, A. T. and B. A. Simmons (2005) "Power Plays and Capacity Constraints: The Selection of Defendants in World Trade Organization Disputes," *Journal of Legal Studies*, 34: 557-597.

Herz, J. H. (1950) "Idealist Internationalism and the Security Dilemma," *World Politics*, 2 (2): 157-180.

Herz, J. H. (1978) "On Reestablishing Democracy after the Downfall of Authoritarian or Dictatorial Regimes," *Comparative Politics*, 10 (4): 559-562.

Hudec. R. E. (1993) *Enforcing International Trade Law: The Evolution of the Modern GATT Legal System*, Butterworth.

Hughes, C. W. (2000) "Japanese policy and the East Asian Currency Crisis: Abject Defeat or Quiet Victory?" *Review of International Political Economy*, 7 (2): 219-253.

Huntington, S. P. (1999) "The Lonely Superpower," *Foreign Affairs*, 78 (2): 35-49.

Iida, K. (1993) "When and How Do Domestic Constraints Matter?: Two-Level Games with Uncertainty," *Journal of Conflict Resolution*, 37 (3): 403-426.

Iida, K. (2002) "Tasting the Spirit of the WTO: The Japanese Liquor Tax Case," *Aoyama Journal of International Politics, Economics and Business*, 56, 125-155.

Iida, K. (2006) *Legalization and Japan: The Politics of WTO Dispute Settlement*, Cameron May.

Ishiguro, K. (2007) "Trade Liberalization and Bureau-pluralism in Japan: Two-Level Game Analysis," *Kobe University Economic Review*, 53: 9-30.

Jentleson, B. (1987) "American Commitments in the Third World: Theory vs. Practice," *International Organization*, 41 (4): 667-704.

Jervis, R. (1976) *Perception and Misperception in International Politics*, Princeton University Press.

Jervis, R. (1979) "Deterrence Theory Revisited," *World Politics*, 31 (2): 289-324.

Jupille, J. (1999) "The European Union and International Outcomes," *International Organization*, 53, 409-425.

Kennedy, R. F. (1969) *Thirteen Days: A Memoir of the Cuban Missile Crisis*, W. W. Norton.

Keohane, R. O., A. Moravcsik and A.-M. Slaughter (2001) "Legalized Dispute Resolution: Interstate and Transnational," in J. L. Goldstein, M. Kahler, R. O. Keohane and A.-M. Slaughter (eds.) *Legalization and World Politics*,

MIT Press, 17-35.

Keohane, R. and J. Nye (1977) *Power and Interdependence: World Politics in Transition*, Little Brown (4th ed., 2011, Longman).

Kissinger, H. (1979) *White House Years*, Little Brown.

Kosfeld, M., A. Okada and A. Riedl (2009), "Institution Formation in Public Goods Games," *American Economic Review*, 99 (4): 1335-1355.

Krasner, S. D. (1991) "Global Communications and National Power: Life on the Pareto Frontier," *World Politics*, 43 (3): 336-366.

Krishna, V. and J. Morgan (2008) "Cheap Talk," in S. N. Durlauf and L. E. Blume (eds.), *The New Palgrave Dictionary of Economics*, 2nd ed. Palgrave Macmillan.

Kurizaki, S. (2007) "Efficient Secrecy: Public versus Private Threats in Crisis Diplomacy," *American Political Science Review*, 101 (3): 543-558

Labrie, R. P., J. G. Hutchins and E. W. A. Peura (1982) *U.S. Arms Sales Policy: Background and Issues*, American Enterprise Institute, Studies in Defense Policy.

Lauren, P. (1994) "Coercive Diplomacy and Ultimata: Theory and Practice in History," in A. L. George and W. E. Simons (eds.) *The Limits of Coercive Diplomacy*, 2nd ed., Westview Press.

Lebow, R. N. (2001) "Deterrence and Reassurance: Lessons from the Cold War," *Global Dialogue* (electronic journal published online), 3 (4).

Lipscy, P. Y. (2003) "Japan's Asian Monetary Fund Proposal," *Stanford Journal of East Asian Affairs*, 3 (1): 93-100.

Luard, E. (1967) "Conciliation and Deterrence: A Comparison of Political Strategies in the Interwar and Postwar Periods," *World Politics*, 19 (2): 167-189.

Mansfield, E. D. and H. V. Milner (1999) "The New Wage of Regionalism," *International Organization*, 53 (3): 589-627.

Maslen, S. (2004) *The Convention on the Prohibition of the Use, Stockpiling, Production, and Transfer of Anti-Personnel Mines and on Their Destruction*, Vol. I. Oxford University Press.

Mayer, F. W. (1991) "Domestic Politics and the Strategy of International Trade," *Journal of Policy Analysis and Management*, 10 (2): 222-246.

Mayer, F. W. (1992) "Managing Domestic Differences in International Negotiations: The Strategic Use of Internal Side-Payments," *International Organization*, 46 (4): 793-818.

Mayer, F. W. (1998) *Interpreting NAFTA: The Science and Art of Political Analysis*, Columbia University Press.

McCarty, N. M. and A. Meirowitz (2007) *Political Game Theory: An Introduction*, Cambridge University Press.

Milner, H. and P. Rosendorff (1997) "Democratic Politics and International Trade Negotiations: Elections and Divided Government as Constraints on Trade Liberalization," *Journal of Conflict Resolution*, 41 (1): 117-146.

Mo, J. (1994) "The Logic of Two-Level Games with Endogenous Domestic Coalitions," *Journal of Conflict Resolution*, 38 (3): 402-422.

Mo, J. (1995) "Domestic Institutions and International Bargaining: The Role of Agent Veto in Two-Level Games," *American Political Science Review*, 89

(4): 914-924.
Morrow, J. D. (1989) "Capabilities, Uncertainty, and Resolve: A Limited Information Model of Crisis Bargaining," *American Journal of Political Science*, 33 (4): 941-972.
Morrow, J. D. (1994) *Game Theory for Political Scientists*, Princeton University Press.
Mott, W. H. (2002) *United States Military Assistance: An Empirical Perspective*, Greenwood.
Munro, J. (1970) *The Alaska Boundary Dispute*, Copp Clark.
Nash, J. F. (1951) "Non-cooperative Games," *Annals of Mathematics*, 54 (2): 286-295.
Nevins, A. (1930) *Henry White: Thirty Years of American Diplomacy*, Harper.
North, D. C. and B. R. Weingast (1989) "Constitutions and Commitment: The Evolution of Institutions Governing Public Choice in Seventeenth-Century England," *Journal of Economic History*, 49 (4): 803-832.
Okada, A. (1993) "The Possibility of Cooperation in an n-Person Prisoners' Dilemma with Institutional Arrangements," *Public Choice* 77 (3): 629-656.
Ordeshook, P. C. (1986) *Game Theory and Political Theory: An Introduction*, Cambridge University Press.
Ostrom, E. (1990) *Governing the Commons: The Evolution of Institutions for Collective Action*, Cambridge University Press.
Paarlberg, R. (1993) "Why Agriculture Blocked the Uruguay Round: Evolving Strategies in a Two-Level Game," in W. P. Avery (ed.), *World Agriculture and the GATT*, Lynne Rienner, 39-54.
Paarlberg, R. (1997) "Agricultural Policy Reform and the Uruguay Round: Synergistic Linkage in a Two-Level Game?" *International Organization*, 51 (3): 413-444.
Penlington, N. (1972) *The Alaska Boundary Dispute: A Critical Reappraisal*, McGraw-Hill Ryerson.
Powell, R. (2002) "Bargaining Theory and International Conflict," *Annual Review of Political Science*, 5: 1-30.
Price, R. (1998) "Reversing the Gun Sights: Transnational Civil Society Targets Land Mines," *International Organization*, 52: 613-644.
Putnam, R. D. (1988) "Diplomacy and Domestic Politics: The Logic of Two-Level Games," *International Organization*, 42 (3): 427-460.
Rapkin, D. and A. George (1993) "Rice Liberalization and Japan's Role in the Uruguay Round: A Two-Level Game Approach," in W. Avery (ed.), *World Agriculture and the GATT*, Lynne Rienner, 55-94.
Rector, C. (2001) "Buying Treaties with Cigarettes: Internal Side-Payments in Two Level Games," *International Interactions*, 27 (3): 207-238.
Rosendorff, P. (1996) "Endogenous Trade Restrictions and Domestic Political Pressure," in R. C. Feenstra, G. M. Grossman and D. A. Irwin (eds.), *The Political Economy of Trade Policy: Papers in Honor of Jagdish Bhagwati*, MIT Press.
Ruggie, J. G. (1998) *Constructing the World Polity: Essays on International Institutionalisation*, Routledge.

Sabel, R. (2006) *Procedure at International Conferences: A Study of the Rules of Procedure at the Un and at Inter-Governmental Conferences*, 2nd ed. Cambridge University Press.

Sartori, A. E. (2002) "The Might of the Pen: A Reputational Theory of Communication in International Disputes," *International Organization*, 56 (1): 121-149.

Schelling, T. C. (1966) *Arms and Influence*, Yale University Press.

Schelling, T. C. (1978) *Micromotives and Macrobehavior*, W. W. Norton.

Schoppa, L. J. (1993) "Two-Level Games and Bargaining Outcomes: Why Gaiatsu Succeeds in Japan in Some Cases but Not Others," *International Organization*, 47 (3): 353-386.

Schoppa, L. J. (1997) *Bargaining with Japan: What American Pressure Can and Cannot Do*, Columbia University Press.

Schultz, K. A. (2003) "Tying Hands and Washing Hands: The U.S. Congress and Multilateral Humanitarian Intervention," in D. W. Drezner, (ed.), *Locating the Proper Authorities: The Interaction of Domestic and International Institutions*, University of Michigan Press, 105-142.

Selten, R. (1975) "Reexamination of the Perfectness concept for Equilibrium Points in Extensive Games," *International Journal of Game Theory*, 4: 25-55.

Selten, R. (1978) "The Chain Store Paradox," *Theory and Decision*, 9 (2): 127-159.

Snyder, G. H. (1971) ""Prisoner's Dilemma" and "Chicken" Models in International Politics," *International Studies Quarterly*, 15 (1): 66-103.

Snyder, J. and L. Vinjamuri (2004) "Trials and Errors: Principle and Pragmatism in Strategies of International Justice," *International Security*, 28 (3): 5-44.

Stein, J. G. (1992) "Deterrence and Compellence in the Gulf, 1990-91: A Failed or Impossible Task?," *International Security*, 17 (2): 147-179.

Suzuki, M. (1994) "Economic Interdependence, Relative Gains, and International Cooperation," *International Studies Quarterly*, 38 (3): 475-498.

Tago, A. (2005) "Determinants of Multilateralism in US Use of Force: State of Economy, Election Cycle, and Divided Government," *Journal of Peace Research*, 42 (5): 585-604.

Tago, A. (2013 forthcoming) "Why Do States Formally Invoke the Right of Individual Self-Defense?: Legal-, Diplomatic- and Aid-Politics to Motivate States to Respect International Law," *Conflict Management and Peace Science*.

Thompson, A. (2006) "Coercion through IOs: The Security Council and the Logic of Information Transmission," *International Organization*, 60 (1): 1-34.

Tomlin, B. W. (1998) "On a Fast Track to a Ban: The Canadian Policy Process," in M. A. Cameron, R. J. Lawson and B. W. Tomlin (eds.) *To Walk without Fear: The Global Movement to Ban Landmines*, Oxford University Press.

Touval, S. (1994) "Why the U.N. Fails," *Foreign Affairs*, 73 (5): 44-57.

United Nations. (1967) *Yearbook of the United Nations 1965*, United Nations Office of Public Information.

United Nations. (1974) *Yearbook of the United Nations 1971*, United Nations Office of Public Information.

Voeten, E. (2001) "Outside Options and the Logic of Security Council Action,"

American Political Science Review, 95 (4): 845-858.

Voeten, E. (2005) "The Political Origins of the UN Security Council's Ability to Legitimize the Use of Force," *International Organization*, 59 (3): 527-557.

Wedgwood, R. (2002) "Unilateral Action in a Multilateral World," in S. Patrick and S. Forman (eds.), *Multilateralism and U.S. Foreign Policy: Ambivalent Engagement*, Lynne Rienner, 167-189.

Wendt, A. (1999) *Social Theory of International Politics*, Cambridge University Press.

Westra, J. H. (2007) *International Law and the Use of Armed Force: The UN Charter and the Major Powers*, Routledge.

Williamson, O. E. (1983) "Credible Commitments: Using Hostages to Support Exchange," *American Economic Review*, 73 (4): 519-540.

Wolfers, A. (1952) ""National Security" as an Ambiguous Symbol," *Political Science Quarterly*, 67 (4): 481-502.

Woodward, B. K. (2010) *Global Civil Society in International Lawmaking and Global Governance: Theory and Practice*, Queen Mary Studies in International Law, Vol. 2, Martinus Nijhoff Publishers.

Yamagishi, T. (1986) "The Provision of a Sanctioning System as a Public Good," *Journal of Personality and Social Psychology*, 51 (1): 110-116.

Zamora, S. (1980) "Voting in International Economic Organizations," *American Journal of International Law*, 74, 566-608.

索　引

【事　項】

◆アルファベット

AMF（アジア版通貨基金）　205
AMF 構想　205, 207
APEC（アジア太平洋経済協力）　126, 203
APT（ASEAN プラス 3）　204, 222
ARF（ASEAN 地域フォーラム）　203
ASEAN 地域フォーラム　→ ARF
ASEAN プラス 3　→ APT
ASEM（アジア・ヨーロッパ会議）　203
CCW（特定通常兵器使用禁止制限条約）　150, 151, 154, 155
CCW 再検討会議　155
CD（ジュネーブ軍縮会議）　159
CMI（チェンマイ・イニシアティブ）　204, 206, 207, 221
COP（気候変動枠組条約締約国会議）　34
DSM（DSB, DSU）　22, 107
DS ゲーム　113, 114, 115
EAS（東アジアサミット）　203
EPA　130
　日本の――　132
EVSL（早期自主的分野別自由化）　126
FCCC（気候変動枠組条約）　34, 46, 49
FRUS　86
FTA（自由貿易協定）　24, 130
GATT（関税及び貿易に関する一般協定）　19, 22, 107, 108, 120, 129
GCC（湾岸協力会議）　130
IAEA（国際原子力機関）　46, 49
ICBL（地雷禁止国際キャンペーン）　155, 156, 157
ICBM（大陸間弾道ミサイル）　228
ICJ（国際司法裁判所）　22
IMF（国際通貨基金）　6, 19, 27, 46, 201
IMF リンク　205, 206, 207, 221
NAFTA（北米自由貿易協定）　218
NATO（北大西洋条約機構）　56, 58
NPT（核不拡散条約）　46
OAS（米州機構）　56

ODA（政府開発援助）　43
PKO（国際連合平和維持活動）　19, 46
RPT　111
SEATO（東南アジア条約機構）　181
SLBM（潜水艦発射弾道ミサイル）　228
TPP（環太平洋経済連携協定）　126, 132, 134
WTO（世界貿易機関）　6, 19, 22, 43, 106, 108, 120, 129, 201
　――の紛争解決（システム）　107, 119

◆あ　行

青の政策　130
アジア開発銀行　218
アジア太平洋経済協力　→ APEC
アジア版通貨基金　→ AMF
アジア・ヨーロッパ会議　→ ASEM
アジェンダ　160
アジェンダ設定者　161
アジェンダ設定者モデル　154, 160, 164, 177, 157
新しい外交　157
アナーキー　4, 46
アナーキカル・ソサイエティ　19
アラスカ国境紛争　252
アングロ・ロシアン条約　252
安心供与　6, 189
安心供与外交（論）　26, 184, 190
安全保障　184
　――のジレンマ　5, 191, 231
安定成長協定　43
威　嚇　14, 183, 191
威嚇型のコミットメント　183, 187, 191, 195, 196
移行期正義論　198
意思決定者　161
一括均衡　216
意図の伝達　183
稲作経営安定対策　130
委　任　219

イラク戦争　65, 250
イラン・イラク（イ・イ）戦争　100
インド・パキスタン（印パ）戦争　87
　　第二次――　88, 93, 97, 99
　　第三次――　22, 91, 93, 97, 99, 100
ウィルソンの14カ条　256
ウインセット　142
ウェストファリア秩序　203
ヴェトナム戦争　26
後ろ向き帰納法　15, 49, 66
ウルグアイ・ラウンド　127, 129, 148
英国学派　8
エスカレーション均衡　115, 116, 123
援助条件　85
オスロ会議　157, 159
オタワ会議　156
オタワ条約　25, 150, 151, 154, 154
オタワプロセス　150, 156, 157
　　――の手続ルール　158
穏健派　241

◆か　行

会議外交　202
　　東アジアの――　203
外　交　25, 184
　　――の芸術　202, 222
外交的屈辱　235
外国売上公社事件　106
解釈学　8
開集合　214
外部オプション　161
開放ルール　160, 163
価格支持（政策）　127, 132, 134, 139
核不拡散条約　→ NPT
価値尺度財　137
観衆費用（モデル）　27, 198, 229, 230, 231, 238, 246, 251, 255
間主観主義　8
関　税　139
関税および貿易に関する一般協定　→ GATT
完全情報ゲーム　65
完全ベイジアン均衡　2, 16
環太平洋経済連携協定　→ TPP
完備情報ゲーム　65
官僚制多元主義　135
官僚部局の内向き志向　128, 145, 146
緩和戦略　145
危機外交ゲーム　233, 244
気候変動枠組条約　→ FCCC
気候変動枠組条約締約国会議　→ COP

北大西洋条約機構　→ NATO
牛肉ホルモン事件　106
キューバ危機　5, 228, 229, 233, 247
強化学習モデル　54
強硬派　241
共産主義　181, 195, 196
強　制　186
強制外交（論）　26, 184, 190, 202, 229, 248, 256
　　――の有効性　249
強制行動　82
共通認識問題　34
行天イニシアティブ　204
共同行動計画　156
京都議定書　34, 46, 49, 52
共有知識　16, 53
強　要　187, 191
協力のための最小国数　→ シェリング数
協力問題　160
均　衡　10
クウェート侵攻　62, 72, 73, 74
空間理論　154, 160
繰り返しゲーム　2, 43
　　完全観測を持つ――　43
クールノー競争　138
グローバル機関　219
グローバル制度　201, 209
軍備管理協定をめぐるゲーム　13
　　経済制裁を含んだ――　15
　　不完備情報を含んだ――　16
経営所得安定対策　129, 133
経験的分析　11
契約曲線　142
決意型タイプ　236
決定節　15
ゲームツリー　15, 53
ゲーム的状況　1, 185
　　国際関係の――　2
ゲーム理論　1, 3, 8, 10, 11, 32, 35, 94, 113
　　――の研究課題　33
　　――の分析単位　9
　　経営学への――の応用　2
　　社会学への――の応用　2
　　心理学への――の応用　2
　　政治学への――の応用　2
　　ミクロ経済学への――の応用　2
現実主義　→ リアリズム
合意可能な平和的解決の範囲　248
合意形成問題　34

索引 | 277

合意遵守問題　34
合意の第三者拘束性　164
合意の第三者非拘束性　165
公開外交　28
公共財　18
攻撃的リアリズム　5
交互項　120
高コストなくじ　235
交渉可能領域　142
交渉による移行　198
交渉による解決　198
合成の誤謬　18
構造改革　128, 140, 145
公的均衡　28, 237, 244, 246, 247, 256
行動アジェンダ　156
行動のダイナミクス　41
公　約　229
効用最大化の条件　137
功利主義　10
合理主義　7, 8, 152
合理性　10, 54
　──のパラドックス　231
合理的な秘密　227, 245, 247
国際関係学（理論）　3, 8, 10, 11
国際危機　5
国際協力　32
国際原子力機関　→ IAEA
国際公共財　19
国際司法裁判所　→ ICJ
国際人権レジーム　201
国際政治　183
国際制度　6, 7, 32, 46
国際通貨基金　→ IMF
国際法（学）　21, 84
国際連合平和維持活動　→ PKO
国内改革　127, 128, 143, 145, 148
国内類推の解釈　168
互恵主義　52
コソボ紛争　57
個別合理性　18
個別所得補償（政策）　127, 132, 134
個別的・集団的自衛権　74, 82, 83, 103
コミットメント　2, 6, 78, 183, 199, 229, 230
　──の肥大化　181
　──の罠　195
孤立主義　57
混合戦略　42
コンストラクティビズム　8, 29, 151, 210, 222

コンセンサス方式　107, 109, 153, 164

◆さ　行

再交渉　52
最後通牒ゲーム（提案）　158, 161
最適関税率　139
最適反応　212
サイド・ペイメント　128, 145
サッカー戦争　100
サンクトペテルブルク条約　→アングロ・ロシアン条約
自衛権発動通報　82, 84, 95, 98, 99, 101
自衛コンディショナリティ　85, 100, 101
シェリング数　20, 51
シェリングの図　39
シエンフエゴス危機　228, 230, 231, 233
鹿狩りゲーム　83, 94, 96, 104, 188
仕掛線論　194, 197
時間整合性問題　21
シグナリング　27
シグナリング・ゲーム　12, 227, 229
シグナリング・コスト　240, 255
シグナル　229
自己拘束メカニズム　27, 229, 231
自己識別の　208, 213, 216
事後信念　216, 243
自己選択型参加方式　158, 165
静かな外交　256
自　然　17, 235
事前信念　16, 216, 236
実質的合理性　10
実証主義　7, 8
実証理論　3
しっぺ返し戦略　45
私的均衡　28, 239, 241, 243, 244, 246, 247, 248, 256
私的情報　26, 27, 214
支　配　36
自発的参加　46
社会性選好　52
社会的構成主義　→コンストラクティビズム
弱支配　50
集合行為問題　18
自由参加問題　35
囚人のジレンマ（・ゲーム）　36, 39, 43, 83, 97, 98, 186, 189
　繰り返し──　45, 100, 104
　多人数──　20, 37
集団均衡　42
集団合理性　18

集団的自衛権 →個別的・集団的自衛権
自由貿易協定 →FTA
主権国家　3, 203
集権的制裁メカニズム　49
主権平等　24, 153, 203
酒税格差事件　108, 110, 111
ジュネーブ協定　181
ジュネーブ軍縮会議 →CD
遵　守　107
　　——のパラドクス　110, 112, 113, 116, 117, 119
上級委員会　107, 109
条件付き協力主義　52
焦　点　2
情報効率性　248
情報非対称性　214
食料・農業・農村基本計画　127, 129, 133
食料・農業・農村基本法　132
食糧法　132
処　罰　43
地　雷　150, 155
地雷管理レジーム　155
地雷禁止国際キャンペーン →ICBL
進化ゲーム（理論）　41, 54
進化的に安定な状態　42
信　念　16
信憑性　14, 236
新宮澤構想　205
信　頼　52
政治観衆　227, 233, 244, 247, 249, 251
政治的決意　236
政治的支持関数　139, 141
政治の面子　251
制　度　47
制度構築ゲーム　48, 49, 52
制度主義アプローチ　47, 53
政府開発援助 →ODA
制約下の期待効用最大化　10
勢力均衡 →バランス・オブ・パワー
世界貿易機関 →WTO
ゼロ和ゲーム　1
全会一致（方式）　24, 47, 49, 153, 154, 162, 211
選　好　9, 10
潜水艦発射弾道ミサイル →SLBM
戦　争　26, 183
戦争確率　246
選択的信頼性　182
戦　略　9, 10
戦略型ゲーム　13, 53

相関均衡　2
早期自主的分野別自由化 →EVSL
相互性　86, 97, 100
相互防衛援助協定　85
属性決定論　104
ソフトパワー　157, 222

◆た　行
ダイアッド　87
対称均衡　42
対人地雷禁止条約 →オタワ条約
大陸間弾道ミサイル →ICBM
台湾海峡危機　5
タカ-ハト・ゲーム　39, 40 →チキン・ゲーム
　　——の行動のダイナミクス　41
　　——の進化的に安定な状態　42
　　多人数——　20
多国間連携軍事介入　61, 70, 71, 74, 76
多数決（方式）　24, 153, 154, 163, 211
ただ乗り　18, 34
多段階ゲーム　47
ダミー変数　120
男女の闘争ゲーム　212
単独軍事介入　61, 71, 76
単峰の政策選好　63
地域制度　201, 209
チェンマイ・イニシアティブ →CMI　204
地球温暖化問題　34
チキン・ゲーム　40, 186 →タカ-ハト・ゲーム
チープトーク　232, 247
チープトーク均衡　216, 225
チープトーク・ゲーム　214
中位投票者　24
中位投票者定理　160, 211
中印戦争　88
調整（問題）　94, 104, 160, 201
直接支払い（政策）　127, 132, 133, 134, 139, 145
2レベル・ゲーム　24, 127, 198
適応的　41
手続ルール　152
展開型ゲーム　15, 53
伝統的リアリズム　4
東南アジア条約機構 →SEATO
透明性の赤字　220
透明性プレミアム　220
特定通常兵器使用禁止制限条約 →CCW
特別多数決　164, 165

ドーハ・ラウンド　130, 148
ドミノ理論　180, 182
トリガー戦略　44, 45
取引費用　23
トルコ・キプロス紛争　85
トルーマン・ドクトリン　181

◆な 行

内国民待遇　110
内生性　151, 152
内政不干渉　64, 73, 203
内点解　138
内分点　166, 169
ナッシュ均衡　13, 36, 96, 97, 212, 213
2段階ゲーム　135
日本の農業保護（政策）　127, 132
　──をめぐる対立　134
ネオ（新）リアリズム　5
ネガティブ・コンセンサス（方式）　107, 109
農政改革　127, 128
ノード　→決定節

◆は 行

覇権国　19
覇権論　19
バード修正条項事件　106
ハードパワー　222
パナマ侵攻　57, 62, 72, 77
パネル　22, 43, 108
バブリング均衡　216, 224
バランス・オブ・パワー　3, 5
パレート改善　208
パレート最適　18, 37, 98
パレート優位　37
パワー　4, 5
ハンガリー侵攻　59
バングラディシュ独立戦争　→第三次インド・パキスタン戦争
比較静学　70
東アジアサミット　→EAS　203
東アジア通貨危機　204, 205
非決意型タイプ　236
非効率性の問題　52
非コンセンサス型議決方式　158, 166
微視的基盤　12
非ゼロ和ゲーム　1
非戦略的プレイヤー　219
非対称均衡　40
ピッグス湾事件　57, 77

ピボット　161, 165
秘密外交　28, 227, 228, 230, 232, 238, 241, 247, 250, 256
　──の合理性　251
　──の平和効果　245
フォーク定理　46
フォークランド紛争　12, 100
不完全競争財　137
不完備情報　15
複数均衡　52, 212
不実告知　27
負の外部効果　6, 209
部分ゲーム完全均衡　14, 15, 49
ブリュッセル宣言　157
フリーライド　→ただ乗り
プレイヤー　32, 33
分権的制裁メカニズム　49
紛争解決機関　→DSB
紛争解決小委員会　→パネル
紛争解決手続き　→DSM
紛争解決了解　→DSU
米国のコミットメントの保全　182
閉鎖ルール　159, 163
米州機構　→OAS
閉集合　214
平和強制　20
ベルリン危機　5
防衛的リアリズム　5
法化（法制度化）　21, 106, 107, 112
報酬　43
方法論的個人主義　7, 8
方法論的全体主義　7, 8
北米自由貿易協定　→NAFTA
ボゴール宣言　126

◆ま 行

緑の政策　130
ミニマムアクセス　129
民主主義　23
メカニズム・デザイン　2
モラル・ハザード　2, 204
モントリオール議定書　6, 19, 201
モンロー・ドクトリン　75

◆や 行

約束　183, 191
約束型のコミットメント　183, 190, 191, 195, 196
融和派　242
抑止　5, 186, 191

予防戦争　194
弱腰タイプ　242

◆ら 行

リアリズム　4, 5, 6, 8, 10, 11, 18, 28, 208
リージョナリズム　209
理想点　63, 141, 160, 162
利　得　13
利得関数　37
リベラリズム　6
リベラル制度論　4, 6, 7, 8, 10, 11, 19, 28, 209, 221
冷戦対立　181, 195
　ヴェトナムをめぐる――　181

◆わ 行

和解均衡　115, 122
割引因子　44
割引利得の総和　44
湾岸危機　83
湾岸協力会議　→ GCC
湾岸戦争　56, 61, 62, 72, 73, 77

【人　名】

◆あ 行

アイゼンハワー（Eisenhower, D. D.）　180
アカロフ（Akerlof, G. A.）　29
足立研幾　151
アベリー（Avery, W. P.）　128
アボット（Abbott, K. W.）　106
アルバストーン卿（Lord Alverston）　253, 254, 255
石黒馨　128
ウィリアムズ（Williams, J.）　157
ウィルソン（Wilson, T. W）　256
ウォルツ（Waltz, K. N.）　5, 29
ウォルト（Walt, S. M.）　5
オストロム（Ostrom, E.）　19, 47
オーマン（Aumann, R. J.）　2

◆か 行

ガリ（Boutros-Ghali, B.）　155
ガンディ（Gandhi, I. P.）　92
キッシンジャー（Kissinger, H.）　182, 202, 228, 230
ギャレット（Garrett, G.）　160
行天豊雄　204
キンドルバーガー（Kindleberger, C. P.）　19
クラウゼヴィッツ（Clausewitz, C. von）　25
クラズナー（Krasner, S. D.）　160
クラントン（Rachel E. K.）　29
クリントン（Clinton, W. J. B.）　155, 156
クロフォード（Crawford, V.）　214, 216
ケナン（Kennan, G. F.）　182
ケネディ（Kennedy, J. F.）　228, 229, 231, 247
コヘイン（Keohane, R. O.）　29, 107, 160

◆さ 行

サベル（Sabel, R.）　153
ザモラ（Zamora, S.）　153
シェリング（Schelling, T. C.）　2, 187, 191, 194, 197, 198
ジュピレ（Jupille, J.）　153
ジョージ（George, A.）　128
ショッパ（Schoppa, L. J.）　128
ジョンソン（Johnson, L. B.）　91
セラビ（Selebi, J. S.）　157, 159
ソベル（Sobel, J.）　214, 216

◆た 行

チェンバレン（Chamberlain, J.）　254, 255
ツェベリス（Tsebelis, G.）　160

◆な 行

ナイ（Nye, J. S.）　222
ニクソン（Nixon, R. M.）　228, 230, 231
ノリエガ（Noriega, M. A.）　75

◆は 行

ハーコート（Harcourt, W. V）　254
パットナム（Putnam, R. D.）　24
ハルサーニ（Harsanyi, J. C.）　2
パールバーグ（Paarlberg, R.）　128
バルフォア（Balfour, A. J.）　254, 255
フィアロン（Fearon, J. D.）　200
ブザン（Buzan, B.）　153
フセイン（Hussein, S.）　56
ブッシュ, G.（Bush, G. H. W.）　75

ブッシュ，G. W.（Bush, G. W.） 250
プライス（Price, R.） 151
ブル（Bull, H.） 19, 25, 202, 222
フルシチョフ（Khrushchev, N. S.） 228, 230
ヘイ（Hay, J. M.） 253, 255
ベーカー（Baker, J. A.） 61
ホルムズ（Holmes Jr., O. W.） 254

◆ま 行

マイヤーソン（Myerson, R. B.） 2
ミアシャイマー（Mearsheimer, J. J.） 4
ミルナー（Milner, H.） 128
モーゲンソー（Morgenthau, H. J.） 4, 182, 202

◆や，ら行

山岸俊男 47
ラプキン（Rapkin, D.） 128
李 鵬 73
ルーズベルト（Roosevelt, T.） 252, 253, 254, 255
レイン（Layne, C.） 4
ローゼンドルフ（Rosendorff, P.） 128
ロッジ（Lodge, H. C.） 254
ローリエ（Laurier, W.） 252, 253
ローレン（Lauren, P.） 250

◆編者紹介

鈴木 基史（すずき・もとし）
　京都大学大学院法学研究科教授

岡田 章（おかだ・あきら）
　一橋大学大学院経済学研究科教授

国際紛争と協調のゲーム
Games in International Conflict and Cooperation

2013 年 3 月 30 日　初版第 1 刷発行

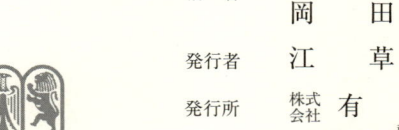

編　者	鈴　木　基　史
	岡　田　　　章
発行者	江　草　貞　治
発行所	株式会社　有　斐　閣

郵便番号 101-0051
東京都千代田区神田神保町 2-17
電話　(03) 3264-1315〔編集〕
　　　(03) 3265-6811〔営業〕
http://www.yuhikaku.co.jp/

印刷・大日本法令印刷株式会社／製本・牧製本印刷株式会社
ⓒ2013, Motoshi Suzuki, Akira Okada. Printed in Japan
落丁・乱丁本はお取替えいたします。
★定価はカバーに表示してあります。

ISBN 978-4-641-14904-5

|JCOPY| 本書の無断複写（コピー）は，著作権法上での例外を除き，禁じられています。複写される場合は，そのつど事前に，(社)出版者著作権管理機構（電話03-3513-6969，FAX03-3513-6979，e-mail:info@jcopy.or.jp）の許諾を得てください。